주자시
100선

지은이 주희(朱熹, 1130~1200)

자는 원회元晦 또는 중회仲晦이며, 호는 회암晦庵, 회옹晦翁, 운곡산인雲谷山人, 창주병수滄洲病叟, 둔옹遯翁 등이 있다. 복건성福建省 우계尤溪에서 출생했다. 14세 때 부친이 죽자 유언에 따라 적계籍溪 호헌胡憲, 백수白水 유면지劉勉之, 병산屛山 유자휘劉子翬를 사사하였으며, 24세 때 연평延平 이동李侗을 사사하면서 정자程子와 양시楊時, 나종언羅從彦과 이동의 학맥을 잇는 정자의 사전제자四傳弟子가 되었다.
19세에 진사시에 급제하여 71세에 생애를 마칠 때까지 여러 관직을 거쳤으나, 약 9년 정도만 현직에 근무하였을 뿐, 그 밖의 관직은 학자에 대한 일종의 예우로서 반드시 현지에 부임할 필요가 없는 명예직이었기 때문에 학문에 전념할 수 있었다. 서원운동을 펼쳐 강서성江西省 남강南康의 관리로 근무할 때 백록동서원白鹿洞書院 등을 수복하기도 했다.
주요 저서로는 『사서집주四書集註』, 『주역본의周易本義』, 『시집전詩集傳』, 『근사록近思錄』, 『초사집주楚辭集注』, 『자치통감資治通鑑』, 『이락연원록伊洛淵源錄』 외에 다수가 있다. 이외에 그가 남긴 글은 문인들에 의해 『주문공문집朱文公文集』과 『주자어류朱子語類』 등으로 편찬되었다.

옮긴이 장세후張世厚

경북 상주에서 출생하였다. 1986년 영남대학교 중어중문학과를 졸업하고, 1988년과 1996년에 동대학에서 석사학위와 박사학위(『주회 시 연구』)를 취득하였다. 2003년 대구매일신문에서 선정한 대구·경북 지역 인문사회분야의 뉴리더 10인에 포함된 바 있다. 영남대학교 겸임교수와 경북대학교 연구초빙교수를 거쳐 지금은 경북대학교 퇴계연구소의 전임연구원으로 재직하고 있다.
주요 역서로는 『한학 연구의 길잡이』(古籍導讀)(이회문화사, 1998), 『초당시初唐詩, The Poetry of the Early T'ang』(Stephen Owen, 中文出版社, 2000), 『퇴계 시 풀이·1~6』(李章佑 共譯, 영남대학교 출판부, 2006~2011), 『고문진보·전집』(황견 편, 이장우·우재호 공역, 을유문화사, 2001), 『朱熹 詩 譯註·1~2』(이회문화사, 2004~2006), 『도산잡영』(공역, 을유문화사, 2005), 『퇴계잡영』(공역, 연암서가, 2009), 『唐宋八大家文抄-蘇洵』(공역, 전통문화연구회, 2012), 『춘추좌전 상』(을유문화사, 2012), 『춘추좌전 중』(을유문화사, 2013) 등이 있다.
E-mail: jshljy@yumail.ac.kr

주자 시 100선

2013년 2월 10일 초판 1쇄 인쇄
2013년 2월 15일 초판 1쇄 발행

지은이 | 주희
옮긴이 | 장세후
펴낸이 | 권오상
펴낸곳 | 연암서가

등 록 | 2007년 10월 8일(제396-2007-00107호)
주 소 | 경기도 고양시 일산서구 대화동 2232번지 장성마을 402-1101
전 화 | 031-907-3010
팩 스 | 031-912-3012
이메일 | yeonamseoga@naver.com

ISBN 978-89-94054-32-2 03820

값 15,000원

주희 지음 ··· 장세후 옮김

주자시

100선

연암서가

서문

주자의 이름은 주희(朱熹: 1130~1200)이며, 자는 원회元晦 또는 중회仲晦이다. 호는 회암晦庵이라고 하였다. 주자, 하면 가장 먼저 떠오르는 것은 물론 주자학이라 불리는 성리학이다. 정호程顥와 정이程頤의 이정자에서 양시楊時, 나종언羅從彦, 이동李侗을 잇는 정자의 4전제자이다. 당시 유학의 수준은 여전히 훈고학의 수준에 머물러 있었다. 그랬던 것을 북송 5자의 유가 학문을 집대성하면서 성리학의 수준으로 크게 끌어 올린 인물이 주자다. 그러나 중국에서는 예로부터 현재 우리가 분류하는 문학가니 철학자, 사학가 등으로 세분되는 구체적인 분류가 없이 통상 문사철이라는 개념으로 불렀다. 지금의 한 사람에 대한 후세의 평가는 다만 그가 어느 방면에서 가장 두각을 나타내었는가 하는 것을 반영하는 것에 지나지 않는다. 이를테면 같은 송대의 인물을 가지고 볼 때 보통 소식은 문학가, 사마광은 사학가, 주자는 철학가로 분류하는 따위이다. 나아가 왕안석에 대한 평가는 또한 어떠한가? 다 같이 당송 고문 8대가에 속하는 인물이면서도 대부분의 사람들은 그를 다만 정치가로 알고 있지 않은가? 그런 면에서 주자도 문사철에 두루 능한 학자였는데 후세에 가장 많은 영향을 끼친 철학, 곧 유학자로만 부각된 인물이다.

요즘 들어 중국은 물론이고 국내의 문학사에서도 주자를 비중 있게 다루는 것을 보면 다소 때늦은 감이 있지만 그래도 퍽 다행한 일이라 느껴진다. 특히 주자는 중흥 4대시인, 또는 남송 4대가라 불리는 우무尤袤·양만리楊萬里·범성대范成大·육유陸游와 동시대의 인물이다. 문집을 보면 이 중 범성대를 제외한 나머지 세 사람과는 활발한 왕래가 있었음을 알 수 있다. 주자는 문학 방면에도 두루 뛰어났지만 그 중 시에서 가장 두각을 나타내고 있다. 주자는 초창기에는 사숙하였던 이정자의 문이재도文以載道론의 영향을 깊이 받아 시를 짓는 것을 바람직한 것으로 여기지 않았다. 그러나 얼마 되지 않아 시 창작이 도학에 방해만 되지 않으면 무방하다는 것을 깨닫고 문이재도론의 족쇄에서 스스로 벗어나 많은 시를 지었다. 문집을 보면 앞의 10권에 시가 수록되어 있는데 모두 1,210수이다. 이외에 별집과 유집에도 187수가 수록되어 있다, 최근의 연구결과가 반영된 『전송시』에 추구로 수록된 것도 90수 가량 된다. 이를 모두 합하면 1,487수가 된다. 아마 앞으로도 이 수치는 줄어들지는 않을 것이다. 오히려 앞으로의 연구 결과에 따라 어느 정도 더 늘어날 가능성이 있다. 그러므로 주자가 지은 시는 현재까지 전하는 것이 1,500수 가량 된다고 보면 무방할 것이다.

주자는 여러 방면의 시, 이를테면 경치를 읊은 것, 마음속을 읊어낸 것, 서사, 영물시 등에 두루 많은 시를 지어 남겼다. 그 중 가장 뛰어난 것은 설리시說理詩이다. 이외에 각종 경서의 내용을 시의 형식으로 옮긴 훈몽시訓蒙詩 정도가 다소 특이한 경우라고 할 수 있겠다. 당시의 많은 유학자들이 설리시를 지었지만 주자에 근접하는 수준을 보인 사람은 거의 없다고 해야 할 것이다. 지금도 우리의 주위에서 병풍이나 액자, 족자 등에서 많이 발견되는 「관서유감觀書有感」이나 「춘일春日」 같은 시는 바로 이 방면의 최고 걸작이다. 설리시 기준의 평가가 되는 용어로 이취理趣와 이어理語, 이장理障이라는 말이 있다. 이취는 형상화한 철리의 정취를, 이어는 개념화된 명사 술어, 이장은 이어가 정사情思를 가린 표현을 말한다. 설리시에서 최상으로 치는 것이 이어는 없으면서 이취가 있는 것이다. 위에서 인용한 시 가운데 「관서유감觀書有感」은 바로 이어는 없되 이취가 많은 이 방면의 최고봉으로, 도통시道通詩라고까지 불릴 정도로 찬사를 받아 왔다. 물론 압운한 강의어록이라는 평가를 받는 수준의 훈몽시 등도 있지만 철리를 문학적으로 승화시킨 주자의 그런 시들이야말로 주자가 시에서 독자적인 영역을 구축할 수 있게 한 원동력이 된다.

내가 본격적으로 중문학을 하면서 택한 전공은 시였다. 처음에는 초당사걸 중의 하나인 왕발의 시를 바탕으로 석사학위를 받았다. 박사과정에서 왕발을 바탕으로 계속 공부를 하기에는 근거자료가 너무 빈약했다. 해서 당시 지도교수였던 이장우 선생님과 의논을 한 결과 주자의 시를 연구해서 박사학위 논문을 쓰기로 결정했다. 당시 이미 선생님의 인도로 퇴계시 역주에 참여하게 된 것이 큰 요인이 되지 않았나 싶다. 그리고 20년 가까운 세월이 흐른 지금 퇴계의 시는 9권 중에서 이미 7권의 역주를 끝냈고, 공교롭게도 주자의 시도 12권 분량 가운데 7권의 역주를 완역한 상태다. 이는 물론 전남대와 대구한의대에서 공동으로 수행한 '주자대전 번역 과제'로 참가하여 한 작업은 제외한 것이다. 앞으로 4~5년 정도면 이 두 작업이 거의 끝날 것으로 보인다.

이들 작업을 하면서 안타깝게 여긴 것은 이런 작업들이 모두 전문 학자들을 대상으로 한 것이라는 점이었다. 이들의 문학에 대한 인프라를 구축하려면 다수의 대중들에게 다가서야 한다는 것이 개인적인 생각이다. 그러나 이는 전집류의 번역서를 가지고서는 불가능할 것이다. 이를 감안하여 전집을 다 읽을 엄두를 내지 못하는 일반인들에게도 이들의 빼어난 시를 감상할 기회를 주면 어떨까 하는 생각을 오래전부터 가져 왔다. 다행히 퇴계의 시들은 『퇴계잡영』과 『도산잡영』이라는 퇴계 자선 시집을 내면서 다소간 해소가 되었다는 생각이다. 그러나 여전히 주자의 시는 선집본이 나오지 않았다. 이에 연암서가의 권오상 주간이 주자의 시 가운데서 꼭 알아두었으면 좋을 만한 시를 100수 정도만 뽑아서 역주를 하면 어떻겠는가 하는 제의를 했다. 나로서는 감히 청하지는 못하나 실로 바라던 바여서 흔쾌히 수락을 하고 선시 작업에 들어갔다. 그러나 100수로 한정하여 시를 뽑는 일도 그다지 수월하지는 않았다. 주자시 중 겨우 15분의 1정도의 수준이 아닌가? 이에 국내외에서 주자의 시가 수록된 선집본을 구할 수 있는 대로 망라하여 이를 참고로 하여 겨우 100수를 선정할 수 있었다. 나름대로 최대한 공정을 기한다고 한 것이지만 그래도 100% 만족할 만한 수준은 물론 아니다. 시의 역주는 원문을 바로 대조할 수 있도록 한 직역에 산문으로 완전히 푼 의역과 감상을 돕는 주석을 첨가하였다. 의역 부분은 이미 『퇴계잡영』과 『도산잡영』에서 적용한 결과 독자들로부터 좋은 반응을 이끌어낸 바 있다. 다만 두려운 것은 과연 작자의 생각을 정확히 읽어내었는가 하는 문제이다. 그러나 시가 원래 굉장히 주관적인 장르여서 독자들마다 생각이 다를 수도 있기 때문에 여전히 이는 결국 주자의 시를 감상하는 데 보조적인 역할에 그칠 뿐임을 밝혀둔다.

  이 책의 역주 작업은 기본적으로는 대부분이 역자의 기존 번역을 이용한 부수적인 작업이었지만 그래도 많은 사람의 도움을 받았다. 먼저 이런 책의 출간을 기획하고 추진한 연암서가에 감사를 표한다. 그리고

이 책이 출판되기 전 첫 번째 독자로서 오탈자도 바로잡아 주고 좋은 의견도 많이 개진하여 준 정목주 선생과 정호선 선생에게도 감사의 뜻을 전한다. 또한 산문 의역 부분의 윤문은 동화작가인 장세련 선생께 도움을 청하였다. 개인적으로 누나라는 관계 때문에 여러 번 귀찮게 부탁하였는데도 번번이 흔쾌히 즐겁게 읽어보고 매끄럽게 다듬어 준 일에 고맙다는 말을 전한다.

2013년 새해 벽두에
장세후

차례

서문　　　　　　　　　　　　　　　　　　　　　　　　　　　5

① 멀리 나가 놀다 [遠遊篇]　　　　　　　　　　　　　　　19

② 비를 대하다 [對雨]　　　　　　　　　　　　　　　　　26

③ 9월 9일 [九日]　　　　　　　　　　　　　　　　　　　29

④ 매화 [梅花]　　　　　　　　　　　　　　　　　　　　32

⑤ 풀과 나무를 여러 수로 적다 [雜記草木]　　　　　　　34

⑥ 가로가 소장하고 있는 서명숙의 그림 두루마리에 적다
　　[題可老所藏徐明叔畫卷]　　　　　　　　　　　　　36

⑦ 6월 15일 수공암을 찾았는데 비가 내리다
　　[六月十五日詣水公菴雨作]　　　　　　　　　　　　37

⑧~⑨ 매화가 다 피었는데도 미처 읊지를 못하여 탄식을 하다가
　　시가 이루어져 애오라지 함께 좋아하는 이들에게 드리다, 두 수
　　[梅花開盡, 不及吟賞感嘆, 成詩, 聊貽同好, 二首]　　　40

⑩ 송 어르신께서 홍매와 납매에서 운자를 빌린 시 두 수를
　　보여 주시어 문득 다시 답하여 드리고 한번 웃는다
　　[宋丈示及紅梅臘梅借韻兩詩, 輒復和呈以發一笑]　　45

⑪　적계의 호 어르신께서 직무를 맡아 객사로 가심에 전송해 드리다
　　[送籍溪胡丈赴館供職]　　　　　　　　　　　　　　48

⑫　봄날 [春日]　　　　　　　　　　　　　　　　　　50

⑬~⑭　책을 보고 느낌이 일어, 두 수 [觀書有感, 二首]　　52

⑮　서림원의 유가스님에게 보이다 [示西林可師]　　　　56

⑯　삼가 판원장 및 충보와 평보 형을 모시고 회향에서 묵으며
　　어르신의 벽에 있는 옛 시제의 각운자를 써서 짓는다
　　[奉陪判院丈充父平父兄宿回向用知郡丈壁間舊題之韻]　　58

⑰　언집과 충보를 받들어 모시고 함께 서암산에서 놀다가 삼가
　　보전사군께서 남기신 제목의 각운자를 써서 짓는다
　　[奉陪彦集充父同游瑞巖謹次莆田使君留題之韻]　　　60

⑱　엎드려 두 유공께서 서암에 지어 남기신 시를 읽어보고
　　회포가 일어 눈물이 떨어지기에 뒤늦게 원래 각운자를
　　그대로 써서 우연히 짓는다
　　[伏讀二劉公瑞巖留題感事興懷至於隕涕追次元韻偶成]　　63

⑲　서암산으로 들어가는 길에 절구를 짓게 되었는데
　　언집과 충보 두 형에게 드린다
　　[入瑞巖道間, 得絶句, 呈彦集充父二兄]　　　　　　67

⑳　적계 호선생을 애도함 [挽籍溪胡先生]　　　　　　　69

㉑　어머니의 생신날 축수를 드리다 [壽母生朝]　　　　71

㉒　연평 이 선생님을 애도함 [挽延平李先生]　　　　　77

㉓　서림사에서 옛날에 지은 시의 각운자를 써서 짓다 [用西林舊韻]　80

㉔~㉕　엎드려 유수야 어르신의「한가로이 거처하다」라는 시를 읽고
　　삼가 격조 높은 운자에 차운하여 경솔하게 절하여 드리고

	엎드려 통렬하게 첨삭하여 주실 것을 바라다	
	[伏讀秀野劉丈閑居, 謹次高韻, 率易拜呈, 伏乞痛加繩削是所願望]	82
26	유수야 어르신께서 남창에서 지은 시 여러 수를 부쳐 보여 주시어 여기 이 시에 화답한다	
	[秀野劉丈寄示南昌諸詩和此篇]	88
27	수야의 「눈을 읊다」라는 시의 운자를 써서 짓다 [次秀野詠雪韻]	91
28-29	「눈 온 뒤의 일을 쓰다」라는 시의 운자를 써서 짓다, 두 수	
	[次韻雪後書事, 二首]	94
30	유수야의 일찍 핀 매화 시의 각운자를 써서 짓다 [次韻劉秀野早梅]	100
31	정덕휘의 유연당에 적다 [題鄭德輝悠然堂]	103
32	분수포의 벽에 조중진이 지어 남긴 20자의 시를 읽고 장난삼아 그 뒤에 붙임	
	[分水鋪壁間讀趙仲縝留題二十字, 戲續其後]	106
33	감회 [感懷]	108
34	서재에 거처하자니 느낌이 일어 [齋居感興]	110
35	살 곳을 정하다 [卜居]	114
36	아호사에서 육자수에게 화답하다 [鵝湖寺和陸子壽]	119
37	다시 앞의 각운자를 써서 기중을 이별함 [復用前韻敬別機仲]	122
38	장위공의 묘소를 참배하다 [拜張魏公墓下]	129
39	정왕의 누대에 오르다 [登定王臺]	140
40	석름봉에서, 경부가 지은 시의 각운자를 쓰다 [石廩峰次敬夫韻]	143
41	취하여 축융봉에서 내려오며 짓다 [醉下祝融峯作]	145
42	삼가 경부가 보내온 말에 대답하고 아울러 이별을 노래함	

| | [奉酬敬夫贈言, 幷以爲別] | 147 |

㊸ 매계의 호씨네 객관에 묵으면서 벽에 적어놓은 시를 보고
스스로 경계하노라
　　[宿梅溪胡氏客館, 觀壁間題詩自警]　　　　　　　　　153

㊹ 다시 임용중에게 답하다 [再答擇之]　　　　　　　　　155

㊺ 삼가 임용중의 시 네 수에 답하다. 뜻이 이르는 대로 써서
같은 각운자를 써서 짓지는 못하다
　　[奉答擇之四詩, 意到卽書不及次韻]　　　　　　　　　157

㊻ 신유의 서쪽 [新喩西境]　　　　　　　　　　　　　　159

㊼ 매화가 보이지 않아 다시 '올 래'자 운을 써서 짓다
　　[不見梅再用來字韻]　　　　　　　　　　　　　　　162

㊽ 수선화를 읊다 [賦水仙花]　　　　　　　　　　　　　164

㊾ 청강으로 가는 도중에 매화를 보다 [淸江道中見梅]　　170

㊿ 남헌 형을 그리워하며 범염덕·임용중 두 벗에게 바친다
　　[有懷南軒老兄, 呈伯崇·擇之二友]　　　　　　　　　172

㈜ 9월 9일 천호산에 올라 '국화수삽만두귀'라는 구절로 운자를
나누어 시를 짓는데 '돌아갈 귀' 운자를 얻다
　　[九日登天湖, 以菊花須揷滿頭歸分韻賦詩, 得歸字]　　174

㉒ 보덕으로 돌아가 다시 앞 시의 각운자를 써서 짓다
　　[歸報德再用前韻]　　　　　　　　　　　　　　　　178

㉓ 택지가 여자진에게 주려고 지은 정월 대보름 밤의 시를
외우기에 원운을 써서 짓다
　　[擇之誦所賦擬進呂子進元宵詩, 因用元韻]　　　　　181

㉔ 임희지를 전송하다 [送林熙之詩]　　　　　　　　　　184

55 ~ 56	백장산 [百丈山]	186
57 ~ 64	운곡 [雲谷]	189
65	「이남」을 베껴 평보에게 부치고 내친 김에 이 시를 짓는다 [抄二南寄平父, 因題此詩]	199
66	유평보의 정암에 적다 [題劉平甫定菴]	202
67 ~ 68	유추밀을 애도하다 [挽劉樞密]	204
69	임자년 3월 27일 급작스런 우레를 듣고 느낌이 있어 [壬子三月二十七日聞迅雷有感]	209
70 ~ 71	원범 존형이 매화시 10수를 보여 주고 말하는데 풍격이 청신하고 기탁한 뜻이 깊고 멀어 여러 날이나 읊조리고 감상하면서 화답하고자 하였으나 할 수 없다가 어젯밤 백록동의 옥간에서 돌아와 우연히 여러 시어를 얻다 [元範尊兄見示及十梅詩, 風格淸新, 意寄深遠, 吟玩累日, 欲和不能, 昨夕自白鹿玉澗歸, 偶得數語]	211
72	가을날 병으로 휴직하여 한가로이 거처하며 황자후와 유평보 및 산의 여러 벗들을 그리워하다 [秋日告病齋居, 奉懷黃子厚劉平父及山間諸兄友]	214
73 ~ 75	삼가 우연지 제거와 함께, 여산잡영 [奉同尤延之提擧, 廬山雜詠]	219
76	삼가 구일산의 동봉도인 부공이 보내 준 시에 화답함 [奉酬九日東峰道人溥公見贈之作]	228
77	석마 사천의 모임에서 운자를 나누어 시를 짓는데 등자 운을 얻다 [石馬斜川之集, 分韻賦詩, 得燈字]	230
78 ~ 84	무이정사를 여러 가지로 읊음 서문을 아우름	

[武夷精舍雜詠 幷序] 234

85~94 순희 갑진년 2월에 정사에서 한가로이 거처하다가
장난삼아 무이도가 열 수를 지어 함께 놀러온
여러 동지들에게 주고 한번 웃노라
[淳熙甲辰仲春, 精舍閒居, 戲作武夷櫂歌十首, 呈諸同遊相與一笑] 245

95 홍경궁을 제수 받고 느낀 바가 있어서 [拜鴻慶宮有感] 259

96 원기중이 계몽을 논한 데 대하여 답함 [答袁機仲論啓蒙] 262

97 오랜 친구인 숙통이 매화를 탐방해서 아름다운 구절을 얻어
보여 주고 또 손님들을 거느리고 술병을 들고 올 약속을 하므로
같은 각운자를 써서 지어 사례하고 애오라지 한번 웃는다
[叔通老友探梅得句, 不鄙垂示, 且有領客攜壺之約, 次韻爲謝聊發一笑] 264

98 남성 오씨가 사창의 서루에 내 초상화를 이렇게 그리고 거기에
"경원 경신 이월 팔일, 창주병수 주희 중회보"라고 적어 주었다
[南城吳氏, 社倉書樓, 爲余寫眞如此, 因題其上.
慶元庚申二月八日, 滄洲病叟 朱熹仲晦父] 267

99~100 수구를 배로 지나가다, 두 수 [水口行舟, 二首] 269

차례 15

주자시
100선

1

멀리 나가 놀다

遠遊篇[1]

舉坐且停酒	온 자리에 계신 분들 잠시 술잔 멈추시고,
聽我歌遠遊[2]	저의 멀리 나가 논 여행 노래 들어 보시길.
遠遊何所至	멀리 놀아서 다다른 곳 어디인가?
咫尺視九州[3]	지척의 눈앞에 구주가 보이네.
九州何茫茫[4]	구주 어찌나 망망한지,
環海以爲疆[5]	빙 둘러 싼 바다로 경계 삼네.

---

1 원유(遠遊): 이 시는 주자가 19세 때 지은 것이다. 왕백은 "「원유」와 「사진(寫眞)」이 두 시는 선생의 학문을 하는 시작과 끝을 쓴 것이다"라 하였다. 「사진」 시는 권 9의 마지막에 수록되어 있는 "남성 오씨가 사창의 서루에 내 초상화를 이렇게 그리고 거기에 "경원 경신 이월 팔일, 창주병수 주희 중회보"라고 적어 주었다(南城吳氏社倉書樓, 爲余寫眞如此, 因題其上. 慶元庚申二月八日, 滄洲病叟朱熹仲晦父)」이다.

2 거좌~원유(舉坐~遠遊): 남조 진나라 육기(陸機)의 「오추의 노래(吳趨行)」에 "사방에 자리한 모든 맑으신 청중들, 나의 오추의 노래 들어 보십시오(四坐並淸聽, 聽我歌吳趨)"라는 구절이 있고, 또 남조 송나라 사령운(謝靈運)의 「회음의 노래(會吟行)」에는 "늘어선 자리 모두 고요한데, 모두 함께 회음의 노래 들으시길(列筵皆靜寂, 咸共聆會吟)"이라는 구절이 있다. 역시 남조 송나라 포조(鮑照)의 「동무음을 본떠서(代東武吟)」에도 "주인께서 잠시만 시끄럽게 떠들지 않으시면, 미천한 제가 노래 한 마디 하리다(主人且勿諠, 賤子歌一言)"라는 구절이 있다.

3 지척시구주(咫尺視九州): 구주는 요·순·우 시대와 주나라 등 시대에 각기 차이는 있지만 중국 전토를 아홉 구역으로 획분한 것을 말하며, 『상서·우임금의 공물(禹貢)』에 의하면 기(冀)·연(兗)·청(靑)·서(徐)·양(揚)·형(荊)·예(豫)·양(梁)·옹주(雍州)이다. 나중에는 곧 중국 전체를 일컫는 말로 쓰이게 되었다. 당나라 한유(韓愈)의 「노둔한 말로 구양첨에게 드리다(駑驥贈歐陽詹)」에 "묻노니 그 얼마나 갔는가? 지척에 구주가 보이네(借問行幾何, 咫尺視九州)"라는 구절이 있다.

上有孤鳳翔[6]	위로는 외로운 봉황새 날고,
下有神駒驤[7]	아래로는 신묘한 말 내닫네.
孰能不憚遠	누군들 먼 길을 꺼리지 않을 수 있겠는가만,
爲我游其方	나에게 그곳에서 놀게 하네.
爲子奉尊酒[8]	그대에게 바리 술 올리고,
擊鋏歌慨慷[9]	긴 칼 두드리며 강개한 노래 부르네.
送子臨大路	그대 큰 길로 나아감에 전송하는데,
寒日爲無光	차가운 해는 빛을 잃었다네.
悲風來遠壑[10]	슬픈 바람 먼 골짜기서 불어오니,

---

4 망망구주(茫茫九州): '茫茫'은 '芒芒'이라고도 한다. 『좌전·양공(襄公)』 4년」에 "사냥의 일을 맡은 관원이 경계하여 말했다. '넓고 넓은 우임금이 다스렸던 땅을 아홉 개의 주로 나누었습니다'(虞人之箴曰, 茫茫禹跡, 畫爲九州)"라는 말이 있다.

5 환해(環海): '환(環)'은 곧 '기내 환(寰)' 자와 같다. 당나라 원진(元稹)의 「오동나무 꽃(桐花)」에 "온화한 기운 온 세상에 두루 미치고, 바뀌는 것 발굽에 물 괸 것과 같네(和氣浹寰海, 易若洑蹄涔)"라는 구절이 있다.

6 고봉상(孤鳳翔): 당나라 이백의 「태위인 이광필(李光弼)이 진병 1백만을 크게 일으켜 동남쪽으로 출정한다는 말을 듣고 겁쟁이가 갓끈을 청하여 잘라 쓸 것을 바랐는데, 중도에서 병이 들어 돌아와 금릉의 최시어와 이별을 만류하며 19운으로 짓는다(聞李太尉大擧秦兵百萬出征東南, 懦夫請纓, 冀申一割之用, 半道病還, 留別金陵崔侍御十九韻)」라는 시에 "외로운 봉황 서쪽 바다를 향하여, 울면서 날아 북쪽 바다 떠나네(孤鳳向西海, 飛鳴辭北溟)"라는 구절이 있다. 한나라 가의(賈誼)의 초사 「굴원을 애도하며(弔屈原賦)」에 "봉황새 천 길 위로 낢이여, 덕 빛나는 것 보고 아래로 내려가네(鳳凰翔于千仞兮覽德輝而下之)"라는 구절이 있다.

7 양(驤): 한나라 허신(許愼)의 『설문해자(說文解字)』에서는 "말이 고개를 숙였다 들었다 하는 것(馬之低仰)"이라 하였고, 『광운(廣韻)』에서는 "말이 훌쩍 뛰어 오르며 수레를 내닫는 것(馬騰躍馳駕)"이라 하였다. 곧 말이 질주할 때 고개를 쳐들었다 숙였다 하는 것을 말한다.

8 준(尊): 준(樽)자와 같은 뜻이며, 판본에 따라 '잔 배(杯)'자로 되어 있는 것도 있다.

9 격협가(擊鋏歌): 『사기·맹상군열전(孟嘗君列傳)』에 "(馮驩은) 기둥에 기대어 칼을 손으로 퉁기며, '긴 칼아, 돌아갈까 보다! 식사에 고기반찬이 없구나' 하고 노래 불렀다(倚柱彈其劍而歌曰, 長鋏歸來乎, 食無魚)"라는 말이 있다. 협(鋏)은 장검(長劍)과 같은 뜻이다.

執手空徘徊[11]	손잡고 부질없이 배회하네.
問子何所之[12]	묻노니 그대 어디로 가는가?
行矣戒關梁[13]	가거들랑 관문과 교량을 조심하게나.
世路百險艱	살아가는 길 수없이 험난하니,
出門始憂傷[14]	문 나섰다 하면 시름으로 마음 아프다네.
東征憂暘谷[15]	동쪽으로 가자니 해 돋는 곳 걱정되고,
西遊畏羊腸[16]	서쪽으로 가자니 양장의 길 두렵네.
南轅犯瘴毒[17]	남쪽으로 수레 향하니 전염병 독 침범하고,

10 원학(遠壑): 남조 양(梁)나라 심약(沈約)의 「새벽에 정산을 떠나며(早發定山詩)」에 "옛날부터 먼 골짜기 좋아하여, 저녁에 기이한 산에 다다라 보네(夙齡愛遠壑, 晩蒞見奇山)"라는 구절이 있다.
11 집수(執手): 『시경·패풍·북을 침(邶風·擊鼓)』에 "그대의 손을 잡고, 그대와 함께 늙어가리(執子之手, 與子偕老)"라는 구절이 있다.
　　회황(徘徨): 양무제(梁武帝) 소연(蕭衍)의 「효사부(孝思賦)」에 "새벽에 외로이 서서 얽혀들고, 저녁에 홀로 거처하며 배회하네(晨孤立而縈結, 夕獨處而徘徨)"라는 구절이 있다.
12 문자하소지(問子何所之): "원컨대 그대 가는 곳 잘 살피게나(願子審所之)"로 되어 있는 판본도 있다.
13 관량(關梁): 『예기·월별 정령(月令)』에 "【음력 10월】 이 달에는 …… 관문이나 다리 통행의 단속을 엄격히 한다(【孟冬】是月也 …… 謹關梁)"라는 말이 있는데, 일반적으로 수륙의 요충지를 가리키는 말로 쓰인다.
14 우상(憂傷): 『시경·소아·갈가마귀(小弁)』에 "내 마음 시름겨워, 근심이 방아를 찧는 듯하네(我心憂傷, 惄焉如擣)"라는 구절이 있다.
15 양곡(暘谷): 양곡은 동쪽의 해가 돋는 곳을 가리킨다. 『서경·우서·요전(虞書·堯典)』에 "희중에게 따로 명령하여 우이에 살게 하니 곧 양곡이란 곳이며, 해가 뜨는 것을 공손히 인도하였다(分命羲仲, 宅嵎夷, 曰暘谷, 寅賓出日)"라는 말이 있는데, 공씨의 주석[孔傳]에서는 "양은 밝다는 것이다. 해가 골짜기에서 나와 천하가 밝아졌으므로 양곡이라 하는 것이다(暘, 明也. 日出於谷而天下明, 故稱暘谷)"라 하였고, 당나라 공영달(孔穎達)의 주석[疏]에서는 "해가 나오는 곳을 양명의 골짜기라 한다(日所出處, 名曰暘明之谷)"라 하였다. 한나라 장형(張衡)의 「동경을 읊음(東京賦)」에 "왼쪽으로 양곡을 내려다보고, 오른쪽으로는 현포를 엿본다(左瞰暘谷, 左睨玄圃)"라는 구절이 있다.

北駕風裂裳[18]	북쪽으로 달리니 바람이 옷을 찢네.
願子馳堅車	원컨대 그대 튼튼한 수레로 달리길,
躐險摧其剛[19]	험한 곳도 넘어버리면 그 굳셈 꺾인다네.
峨峨旣不支	우뚝한 산도 이미 버티지 못하였는데,
瑣瑣誰能當[20]	하찮은 언덕 누구를 감당할 것인가?

16 양장(羊腸): 『초사·대초(大招)』에 "서쪽으로는 양장산에 다가서고, 동쪽으로는 바다 끝까지 간다네(西薄羊腸, 東窮海只)"라는 구절이 있는데, 주자의 『초사집주(楚辭集注)』에서는 "양장은 산 이름으로 산의 형태가 구불구불하여 양의 창자 같은 모양을 하고 있으며, 지금의 태원(太原)과 진양(晉陽)의 서북쪽에 있다"라 하였다. 『사기·위세가(魏世家)』에 "전에 위나라가 조나라를 쳐서 양장의 길을 끊어 놓았고, 연여를 함락시켰습니다(昔者魏伐趙, 斷羊腸, 拔閼與)"라는 말이 있는데, 『사기』의 주석서인 당나라 장수절(張守節)의 『정의(正義)』에서는 "양장의 비탈길은 태항산(太行山: 지금의 山西省 晉城縣 남쪽에 있음)에 있는데 남쪽 입구는 회주(懷州)이고, 북쪽 입구는 노주(潞州)이다"라 하였다. 『전국책(戰國策)』의 주석에 의하면 노주(潞州) 장안현(長安縣)·태원(太原)·남주(嵐州)·상당(上黨)·호관(壺關)에도 모두 양장판(羊腸阪)이 있다고 하였으므로 험한 길을 두루 가리키는 데 쓰이는 말임을 알 수 있다.

17 남원(南轅): 『좌전·선공(宣公) 12년』에 "영윤은 타고 있던 전차를 남쪽으로 향하게 하였다(令尹南轅反旆)"라는 말이 있는데, 진(晉)나라 두예(杜預)는 "수레를 되돌려 남쪽으로 향하는 것이다"라 하였다. 당나라 두보의 「채십사 저작랑님과 이별하다(別蔡十四作)」에 "남쪽으로 가는 관리에게 의지할 수 있다면, 서찰 하늘 끝까지라도 이르겠네(若馮南轅吏, 書札到天垠)"라는 구절이 있다.

여독(癘毒): 역병(疫病), 곧 돌림병을 일으키는 독기를 말한다.

18 양곡·양장·범려독·풍렬상(暘谷·羊腸·犯癘毒·風裂裳): 모두 사람의 욕심에 비유한 것이다. 문자하소지~북가풍렬상(問子何所之~北駕風裂裳): 『고이(考異)』에 의하면 이 구절은 "원컨대 그대 살펴 가서서, 가ے들랑 관문과 교량을 조심하거나. 남쪽으로 수레 향하니 전염병 독 침범하고, 북쪽으로 달리니 바람이 옷을 찢네. 동쪽으로 가자니 해 돋는 곳 걱정되고, 서쪽으로 가자니 양장의 길 두렵네. 살아가는 길 수없이 험난하니, 문 나섰다 하면 슬프고 시름겹다네(願子審所之, 行矣戒關梁. 南轅犯癘毒, 北駕風裂裳. 東征憂暘谷, 西遊畏羊腸, 世路百險艱, 出門始悲傷)"로 되어 있다.

19 엽험최기강(躐險摧其剛): 이 구절은 하늘의 이치[天理]가 사람의 욕심[人欲]을 이김을 비유한 것이다. 엽(躐)은 뛰어넘는다[超越]는 뜻이다.

20 아아쇄쇄(峨峨瑣瑣): 큰 험난함을 겪어서 넘었다면 작은 어려움은 없다는 것을 말한다.

朝登南極道[21]	아침에는 남극길을 오르고,
暮宿臨太行[22]	저녁때는 태항산에서 묵네.
睥睨卽萬里[23]	눈 흘겨 곁눈질하니 곧 만 리요,
超忽凌八荒[24]	단숨에 훌쩍 팔방의 아득한 곳 뛰어넘네.
無爲躃躠者[25]	하는 일 없이 절룩거리는 사람,
終日守空堂[26]	종일토록 텅 빈 집만 지키네.

---

21 남극(南極): 노인성을 가리키는 말이다. 『한서・천문지(漢書・天文志)』에 "땅 가까이에 큰 별이 있는데 남극노인(南極老人)이라고 한다"는 말이 있다. 한(漢)나라 유향(劉向)의 「구탄・세상을 떠남(九歎・離世)」에 "배 노 저어 비낀 물결 건넘이여, 상강의 물결 건너 남극으로 가네(櫂舟杭而橫瀾兮, 濟湘流而南極)"라는 구절이 있다.

22 태항(太行): 산서(山西)・하북(河北)・하남(河南)의 세 성(省)을 잇는 산맥이다. 『전국책・초책(楚策) 4』에 "그대 또한 천리마에 대해 들어보았소? 저 천리마가 제 나이가 되어 소금 수레를 끌고 태항산맥을 오릅니다(君亦聞驥乎? 夫驥之齒至矣, 服鹽車而上太行)"라는 말이 있다.

23 비예(睥睨): 『후한서・중장통전(仲長統傳)』에 "일세의 위를 자유롭게 노닐고, 천지 사이를 곁눈질하여 흘겨보았다(睥睨天地之閒)"는 말이 있다.

24 초홀(超忽): 매우 빠른 모양을 나타내는 의태어로 쓰였다.
팔황(八荒): 팔방의 멀고도 넓은 범위를 말하며, 흔히 천하의 의미로 쓰인다. 한나라 가의(賈誼)의 「진나라의 과실을 논함(過秦論)」에 "천하를 석권하여 보자기로 싸듯 온 세상을 몽땅 차지하고, 사해를 몽땅 제 것으로 하여 넓은 팔방을 집어삼킬 마음이 있었다(有席卷天下, 包擧宇內, 囊括四海, 幷吞八荒之心)"라는 말이 있다.
즉만리・능팔황(卽萬里・凌八荒): 사람의 욕심이 이미 제거되어 큰 공적인 뜻이 훤하게 탁 트였다는 것을 비유한 것이다. 능(凌)은 '임할 림(臨)'자로 되어 있는 판본도 있다.

25 별설(躃躠): 절룩거리면서 똑바로 가지 못하는 모양을 나타내는 의태어. 『장자・말발굽(莊子・馬蹄)』에 "성인이 나타나 절룩거리며 (애써) 인을 행하고 허둥지둥 의를 행하니 온 천하가 비로소 의혹을 품게 되었다(及至聖人, 躃躠爲仁, 踶跂爲義, 而天下始疑矣)"는 말이 있다.

26 수공당(守空堂): 진나라 좌사(左思)의 「잡시(雜詩)」에 "높은 뜻은 사해가 좁게 느껴지나, 쓸쓸히 빈 집만 지킬 뿐이네(高志局四海, 塊然守空堂)"라는 구절이 있다. 수(守)자는 '높을 고(高)'자로 되어 있는 판본도 있다.

온 자리에 좌정하여 계신 분들께서는 드시던 술잔을 잠시 멈추시고, 제가 멀리까지 나가 노닌 여행을 읊은 노래를 들어봐 주시기를 바랍니다. 먼 곳으로 나가 놀다가 마침내 다다른 곳이 어디인지 아시겠습니까? 바로 지척에서 중국의 구주가 한눈에 바라다보이는 곳이었습니다. 중국의 구주가 얼마나 망망하게 넓은지 바다를 빙 둘러 그 경계로 삼을 정도였습니다. 그곳에서는 위로 하늘에서는 한 마리 외로운 봉황이 빙빙 하늘을 선회하며 날고 있었습니다. 아래로 땅에서는 신령한 말이 연신 고개를 위아래로 쳐들었다 숙였다 하면서 있는 힘을 다해서 달리고 있었답니다.

세상 사람들 중 누구인들 멀리 나가서 노는 것을 꺼리지 않을 수 있겠습니까만 나에게는 그곳까지 가서 놀게 해 주었습니다. 그대에게 삼가 동이 술 높이 올리고 난 후에 마치 맹상군의 식객이었던 풍환처럼 긴 검을 현악기로 삼아 퉁기며 강개한 노래를 들려드립니다. 그대가 여행을 떠나기 위해 앞으로 갈 큰 길을 굽어볼 때 겨울날의 해마저 마치 빛을 잃은 듯했지요. 게다가 슬픔을 느끼게 하는 바람마저 먼 골짜기에서 불어오니 손잡고서 하릴없이 이리저리 왔다갔다 서성입니다. 그대에게 물어봅니다. "어디를 가시는지요?" 길 떠나면 부디 관문과 다리 지날 때 반드시 조심하시기를 바랍니다. 이 세상 살아가는 길 실로 매우 험하고도 어려우니, 어디를 가든 집의 문만 나섰다 하면 그때부터 근심하느라 마음이 많이 아프답니다. 그대가 동쪽으로 가시면 해가 돋는 양곡이 근심스럽습니다. 서쪽을 유람할라치면 양의 창자 같이 험한 양장산의 구불구불 비탈길이 두려워집니다. 또 습기가 많은 남쪽으로 가신다니 돌림병을 일으키는 독기서린 풍토가 그대를 범할 것 같고, 북쪽으로 수레를 매어 가니 차가운 북풍이 그대의 옷을 찢어버릴 것 같습니다. 원컨대 그대는 부디 튼튼한 수레를 타고 가시기를 바랍니다. 험난한 길을 넘다보면 수레가 제 아무리 굳세고 튼튼하다 해도 어느새 꺾이고 만답니다. 그러나 만약 그런 우뚝한 산마저 넘어버려 더 이상 버티지 못하게 한다면 하찮은 야트막한 언덕 따위야 누구인들 당해내지 못하겠습니까?

그렇게만 된다면 아침에는 노인성이 보이는 남극의 길을 올라, 저녁에는 마침내 저 높은 태항산이 내려다보이는 곳에서 묵을 수 있게 될 것입니다. 그곳에서는 곁눈질로 한번 슬쩍 흘겨보기만 해도 시야가 만 리까지 다다르고, 한번 훌쩍 뛰기만 해도 팔방의 아득한 곳까지 단숨에 훌쩍 뛰어넘을 것 같습니다. 그렇지 않고 아무 일도 하지 않고서 절룩거리며 지내는 사람은 그저 하루 온종일 빈 집만 지키고 있을 따름이겠지요.

2
비를 대하다
對雨

虛堂一遊矚¹	빈 집 한번 돌아다니며 구경하자니,
驟雨滿空至²	소낙비 온 하늘에서 내리네.
的皪散方塘³	반짝하며 모난 연못으로 흩어지고,
冥濛結雲氣	침침하게 구름 기운 맺히네.
勢逐風威亂	기세 바람 쫓아 위세 어지러이 부리더니,
望窮山景翳	끝까지 바라니 산 경치 가리네.
烟靄集林端	안개와 놀 숲 끝에 모이니,
蒼茫欲無際	푸르스름하게 끝이 없을 것 같네.
凉風襲輕裾⁴	서늘한 바람 가벼운 옷자락에 스미니,

---

1 유촉(遊矚): 두루 돌아다니며 구경한다는 뜻의 유람(遊覽), 유관(遊觀)과 같은 말이다.
2 취우만공지(驟雨滿空至): 취우는 갑작스럽게 내리는 비를 가리킨다. 소낙비, 소나기. 『노자』(제23장)에 "회오리바람은 아침 내내 불지 않고, 소나기는 온종일 내리지 않는다(飄風不終朝, 驟雨不終日)"라는 말이 있다. 당나라 위장(韋莊)의 「도중에 비를 바라보며 돌아갈 생각을 품다(途中望雨懷歸)」에 "온 하늘에 차가운 비 질펀하게 착착 퍼붓는데, 가는 길 구름 깊어 산등성이 잠겨 있네(滿空寒雨漫霏霏, 去路雲深鎖翠微)"라는 구절이 있다.
3 적력(的皪): 력(皪)자는 '礫', '皪', '瓅' 자와도 통하여 쓰며, 적력은 흰 빛이 밝게 흩어지는 모양을 나타내는 첩운(疊韻: 끝자의 韻母가 서로 같은 글자) 연면(聯緜: 두 음절이 서로 이어져서 생기는 단어) 의태어임. 한나라 사마상여(司馬相如)의 「임금님의 숲(上林賦)」에 "명월의 구슬은 반짝이며 강에서 광채를 뿜는다(明月珠子, 的皪江靡)"라는 말이 있는데, 『한서』에 주석을 단 당나라 안사고(顏師古)는 "빛이 나는 모양(光貌)"이라 하였다. 여기서는 연꽃을 묘사하며 쓴 말이다. 빗방울이 흰 연꽃에 부딪혔다가 빛을 내며 흩어지는 광경을 묘사한 것 같다.

炎氣起秋思　　더운 기운 가운데 가을 생각 일어나네.
對此景凄凄　　이것 마주하니 경치 쓸쓸하여,
還增沖澹意　　맑고 깨끗한 뜻 더해지네.

빈 집을 한번 이리저리 돌아다니면서 구석구석 살펴보았다. 그러던 중에 하늘에서는 갑작스레 소낙비가 온 하늘을 덮으며 퍼붓기 시작하였다. 빗방울이 모난 연못으로 떨어졌다. 연꽃과 연잎에 부딪쳐 부서질 때마다 반짝반짝 빛을 내며 허공으로 흩어진다. 그러는 중에 하늘에서는 어느새 뭉게뭉게 먹구름이 일어 온 하늘을 침침하게 덮어버렸다. 소낙비의 기세는 때마침 불어온 바람으로 인하여 그 위세가 어지러워졌다. 이에 산에 막힌 곳의 끝까지 시야를 넓혀보았으나 굵은 빗줄기 때문에 산의 경치가 가리어 제대로 보이지가 않았다. 이윽고 소낙비가 그치는가 싶더니 이번에는 안개와 놀이 숲의 끝까지 몰려들었다. 온 사방이 이 때문에 푸르스름해져

4　양풍(涼風): '涼'은 '凉'과도 통하여 쓰며, 양풍은 서남쪽에서 불어오는 가을바람을 말한다. 『예기·월령(月令)』에 "【음력 7월】서늘한 바람이 불며 맑은 이슬이 내리고 쓰르라미가 운다(【孟秋之月】涼風至, 白露降, 寒蟬鳴)"라는 말이 있다. 한나라 회남왕 유안(劉安)이 지은 『회남자·추형훈(淮南子·墜形訓)』에서는 "무엇을 여덟 바람이라 하는가? …… 서남쪽에서 불어오는 것은 양풍이라 한다(何謂八風 …… 西南日涼風)"라 하였다. 한편 『이아(爾雅)』와 『시경』에서는 북풍을 양풍이라 하였다. 『이아·석천(釋天)』에서는 "북풍을 양풍이라 한다(北風謂之涼風)"하였고, 『시경·패풍·북풍(邶風·北風)』에서는 "북풍은 쌀쌀한데, 눈은 펑펑(北風其涼, 雨雪其雰)"이라 하였다. 여기서는 여정(旅程) 등을 고려해볼 때 가을바람이란 뜻으로 쓰였음이 분명하다. 당나라 위응물의 「가을밤에 구씨네 스무 두 번째 원외랑에게 부침(秋夜寄丘二十二員外)」에 "그대 그리워하는 가을밤에, 산보하면서 서늘한 하늘 읊조리네(懷君屬秋夜, 散步詠涼天)"라는 구절이 있다.

서 어디가 그 끝인지 도무지 알 길이 없을 것 같다. 서쪽에서는 어느덧 서늘한 바람이 불어왔다. 살랑살랑 옷자락을 가볍게 흔들며 스며들어 아직은 여름의 끝자락 기운이 남아 있었다. 하지만 그 속에서도 가을이 이제 머지않아 오겠구나, 하는 생각이 절로 들게 한다. 갑작스런 소나기가 금방 내리는 듯하다가 서늘한 기운이 몰려드는 이런 광경을 마주하다 보니 도리어 뜻은 더욱 맑고 깨끗하게만 느껴지는 것 같다.

3

9월 9일

❈ 九日 ❈

故國音書阻一方	고향의 편지 한쪽에 가로막혀 있고,
天涯此日思茫茫[1]	하늘가에서 이날 생각 까마득하기만 하네.
風煙歲晚添離恨[2]	바람과 연기 세밑에 이별의 한 더하고,
湖海尊前卽大荒[3]	호수와 바다도 술바리 앞에서는 넓은 황야와 같네.
薄宦驅人向愁悴[4]	미천한 관직

---

1 천애사망망(天涯思茫茫): 당나라 유종원(柳宗元)의 「유주의 성루에 올라 장주와 정주, 봉주, 연주의 네 주에 부치다(登柳州城樓寄漳汀封連四州)」에 "성 위의 높은 누대는 넓은 황야에 닿아 있고, 바다와 하늘은 근심스런 생각에 망망하기만 하네(城上高樓接大荒, 海天愁思正茫茫)"라는 구절이 있다.

2 첨리한(添離恨): 이별의 한이 더하여지다. 당나라 독고급(獨孤及)의 「이저주께서 뜰 앞의 석죽화를 읊어 부쳐옴에 답하다(答李滁州題庭前石竹花見寄)」에 "둘러보니 이별의 한 더하여지고, 근심스런 마음 하루에도 몇 번씩이나 돌아가네(覽贈添離恨, 愁腸日幾迴)"라는 구절이 있다.

3 대황(大荒): 황원지지(荒遠之地), 곧 황야를 말한다. 『산해경·대황서경(大荒西經)』에 "대황의 한가운데에 대황산이라는 산이 있는데 해와 달이 지는 곳이다. …… 이곳을 대황야라고 한다(大荒之中, 有山名曰大荒山, 日月所入 …… 是謂大荒之野)"라는 말이 있다. 이 구절 전체의 뜻은 술잔을 대할 때마다 호수와 바다에 있는 듯 느껴져 아득한 황야에서 자유로이 노닐던 때와 같다는 것이다.

	사람을 근심에 초췌하게 내모니,
舊遊惟我最顚狂	옛날 노닐던 친구
	나를 미치광이라 생각하네.
細思萬石亭前事[5]	곰곰이
	만석정 앞에서의 일 생각해 보니,
辜負黃花滿帽香[6]	모자 가득 향기 풍기던
	누런 국화의 뜻 저버렸네.

집을 떠나 먼 곳으로 벼슬하러 왔는데 고향에서 보내온 편지는 막혀 이곳까지 전해지지도 않는다. 이곳 하늘 한쪽 끝까지 와서 9월 9일 중양절을 맞고 보니 그리운 고향 소식이 궁금하여 생각만 망망하다. 밖으로 눈을 돌려보니 바람에 안개만 어지러이 날려 해가 저물어가는 이 시점에 다만 집을 떠나올 때의 이별의 한만 더해지는 것 같다. 아득한 호수와 큰 바다 앞에서 술동이를 앞에 놓고 술잔을 기울이자니 마치 넓은 황야에서 자유로이 놀던 때와 같

---

4 박환(薄宦): 낮고 미미하여 보잘것없는 관직이란 뜻. 또는 관직에 대한 겸사(謙辭)의 뜻으로도 쓰인다.

5 만석정(萬石亭): 원래 만석(萬石)은 한나라 때 삼공(三公: 丞相, 太尉, 御史大夫)을 일컫던 말이다. 또는 석분(石奮) 및 그의 네 아들이 모두 2천 석[郡守]에 이르렀으므로 합하여 함께 부르던 말. 나중에는 고관대작을 일컫는 말로 두루 쓰이게 되었다. 여기서는 정자의 이름으로, 있던 곳은 미상이나 주희가 고향에서 벗들과 함께 노닐던 곳인 것 같다.

6 황화(黃花): 국화를 말한다. 국화는 가을에 피는데, 가을은 오행 가운데 금(金)에 속하고 금의 색이 누렇기 때문에 이렇게 부른다. 『예기·월령(月令)』에 "9월에 국화는 누런 꽃을 피운다(季秋之月 …… 鞠有黃華)"라는 말이 있다. '鞠'은 옛날에 '菊'과 통용하여 썼다.

은 기분이 느껴진다. 이곳까지 와서 보잘것없는 관직이 사람을 초췌하게 만들 정도로 심하게 내몬다. 그러고 보니, 고향에서 어릴 때 함께 친하게 놀던 친구들은 아마 이런 나를 보면 제정신이 아닌 미치광이로 생각할 것이 틀림없다. 고향의 만석정 앞에서 중양절만 되면 행하던 일들을 곰곰이 생각해 본다. 함께 국화를 따서 모자에 꽂으면 모자 가득 꽃향기가 풍기곤 했다. 그 당시의 일을 멀리 이곳까지 와서 함께 하지 못하고 저버리게 된 일이 안타깝게만 느껴진다.

4

매화

梅花[1]

溪上寒梅應已開	시냇가 차가운 매화 이미 피었을 텐데,
故人不寄一枝來[2]	옛 친구 한 가지 부쳐오지 않네.
天涯豈是無芳物	하늘가에 어찌 향기로운 것 없겠는가마,
爲爾無心向酒杯[3]	그대로 인해 사심 없이 술잔 마주 한다네.

---

1 원래 두 수인데, 이 시는 첫 번째 시이다.
2 일지(一枝): 『태평어람(太平御覽)』에 인용된 남조 송나라 성홍지(盛弘之)의 『형주지(荊州志)』에 "육개는 범엽과 매우 친하였는데 강남에서 매화나무 한 가지를 부쳐 장안에 이르러 범엽에게 주고는 아울러 꽃을 읊은 시를 주어 말하였다. '꽃 꺾어 역리 만나, 농두의 사람에게 부쳐 주었네. 강남에는 있는 것이라곤 없어, 애오라지 한 가지 봄 부친다네'(陸凱與范曄相善, 自江南寄梅花一枝, 詣長安與曄, 並贈花詩曰, 折花逢驛使, 寄與隴頭人. 江南無所有, 聊贈一枝春)"라는 이야기가 실려 있다. 여기에 인용된 시의 제목은 보통 「범엽에게 드리는 시(贈范曄詩)」로 알려져 있고, 이로부터 '一枝春'은 곧 매화를 가리키게 되었다.
3 천애~주배(天涯~酒杯): 천애는 주희가 고향을 떠나서 와 있는 곳을 말한다. 방물(芳物)은 매화를 가리키고, 이(爾)는 친구[故人]를 가리킨다. 이 두 구절의 뜻은 주희가 벼슬 때문에 고향을 멀리 떠나와서 기탁하고 있는 이곳에도 어찌 매화가 없기야 하겠는가마는 다만 고향에 있는 옛 친구와 연락이 끊겨 술잔 마주 하고 있다는 것이다.

떠나온 고향의 시냇가에는 분명히 추운 겨울에 꽃을 피우는 매화가 벌써 피었을 것이다. 옛 친구들 가운데 육개가 범엽에게 그랬듯이 매화 한 가지를 꺾어서 이곳으로 부쳐 주는 사람은 아무도 없다. 이곳이 아무리 하늘 한 끝에 있는 곳이라고 해도 어찌 향기를 내뿜는 매화 같은 꽃이 없지는 않다. 다만 고향에 있는 옛 친구와 연락이 끊긴 것 때문에 아무 생각 없이 고향에서 하던 대로 술잔 쪽으로 절로 향하게 된다.

5

풀과 나무를 여러 수로 적다
雜記草木[1]

弱植不自持[2]	뿌리 약하여 스스로 버티지 못하나,
芳根爲誰好	향기로운 뿌리 누구나 좋아하네.
雖微九秋幹[3]	비록 구월 가을철의 줄기는 아니지만,
丹心中自保[4]	붉은 마음 그 가운데 스스로 간직하고 있네.

紅蕉   홍초

---

1   모두 아홉 수인데, 이 시는 그 가운데 두 번째 시이다.
2   약식(弱植): 『좌전·양공(襄公) 30년』에 "진나라는 망할 나라이니 한편이 될 수 없습니다. 많은 곡식을 모으고 성곽을 수리해 놓은 후 이 두 가지를 믿고 백성들을 사랑하지 않습니다. 그 나라의 임금은 약질이고, 공자들은 거만하며 태자는 무력하고 대부들은 오만합니다(陳, 亡國也, 不可與也. 聚禾粟, 繕城郭, 恃此二者, 而不撫其民. 其君弱植, 公子侈, 大子卑, 大夫敖)"라는 말이 있다. 당나라 유종원의 「해석류를 새로 심다(新植海石榴)」에 "약한 뿌리 한 자도 되지 않는데, 먼 뜻은 봉래산과 영주에 머무르네(弱植不盈尺, 遠意駐蓬瀛)"라는 구절이 있다.
3   구추간(九秋幹): 남조 송나라 사령운(謝靈運)의 「석문의 가장 높은 꼭대기에 오르다(登石門最高頂)」에 "마음으로 구월 가을철의 줄기와 인연 맺으면서, 날마다 석 달 봄의 새싹 즐기네(心契九秋幹, 日翫三春荑)"라는 구절이 있는데, 『문선』의 주석가인 당나라 장선(張銑)은 "구월 가을의 줄기는 소나무 따위를 말한다(九秋幹, 松之類)"라 하였다.
4   이 두 구절의 의미는 홍초가 소나무와 잣나무(松柏)같이 깊은 가을이 되어도 시들지 않는 줄기를 가지지는 않았지만 실제로 꽃심이 붉다는 것을 말한다.

홍초는 뿌리가 약해서 자기의 몸조차 스스로 지탱하지 못한다. 그렇기는 해도 그 향기로운 뿌리는 모든 사람이 다 좋아한다. 비록 가을철인 9월이 되어도 꿋꿋하게 버티는 소나무 등과 같은 튼튼한 줄기를 가진 것은 분명 아니다. 다만 꽃술 한 가운데는 정말 붉어 일편단심 같은 마음을 간직하고 있다.

6

가로가 소장하고 있는 서명숙의 그림 두루마리에 적다

題可老所藏徐明叔畫卷[1]

群峯相接連[2]	뭇 봉우리들 서로 이어져 있고,
斷處秋雲起	끊긴 곳에서는 가을 구름 이네.
雲起山更深[3]	구름 이니 산 더욱 깊은데,
咫尺愁千里	지척에 있어도 근심은 천 리라네.

그림 속의 뭇 봉우리들은 서로 죽 이어져 있다. 가끔 가다 산봉우리가 끊어진 곳이 보이기도 하는데, 이는 다름이 아니라 가을 하늘에서 구름이 일어 그렇게 보이는 것이다. 구름이 솟아오르니 산은 더욱 깊게만 보여, 그림 속에서는 바로 지척에 있는 것 같은데도 실제로는 천 리나 떨어져 갈 길이 근심된다.

---

1 이 시는 두 수 가운데 첫 번째 시이다.
   가로(可老): 바로 서림사(西林寺)의 가스님[可師]으로 이름은 유가(惟可)이며, 주자가 연평(延平) 이동(李侗) 선생을 좇아 배울 때 가스님이 있는 절에서 묵은 적이 있다.
   서명숙(徐明叔): 서긍(徐兢: 1091~1153)의 자이며, 호는 자신거사(自信居士)로 화주(和州) 역양(歷陽) 사람인데 오현(吳縣)에서 살았다. 서화에 능했으며, 특히 산수화에 뛰어났다. 일찍이 『고려도경(高麗圖經)』을 지어 바치니 송나라 휘종(徽宗)이 기뻐하여 그에게 관직을 내렸다고 한다.
2 봉(峯): '메 산(山)'자로 되어 있는 판본도 있다.
3 운기(雲起): 당나라 두보의 「조카인 좌에게 보이다(示佐)」에 "온 골짜기에 산 구름 피어오르더니, 울타리로 스며들어 시냇물에 걸려 있네(滿谷山雲起, 侵籬澗水懸)"라는 구절이 있다.

6월 15일 수공암을 찾았는데 비가 내리다
六月十五日詣水公菴雨作[1]

雲起欲爲雨[2]	구름 일어 비 내리려 하니,
中川分晦明[3]	내 가운데 어둠과 밝음 갈라지네.
纔驚橫嶺斷	가로놓인 고개 끊김에 놀라는가 싶더니,
已覺疎林鳴[4]	어느새 드문드문 숲 울림 깨닫는다네.
空際旱塵滅	하늘가에 마른 먼지 없어지고,
虛堂涼思生	빈 집에는 서늘한 생각 생겨나네.
頹簷滴瀝餘[5]	무너진 처마에서 똑똑 물방울 듣는 듯하더니,
忽作流泉傾[6]	갑자기 흐르는 샘 기울이는 듯하네.
況此高人居	하물며 뜻 높은 사람 거처하니,

---

1 수공암은 천주부(泉州府) 동안현(同安縣) 성의 교외에 있다.
2 기(起): '기운 기(氣)' 자로 되어 있는 판본도 있다.
3 회명(晦明): 『좌전·소공(昭公) 원년』에 "여섯 가지 기운은 음과 양, 바람과 비, 어둠과 밝음이다(六氣日陰陽風雨晦明也)"라는 말이 있다.
4 이상 4구절은 비가 오기 전의 정경을 읊었다.
5 퇴첨(頹簷): 진나라 도연명의 「주속지와 조기, 사경이 세 젊은이에게 보이다. 이때 세 사람은 함께 성 북쪽에서 예를 강론하고 책을 교정하였다(示周續之祖企謝景夷三郎時三人共在城北講禮校書)」에 "퇴락한 처마 밑에서 병 지고 있다 보니, 하루 종일 한 가지 즐거움도 없네(負痾頹簷下, 終日無一欣)"라는 구절이 있다.
적력(滴瀝): 당나라 오융(吳融)의 「장맛비(梅雨)」에 "처음에는 똑똑 소리에서 거문고 타는 정자 방해하더니, 점점 졸졸 하는 소리로 약초 밭두둑 휘감는 소리 내네(初從滴瀝妨琴榭, 漸到潺湲繞藥畦)"라는 구절이 있다.
6 이상 4구절은 수공암에서 비를 바라보는 정경을 읊었다.

地偏園景清	땅 치우쳐 동산의 경치 맑네.
芳馨雜悄蒨[7]	아름다운 경치 또렷하게 섞여 있고,
俯仰同鮮榮[8]	숙이나 쳐드나 온통 고운 꽃이라네.
我來偶玆適[9]	내 어쩌다 이곳에 이르니,
中懷澹無營[10]	마음 속 담담하여 영위함 없네.
歸路綠泱漭[11]	돌아가는 길 푸르름 끝없이 펼쳐지니,
因之想巖耕[12]	그 때문에 바위 가에서 밭갈 생각한다네.

갑자기 구름이 확 일어 금방이라도 비가 내릴 듯하니, 냇물 한 가운데가

---

7 초천(悄蒨): '峭蒨'이라고도 하며, 초목이 선명한 모양을 말한다. 진(晉)나라 좌사(左思)의 「은사를 부르다」 두 번째 시에 "싱싱하고 푸른 사이에서, 대나무와 잣나무는 그 참모습을 얻었네(悄蒨靑葱間, 竹栢得其眞)"라는 구절이 있는데, 『문선』의 주석가인 당나라 여연제(呂延濟)는 "초천청총은 무성하여 아름다운 모양이다(悄蒨靑葱, 茂盛美貌)"라 하였다.
8 이상 4구절은 비가 오는 가운데 수공암에서 본 것들을 읊은 것이다.
9 자적(玆適): '適玆'의 도치형으로 쓰였다. 곧 이곳에 이르다(至此)의 뜻.
10 중회(中懷): 진나라 도연명의 「사천에서 놀다(遊斜川)」에 "이 생각하니 가슴 속 울렁거려, 때 맞춰 이 놀이 하네(念之動中懷, 及辰爲玆遊)"라는 구절이 있다.
11 앙망(泱漭): 광대(廣大)한 모양을 나타내는 의태어. 후한 풍연(馮衍)의 「뜻을 나타냄(顯志賦)」에 "하화 망망함 살펴봄이여, 진나라와 진나라의 옛 땅 바라보네(覽河華之泱漭兮, 望秦晉之故國)"라는 구절이 있다. 여기서는 비가 온 후에 더욱 선명하게 끝없이 펼쳐진 녹음을 형용하는 말로 쓰였음.
12 암경(巖耕): 한나라 양웅(揚雄)의 『법언·문신(法言·問神)』에 "(雲陽) 골짜기 어귀의 정자진은 그 뜻을 굽히지 않고 바위 아래서 밭을 갈았지만 그 이름은 서울까지 떨쳤다(谷口鄭子眞, 不屈其志而耕於巖石之下, 名震京師)"라는 말이 있다. 당나라 두보의 「기주의 부중에서 80구로 속마음을 적다(夔府書懷四十韻)」에 "여울에서 낚시하니 막히던 책 트이고, 바위 입구에서 밭 갈다 바둑판 들이게 하네(釣瀨疏墳籍, 耕巖進弈棋)"라는 구절이 있다.
이상은 비가 온 후에 느낀 심정을 읊은 것이다.

구름 낀 어두운 부분과 햇빛이 비치는 밝은 부분으로 나누어졌다. 앞에 가로 놓여 있던 고개가 갑자기 내리는 비에 가려 끊긴 듯했다. 놀라는가 싶은 마음이 들었는데 어느새 성긴 숲에 빗발치는 소리가 드문드문 내려 후드득거리는 울림이 느껴진다. 비는 어느새 저 멀리 보이는 하늘가까지 적셔 그동안 마른 먼지가 내리던 곳마저 다 사라져 버리고, 텅 빈 집에는 어느덧 시원하다 못하여 서늘하다는 생각까지 생겨난다. 무너진 듯 기울어진 처마에서는 처음에 그저 몇 방울의 물만 똑똑 듣는가 했는데, 별안간 샘을 기울인 듯 물이 콸콸 쏟아져 흘러내린다. 게다가 이곳은 뜻이 높고 고상한 사람이 거처하는 곳이 되어놔서, 땅은 한쪽으로 치우쳐 있지만 동산의 경치 하나만큼은 정말 맑고 깨끗하다. 아름다운 경치와 향기가 또렷하게 숲속 경치와 섞여 있어, 고개를 들고 쳐다보나 고개를 숙여 내려다보나 한결같이 선명하고 고운 꽃으로 가득하다. 내가 어쩌다보니 생각지도 않게 우연히 이곳으로 오게 되었지만, 마음속은 담박하다. 애써 일부러 영위함 같은 것은 하나도 없다. 돌아가는 길에는 비 때문에 푸른빛이 한결 또렷해졌다. 그 푸르름이 아득하리만치 끝없이 펼쳐져 있다. 이로 인하여 바위 구멍 속에 숨어 살면서 밭이나 갈며 농사나 지을까 한번 생각해 본다.

8~9

매화가 다 피었는데도 미처 읊지를 못하여
탄식을 하다가 시가 이루어져 애오라지 함께
좋아하는 이들에게 드리다, 두 수

◈ 梅花開盡, 不及吟賞感嘆, 成詩, 聊貽同好, 二首 ◈

8

憶昔身無事¹	옛날 생각해 보니 몸에 아무 일 없어,
尋梅只怕遲	매화 찾으니 다만 늦었을까 걱정되네.
沉吟窺老樹²	낮게 읊조리며 늙은 나무 살피고,
取次折橫枝³	차례대로 가로놓인 가지 꺾네.
絶艶驚衰鬢⁴	빼어나게 고움은 센 귀밑머리 놀라게 하고,
餘芳入小詩⁵	남은 향기는 작은 시 안으로 스며드네.

---

1 신무사(身無事): 당나라 한유(韓愈)의 「청룡사에 노닐면서 최대보궐에게 드림(遊靑龍寺贈崔大補闕)」에 "어느 사람이 술 있는데 몸 무사할 것이며, 누구 집이 대나무 많은데 문 넓을 것인가?(何人有酒身無事, 誰家多竹門可款)"라는 구절이 있다.

2 침음규노수(沉吟窺老樹): 당나라 두보(杜甫)의 「서지촌에서 초당을 지을 땅을 찾다가 밤에 찬공의 토실에서 묵다(西枝村尋置草堂地, 夜宿贊公土室)」에 "늙고 큰 등나무 슬퍼서, 낮게 읊조리며 뒤틀린 나무 구부리네(惆悵老大藤, 沈吟屈蟠樹)"라는 구절이 있다.

3 취차(取次): 마음 내키는 대로, 쉽게. 당나라 두보(杜甫)의 「원씨네 둘째가 강좌로 감에 보내드리다(送元二適江左)」에 "지나가는데 스스로 몸 아껴, 함부로 병사(兵事) 논하지 말라(經過自愛惜, 取次莫論兵)"는 구절이 있다.
횡지(橫枝): 송나라 임포(林逋)의 「매화(梅花)」에 "눈 온 후 동산의 숲 나무 겨우 반밖에 안 남았는데, 물가의 울타리에 홀연히 가지 가로놓였네(雪後園林纔半樹, 水邊籬落忽橫枝)"라는 구절이 있다.

4 절염(絶艶): 주로 미인이나 꽃의 아름다움을 형용할 때 쓰는 말이다.

今年何草草[6]　올해는 얼마나 근심스러웠는지,
政爾負幽期[7]　정녕 너와의 그윽한 기약 저버렸네.

옛날 이맘때면 매화를 찾던 일이 생각난다. 또 마침 몸에도 아무 일이 없어서 다시 매화를 찾으러 나섰다. 다만 걱정되는 것은 매화 철이 이미 지나 혹 늦어서 보지 못하게 되는 것이나 아닐까 하는 것이다. 즐거운 마음에 나도 모르게 나지막하게 흥얼거리며 꽃이 피었음직한 늙은 매화나무를 이리저리 살핀다. 그리곤 마음 내키는 대로 이리저리 손을 뻗어 눈앞에 가로놓인 매화꽃 가지를 꺾는다. 꽃이 얼마나 아름다운지 어느덧 머리가 희끗희끗 세어가는 쇠약한 이 몸을 놀라게 한다. 그러나 매화의 풍부한 향기가 물씬 풍겨 나도 모르게 향기를 읊은 구절이 시 속으로 스며든다. 올해는 여러

5　입소시(入小詩): 역시 송나라 임포의 「매화(梅花)」에 "마음 속 읊조림에 늘 꽃 저버림 한스럽더니, 매화 보자 문득 시 속에 들어오네(吟懷長恨負芳時, 爲見梅花輒入詩)"라는 구절이 있고, 송나라 소식(蘇軾)의 「원우 6년 6월 항주에서 소환되었는데 혜문(慧文) 공이 동당에 내 숙소를 마련해 주고 옛 시권을 보여 주어 여러 분이 쓴 시의 각운자를 써서 짓는다(元祐六年六月, 自杭州召還, 汶公館我於東堂, 閱舊詩卷, 次諸公韻)」 셋째 시에 "문장은 조식이 지금 웃을 만한데, 시권 물리니 물결 작은 시에 드네(文章曹植今堪笑, 却卷波瀾入小詩)"라는 구절이 있다.

6　하초초(何草草): 『시경·소아·항백(巷伯)』에 "교만한 사람들은 기꺼워하지만, 고생하는 사람들은 시름에 잠겼네(驕人好好, 勞人草草)"라는 구절이 있는데, 주희는 "草草"를 근심[憂]이라고 풀이했다. 당나라 설봉(薛逢)의 「봄바람에 취하다(醉春風)」에 "날이 가고 달이 오니 얼마나 근심스러운가? 올해도 또한 헤아려보니 3년이나 늙었다네(日住月來何草草, 今年又校三年老)"라는 구절이 있다.

7　유기(幽期): 은밀한 사적인 약속. 남조 송나라 사령운(謝靈運)의 「찬정부(撰征賦)」에 "황석공은 은밀한 약속하고서 현명함 알았고, 장자방은 해 재어보고는 믿음 보였네(石幽期而知賢, 張揣景而示信)"라는 말이 있다.

모로 일이 많아 이 때문에 얼마나 마음에 근심이 가득했던가? 한창 때 찾기로 한 매화와의 약속을 본의 아니게 저버리고 다 피고 난 다음인 이제야 찾게 된 것은 그 때문이다.

9

榧几冰壺在[8]　비자나무 책상에 얼음 항아리 있는데,
梅稍雪蕊空[9]　매화가지 끝 꽃술 비었다네.
不堪三弄咽[10]　감히 「삼롱」의 곡조 목메지 않으니,

8　비궤(榧几): '榧'는 '梛'와 같으며, 곧 비자나무이다. 『진서·왕희지전(王羲之傳)』에 "일찍이 문생의 집에 이르렀는데 비자나무 책상이 매끈하고 깨끗한 것을 보고는 거기에 글씨를 썼는데 해서와 초서가 각각 반이었다(嘗詣門生家, 見榧几滑淨, 因書之, 眞草相半)"라는 말이 있다. 옛날에는 책상을 만드는 재료로 비자나무가 주로 많이 쓰였으므로, 책상을 대신 일컫는 말로 많이 쓰인다.

빙호(冰壺): 얼음을 넣은 항아리. 남조 송나라 포조(鮑照)의 「흰머리(白頭吟)」에 "곧기는 붉은 실로 꼰 끈 같고, 맑기는 옥 항아리에 든 얼음 같네(直如朱絲繩, 淸如玉壺氷)"라는 구절이 있다. 당나라 요원숭(姚元崇)의 「얼음 항아리로 경계함(冰壺誡)」의 서문에서는 "얼음 항아리라는 것은 맑고 깨끗함의 지극함이다. 군자는 그것을 보고 맑음을 잊지 않는다(冰壺者淸潔之至也. 君子對之不忘乎淸)"라 하였다. 당나라 고적(高適)의 「진정에서 있었던 일로 위사군에게 56구로 지어 바치다(眞定卽事, 奉贈韋使君二十八韻)」에 "강과 산 기상 맑고, 벼랑과 골짜기 얼음 항아리에 의지하네(江山澄氣像, 崖谷依冰壺)"라는 구절이 있다. 여기서는 꽃병을 가리키는 말로 쓰였다. 매화는 성질이 추운데서 꽃을 피우는 식물이므로 이런 표현을 쓴 것이다.

9　초(稍): '梢'로 된 판본이 있는데, 시의 뜻을 살펴보건대 더 옳은 것 같다.
예(蕊): '蘂'자와 같으며, 꽃의 안쪽, 곧 꽃술을 말한다.

10　삼롱(三弄): 옛 곡조 이름으로 곧 「매화삼롱(梅花三弄)」을 가리킨다. 남조 송나라 유의경(劉義慶)의 『세설신어·임탄(任誕)』에 "왕휘지(王徽之)가 도성을 나와 아직 청계저(淸溪渚) 부근에 있었다. 예전부터 환이(桓伊)가 피리를 잘 분다는 소문을 들었지만 서로 면식은 없었다. 우연히 환이가 언덕 위를 지나가고 있을 때 왕휘지는 배 안에 있었는데 손님 가운데 그를 알아본 사람이 말하기를 '환이다!'라 하였다. 왕휘지는 곧장 사람을 보내 인사를 건네며 이르기를

誰與一尊同[11]	누구 더불어 한 잔 함께 할까?
鼻觀殘香裏[12]	코로 남은 향기 맡는 가운데,
心期昨夢中	마음속으로 어젯밤 꿈속에 기약했다네.
那知北枝北[13]	어찌 알리오, 북쪽 가지 북쪽에,
猶有未開叢[14]	아직도 피우지 않은 떨기 있음을.

'당신이 피리를 잘 분다고 들었는데 나를 위해 한번만 연주해주시지요'라고 하였다. 환이는 당시에 이미 고귀한 신분이었지만 평소 왕휘지의 명성을 듣고 있었기 때문에 즉시 몸을 돌려 수레에서 내린 뒤 호상에 걸터앉아 세 곡조를 연주하였는데, 곡을 끝내고는 곧장 수레를 타고 가버렸다. 두 사람은 한 마디의 말도 나누지 않았다(王子猷出都, 尙在渚下, 舊聞桓子野善吹笛, 而不相識, 遇桓於岸上過, 王在船中, 客有識之者, 云是桓子野. 王便令人與相聞, 云聞君善吹笛, 試爲我一奏. 桓時已貴顯, 素聞王名, 便回下車, 踞胡牀, 爲作三調. 弄畢, 便上車去, 客主不交一言)"라는 기록이 있다.

11 일준동(一尊同): '尊'은 '樽'과 통하여 쓰며 술동이라는 뜻이나, 여기서는 술잔 정도의 뜻으로 쓰였다. 당나라 황보증(皇甫曾)의 「오정의 수루에서 남기고 떠나다(烏程水樓留別)」에 "멀리 천리길 떠나니, 이것 안타까워 한 잔 함께 하네(悠然千里去, 惜此一尊同)"라는 구절이 있다.

12 비관(鼻觀): 원래는 불교의 명상법으로 눈을 코끝의 흰빛을 향하게 하여 보는 것이나, 여기서는 코로 냄새를 맡는다는 뜻으로 쓰였다. 송나라 소식(蘇軾)의 「황정견의 향을 태우다는 시의 각운자를 써서 짓다(和黃魯直燒香)」에 "생각 들음 미치는 것 아니고, 또한 코끝 봄 먼저 들어가게 하네(不是聞思所及, 且令鼻觀先參)"라는 구절이 있는데, 소식의 시에 주석을 단 조차공(趙次公)은 "불가에는 관상법이 있는데 코끝의 흰빛을 보는 것을 비관이라 한다(佛有觀想法, 觀鼻端白, 謂之鼻觀)"라 하였다. 역시 소식의 시에 주석을 단 시원지(施元之)는 "『능엄경』(권 5)에 손타라난타이백불이 말하기를 '세존이 나와 구치라에게 코끝의 흰빛을 보게 하였는데, 나는 처음에는 똑똑하게 보았지만 21일이 지나니 콧속의 기운이 연기처럼 들락날락 하는 것을 보았고 연기는 점차 사라져 콧김이 희게 되었다'라 하였다(楞嚴經, 孫陀羅難陀而白佛, 言世尊教我及拘絺羅觀鼻端白, 我初諦觀, 經三七日, 見鼻中氣出入如煙, 煙相漸消, 鼻息成白)"라 하였다.

13 북지북(北枝北): 「백첩(白帖)」에 "대유령의 매화는 남쪽가지의 꽃이 다 지고나면 북쪽가지에 꽃을 피운다(大庾嶺上梅, 南枝落, 北枝開)"라는 말이 있다.

14 미개총(未開叢): 당나라 원진(元稹)의 「봄을 120구절로 읊음(春六十韻)」에 "정녕코 향기로운 꽃 한 짝 뽑았으나, 모름지기 아직 피지 않은 떨기 있음 안다네(丁寧搴芳侶, 須識未開叢)"라는 구절이 있다.

비자나무를 깎아서 만든 좋은 책상에 그에 어울릴 만큼 차가운 시절에 꽃을 피우는 매화를 꽂아놓기 좋은 얼음 같은 꽃병이 놓여 있다. 이렇게 꽃병에 매화 가지를 꺾어다 꽂아놓고 보니 매화나무 가지 끝에는 눈같이 흰 매화의 꽃술이 비고 없다. 피리의 달인인 환이가 왕휘지를 위해 불어 주었다는 「매화삼롱」의 곡조에도 목이 메지 않는다. 이렇게 좋은 날 매화 더불어 누구를 불러다 한 잔 술을 나누면 좋을까, 하는 생각을 해본다. 코끝에 감도는 매화의 잔향을 불가에서 관상하듯 음미하며 맡아 본다. 그러자니 나도 모르게 어젯밤 꿈속에서 마음속으로 기약한 것이 떠올랐다. 이곳에는 이미 매화꽃이 피는 철이 다 지나 이렇게 남은 꽃을 감상하며 아쉬워한다. 그렇지만 대유령 같은 곳에서는 남쪽 가지의 꽃은 다 지고 없지만 북쪽 가지 북쪽에는 아직도 꽃을 피우지 않은 가지가 있어서 감상할 수도 있지 않을까?

10

송 어르신께서 홍매와 납매에서 운자를 빌린 시 두 수를 보여 주시어 문득 다시 답하여 드리고 한번 웃는다

❀ 宋丈示及紅梅臘梅借韻兩詩, 輒復和呈以發一笑[1] ❀

聞說寒梅盡	듣건대 차가운 매화 다 졌다 하니,
尋芳去已遲[2]	꽃 찾아 가나 너무 늦었다네.
冷香無宿蕊[3]	차가운 향기 묵은 꽃술 볼 수 없고,

---

1 이 시는 원래 두 수인데 여기서는 첫 번째 시만 수록하였다.
　　송장(宋丈)은 송상(宋翔: ?~1158)을 말한다. 자는 자비(子飛) 또는 여도(輿道)라 하였으며, 호는 매곡거사(梅谷居士)로 숭안(崇安) 사람이다. 소흥(紹興) 12년(1142)에 진사가 되었으며 시명(詩名)이 있었다. 관직은 국자감부(國子監簿)와 호남안무사참의관(湖南安撫司參議官)을 역임하였다. 중흥명신(中興名臣) 장준(張浚)의 12객 가운데 하나이다. 건도(乾道) 초년에 조산대부(朝散大夫)로 치사하고 얼마 후에 죽었다. 『매곡집』이 있었으나 지금은 전하지 않는다.
　　홍의영(洪儀泳)의 『차의익증(箚疑翼增)』에서는 다음과 같이 말하였다. "홍매는 (송나라) 범성대의 『매보』에 '홍매는 분홍색이며, 살구와 같이 많고 조밀하나 향기는 살구와 같지 않고 초봄에 비로소 꽃을 피운다'라 하였다. 시인의 시에 '북쪽 사람 아무도 모르고, 온통 살구꽃으로 안다네'라는 구절이 있다. 납매의 '臘'자는 '蠟'의 오자일 것이다. 『매보』에서는 '납매는 본래 매화류가 아닌데 매화와 꽃을 피우는 시기가 같고 향도 비슷하며 색이 밀비와 매우 흡사하기 때문에 그렇게 부른다.' 향기는 매우 맑고 강하여 매화 향기보다 지나친 듯하다. 처음에는 형상이 귀하다고 생각하지 않았기 때문에 제목으로 옮기가 어려워 황정견(黃庭堅)과 진여의(陳與義)도 오언의 소시만 지었을 뿐이다. 대체로 이 시의 전편은 홍매를 읊었으며, 후편은 납매를 읊었다(紅梅, 范成大梅譜, 紅梅粉紅色, 繁密如杏, 香不類杏. 初春始開. 詩人有北人全不識, 渾作杏花看之句. 臘梅, 臘當是蠟之誤. 梅譜云, 蠟梅本作非梅類, 以其與梅同時, 香又相近, 色酷似密牌, 故名. 香極淸烈, 殆過梅香. 初不以形狀貴也, 故難題詠, 山谷簡齋但作五言小詩而已. 盖此兩詩前篇咏紅梅, 後篇咏蠟梅也)." 인용시는 왕안석(王安石)의 「홍매(紅梅)」이며, 첫 구절의 전(全)자는 초(初)자로 되어 있다.

穠艶有繁枝[4]　농염하니 번다한 가지 있네.
正復非同調[5]　비록 꼭 같은 곡조 아니라 하더라도,
何妨續舊詩[6]　옛 시 잇는 것 무엇 거리끼리오?
廣平偏斌媚[7]　송경 아름다움 치우쳤으나,
鐵石愼心期[8]　철석같은 마음속 기약 속이리?

요즘 바쁜 일이 있어서 매화꽃을 찾을 일이 없었는데, 어떤 사람이 와서 한매가 이미 다 졌다고 한다. 아쉬운 마음에 이미 늦은 줄 알고서도 꽃을 찾아갔지만 정말로 너무 늦었다. 추위 속에 은은히 풍기는 한매의 향기를 맡

2　심방(尋芳): 당나라 두목(杜牧)의 「꽃을 보고 감탄하다(歎花)」에 "꽃 찾은 것 이미 너무 늦었음을 한하는 것, 지난날 일찍이 피지 않았을 때 보았음이네(自恨尋芳已太遲, 往年曾見未開時)"라는 구절이 있다. 이는 아마 송상이 연지와 분을 썼다는 전고를 썼기 때문에 이렇게 말한 것일 것이다. 봄날에 매화가 다 져버려 더 이상 찾을 곳이 없으므로 이미 늦었다고 한 것이다.
3　냉향(冷香): '冷'자는 '맑을 청(淸)'으로 된 판본도 있다. 냉향은 곧 한매를 가리킨다. 냉향은 향기가 맑은 꽃이라는 뜻인데, 주로 매화를 가리키는 말로 많이 쓰인다. 송나라 증공(曾鞏)의 「부임되어 가던 도중에 본 매화가 생각나다(憶赴中梅)」에 "오늘 옛 숲의 눈 얼어붙은 땅에, 차가운 향기 그윽하고 고운 자태 누구를 위하여 피어 있을까?(今日舊林冰雪地, 冷香幽艶向誰開)"라는 구절이 있다.
　　숙예(宿蕊): 역시 증공의 「9월 9일(九月九日)」에 "누런 꽃 묵은 꽃술 터뜨리니, 곱디곱기가 새벽에 단장한 듯(黃花宿蕊破, 艶艶晨粧靚)"이라는 구절이 있다.
4　농염(穠艶): 홍매를 가리켜서 한 말이다
　　번지(繁枝): 잔지(殘枝)로 되어 있는 판본도 있다. 뜻이 대비가 된다.
5　정부(正復): "설사 ~한다고 하더라도"의 뜻.
　　비동조(非同調): 홍매는 다른 매화와는 품종이 다르기 때문에 이렇게 말하였다.
6　속구시(續舊詩): 홍의영의 『차의익중』에서는 "촉주(蜀州)에서 동벽(東壁)으로 있을 때의 일을 쓴 것 같다(疑用蜀州東壁時事)"라 하였는데, 동벽은 미상이다.

을 수 없었고, 묵은 꽃술도 이미 볼 수 없게 되어버렸다. 그래도 아직 조금 늦게 피는 홍매의 농염한 꽃이 온 가지에 다닥다닥 피어 있어서 조금은 위안이 되었다. 꼭 똑같이 한매를 보고 곡조를 읊는 것은 아니다 하더라도 옛날에 읊었던 시의 홍조를 봐가며 읊은들 그게 무슨 거리낌이 있을 수 있겠는가? 그래도 송경은 겉모습은 꿋꿋하나 지은 글은 부드러워 아름다움이 한쪽으로 치우쳤지만, 송 어르신께서 지은 이 매화를 읊은 시는 내용마저 쇠와 돌같이 굳세기만 하여 내가 마음속으로 품었던 기약을 저버리는 것 같다.

---

7 광평(廣平): 당나라 피일휴(皮日休)의 「복숭아꽃을 읊은 글의 서문(桃花賦序)」에 "광평공(廣平公) 송경(宋璟)이 재상이 되었는데 자세는 꿋꿋하고 바탕은 굳세며 태도가 꿋꿋하고 외모가 강의해 보여, 그 분이 쇠로 된 마음과 돌로 된 창자를 가지고 있지나 않은지 의심스러우니, 부드럽고 아름다운 말을 표현할 줄 모를 것 같이 보인다. 그러나 그가 지은 「매화부(梅花賦)」를 보니, 기상이 맑고 새로우며 표현이 풍부하고 아름다워 꼭 남조(南朝)시대의 미문가(美文家) 서릉(徐陵)이나 유신(庾信)의 문체를 체득한 것 같다. 그러나 매우 그 사람의 모습과는 다르다(宋廣平之爲相, 貞姿勁質, 剛態毅狀, 疑其鐵腸心石, 不解吐婉媚辭. 然睹其文而有梅花賦, 淸便賦艶得南朝徐庾體, 殊文類其爲人也)"라는 말이 있다. 송나라 소식(蘇軾)의 「장질이 은혜롭게도 최미의 초상을 읊은 시를 부쳐 주다(章質夫惠崔徽眞詩)」에 "그대를 위하여 붓을 잡고 매화를 노래하노니, 송광평 공의 마음씨가 쇠와 같았음 거리낄 것 없네(爲君援筆賦梅花, 未害廣平心似鐵)"라는 구절이 있다.

무미(娬媚): '娬'자는 '嫵'자와 통하여 쓰며, 역시 아름답다는 뜻이다. 한나라 사마상여(司馬相如)의 「자허부(子虛賦)」에 "곱고 가냘프고 섬세하고 유연하다(娬媚纖弱)"는 말이 있다.

8 오심기(悟心期): 홍의영의 『차의익중』에서는 "이는 송상의 시가 연지와 분의 전고를 쓴 것은 송경의 시와 같은데 시의 내용이 곱고 아름다운 잘못을 벗어나지 못하고 철석과 같은 마음을 물리쳤음을 말하였기 때문에 그것을 가지고 놀린 것이다. 대체로 성이 송씨이므로 그렇게 말하였다. '悞'는 '誤'와 같다(此言宋丈詩用朱粉事, 同廣平之詞, 未免娬媚悞, 却鐵石之腸, 故以譏之. 盖以姓宋故云. 悞誤同)"라 하였다.

11

적계의 호 어르신께서 직무를 맡아 객사로 가심에 전송해 드리다

送籍溪胡丈赴館供職¹

祖餞衣冠滿道周²	전송하러 나온 사대부들 길 구비에 가득한데,
此行誰與話端由³	이번 길 누구와 더불어

1　적계호장(籍溪胡丈): 호헌(胡憲: 1085~1162)을 가리킨다. 자는 원중(原仲)이며, 숭안(崇安) 사람으로 명유 호안국(胡安國)의 당질이다. 적계에서 살았기 때문에 적계선생으로 불린다. 주송이 죽으면서 아들인 주희를 부탁한 세 사람 중의 하나인데, 주희가 가장 오래 섬긴 인물이다. 주희는 호헌을 위하여 행장(권 97) 및 제문(권 87), 만사(뒤에 나옴) 등을 지어 바친 외에도 주고받은 편지가 다수 있다. 호헌은 소흥 29년(1159) 하윤중(何允中)의 천거로 대리사직(代理司直)에 제수되는데, 미처 부임을 하기도 전에 비서성정자(秘書省正字)로 관직이 바뀌어 제수되었다. 이때 호헌의 나이는 이미 75세였으며, 이 시는 이때 지어진 것이다.
　　이 시는 원래 두 수인데 여기서는 앞의 시 한 수만 가려 뽑았다.

2　조전(祖餞): 조송(祖送)이라고도 하며, 전별(餞別), 전행(餞行)을 말한다. 원래 조는 길의 신인 노신(路神)에게 제사지내는 것을 말한다. 육신주(六臣注) 『문선』 권 20에 전별시를 모아놓은 「조전(祖餞)」편이 있는데, 당나라 이선은 "최식의 『사민월령』에서 말하기를 '조는 길의 신이다. 황제의 아들이 멀리 나가 노는 것을 좋아하다가 길에서 죽었기 때문에 제사를 지내어 길의 신으로 삼고 여행을 하는 도로의 복을 빌었다'고 하였다(崔寔四民月令曰, 祖道神也. 黃帝之子好遠游, 死道路, 故祀以爲道神, 以求道路之福)"라 하였다.
　　의관(衣冠): 진신(搢紳) 사대부를 말한다. 『한서・두흠전(杜欽傳)』의 주석에서 당나라 안사고(顔師古)는 "의관은 사대부를 말한다(衣冠謂士大夫也)"라 하였다.
　　도주(道周): 『시경・당풍・우뚝한 아가위(唐風・有杕之杜)』에 "우뚝한 아가위, 길 구비에서 자라네(有杕之杜, 生于道周)"라는 구절이 있다. 주희는 주(周)를 구비[曲]라고 하였다. 『한시(韓詩)』에서는 오른쪽이라고 하였다. 『한시』의 풀이대로라면 "길 한쪽"으로 보아야 한다.

3　단유(端由): 연유(緣由)와 같은 뜻이다.

	연유 이야기하리?
心知不作功名計	마음 안다네, 공명의 계책
	일으키지 않으실 것이니,
祗爲蒼生未敢休	다만 창생들 위하여
	감히 쉬시지 않으실 줄을.

호 선생님이 관직을 받으시어 길을 떠나심에 전송하러 나온 사대부들이 길의 구비까지 빈틈없이 꽉 채웠다. 이번에 선생님께서 길을 떠나게 되신 것을 과연 그 누구와 함께 연유를 이야기할 수 있을까? 선생님께서 말씀하지 않으셔도 안다. 마음속으로 이미 선생님께서는 공명이나 세우려고 하는 계책 따위는 세우시지 않으리라는 것을. 선생님께서는 다만 억조창생들을 위하여 열심히 일하시느라 감히 조금도 쉬시려 하지 않으실 것이다.

봄날
春日

勝日尋芳泗水濱¹	승일에 사수의 가로 꽃을 찾아 나서니,
無邊光景一時新	가없는 봄 풍경 일시에 새롭네.
等閑識得東風面²	아무렇게나 봄바람 얼굴에 느끼니,
萬紫千紅總是春	일만 송이 자주색 꽃 천 송이 붉은 꽃 모두 봄이네 그려.

1 승일(勝日): 음양가(陰陽家)의 오행설(五行說)에서 말하는 오행의 상극이 되는 닷새. 곧 목극토(木剋土)·토극수(土剋水)·수극화(水剋火)·화극금(火剋金)·금극목(金剋木)의 5일을 이른다. 이날 수레를 타면 악귀를 피한다고 한다. 나중에 뜻이 바뀌어 나가서 놀기에 아주 좋은 날을 가리키게 되었다.
  사수(泗水): 지금의 산동성 사수현에서 발원하는 하천 이름으로, 발원점이 네 군데이므로 이렇게 부름. 춘추시대에 공자가 사수 가에서 강학하며 제자들을 가르쳤기 때문에 나중에는 사수를 공문(孔門)의 발상지로 보게 되었다.

2 등한(等閑): "가볍게", "아무렇게나 마음 내키는 대로" 등의 뜻이 있다.
  동풍(東風): 봄바람을 말한다. 오행설에 의하면 봄은 방위로는 동쪽을 나타내기 때문에 이렇게 말한다. 『예기·월별 정령(月令)』에 "【음력 1월】동쪽에서 불어오는 봄바람이 얼음을 녹이고, 겨울잠 자는 벌레들이 비로소 꿈틀거린다【孟春之月】東風解凍, 蟄蟲始振)"라 하였다.

오행의 상극이 되는 아주 좋은 날. 꽃을 찾아서 공자가 강학하던 사수와 같은 강가를 돌아다닌다. 끝도 없이 아득하게 펼쳐진 봄 풍경이 어느새 지금까지의 칙칙했던 겨울 풍경을 한꺼번에 완전히 새롭게 바꾸어 놓았다. 어차피 봄 풍경을 즐길 요량으로 나선 걸음이다. 다른 목적 없이 나온 만큼 되는 대로 봄 풍경에 이 몸을 맡긴다. 동쪽의 계절인 봄의 바람이 얼굴에 스치는 게 느껴진다. 다시 고개를 돌려 사방을 쳐다본다. 온 천지의 꽃들이 모두 보랏빛이 아니면 붉은 빛을 띠고 있다. 영락없이 봄이란 걸 알겠다.

13~14

책을 보고 느낌이 일어, 두 수
觀書有感, 二首[1]

半畝方塘一鑑開[2]	반 이랑 모난 연못에 거울 하나 열렸는데,
天光雲影共徘徊[3]	하늘 빛 구름 그림자 함께 떠돌아다니네.
問渠那得淸如許[4]	묻노니 어째서 그렇게 맑을 수 있는가 하니,
爲有源頭活水來[5]	맑은 물 흘러나오는 근원 있어서라 하네.

1 이 시는 제목이 「잡시, 절구(雜詩, 絶句)」로 된 판본도 있다. 잡시(雜詩)는 일정한 주제 없이 그냥 느낀 대로 읊은 시라는 뜻이다. 이 시는 중의적인 표현을 많이 썼으므로 이 뜻을 살려서 풀었다.

2 방당(方塘): 네모반듯한 형태의 연못을 말한다. 주희의 부친인 위재(韋齋) 주송(朱松)의 「숙부의 못가 정자에 지어 부침(寄題叔父池亭)」에 "모난 연못에 기와 그림자 드리웠는데, 맑아서 한 쌍 잉어 다니는 것 보이네(方塘蔭瓦影, 淨見雙鯉行)"라는 구절이 있다. 이 구절은 심체가 허명함을 비유하였다.

3 천광~배회(天光~徘徊): 세상의 모든 이치가 이곳에 모두 갖추어져 있음을 비유한 것이다.

4 문거나득청여허(問渠那得淸如許): 이 구절은 "이상하게도 바닥까지 맑아 찌꺼기 하나 없네(怪來澈底淸無滓)"로 된 판본도 있다.

책을 읽으려고 펼쳤다. 마치 그리 크지 않은 네모반듯한 연못이 거울을 열어 사물을 비추는 듯한 모습을 띠고 있다. 책을 읽다보니 거울이 하늘빛과 구름 그림자를 투영한다. 그 모습이 함께 어울려 왔다갔다하는 것처럼 내용이 풍부하기 그지없다. 책에게 혼자 물어본다.

"어찌하여 그렇게 맑은 내용을 항상 담고 있을 수 있는가?"

하고.

책이 이렇게 대답하는 것 같다.

"그거야 연못에 항상 쉬지 않고 흘러드는 맑은 물이 있어서 오래도록 고여 썩은 물이 없는 것처럼, 항상 새로운 내용을 담은 책이 얼마든지 있으니까!"

---

5 원두활수(源頭活水): 『맹자·이루(離婁)』 하』에 "근원이 좋은 물이 철철 흘러 밤낮을 그치지 아니하여 구덩이가 가득해진 뒤에 나아가 사해에 이르니 학문에 근본이 있는 자는 이와 같다(原泉混混, 不舍晝夜, 盈科而後進, 放乎四海, 有本者如是)"라는 말이 있다. 우암 송시열의 『주자대전차의』에서는 "선생은 일찍이 「관란사」를 지어 샘물의 흐름이 끊임없음을 보고 근본이 무궁함을 깨달았다 하였는데, 모두 이런 뜻이다(先生嘗作觀瀾詞, 觀泉流之不息, 悟有本之無窮, 皆此意也)"라 하였다. 「관란사(觀瀾詞)」는 「훈몽절구(訓蒙絶句)」(「유집(遺集)」)의 「관란(觀瀾)」을 말하는 것 같으며, 그 가운데 "꼭 근본이 끊임없이 나오고 있음과 같네(正如有本出無窮)"라 한 구절이 있다. 송나라 소식(蘇軾)의 「급강에서 차를 끓이다(汲江煎茶)」에 "살아 있는 물 오로지 끓일, 살아 있는 물 필요하여, 스스로 낚시하는 돌에 올라 깊고 맑은 물 취하네(活水還須活火烹, 自臨釣石取深淸)"라는 구절이 있다. 이 구절은 하늘의 이치가 유행하여 중간에 조금도 끊어지지 않는 것을 비유한 것이다.

14

昨夜江邊春水生⁶	지난 밤 강가에 봄 물 불어나더니,
蒙衝巨艦一毛輕⁷	몽충 같은 큰 전함도 터럭 하나와 같이 가볍네.
向來枉費推移力⁸	지금까지는 미는 힘 헛되이 써버렸으나,
此日中流自在行⁹	오늘은 강 가운데로 자유로이 흘러가네.

6　변(邊): '머리 두(頭)'로 되어 있는 판본도 있다. 뜻은 마찬가지로 모두 가, 어귀라는 뜻이다.

7　몽충(蒙衝): '艨衝'이라고도 하며 전함(戰艦)의 이름이다. 또 몽동(艨瞳)이라고도 한다. 몽충은 소의 생가죽으로 배 위를 덮고, 양쪽 선실에는 노 젓는 구멍을 내고 좌우로는 활을 쏘고 창을 던지는 구멍을 내 놓은 전함이다. 『후한서·예형전(禰衡傳)』에 "황조가 몽충 위에서 빈객들을 크게 모았다(黃祖在蒙衝船上, 大會賓客)"라는 말이 있는데, 당나라 장회태자(章懷太子) 이현(李賢)이 주석을 달면서 인용한 『석명(釋名)』에서는 "바깥이 좁고 긴 배를 몽충이라 하는데, 적함과 부딪치기 좋도록 그렇게 만들었다"라 하였다. 권 7의 「석선(釋船)」 제25에 나온다. 송나라 주송(朱松)의 「정덕여가 돌아가는 배 속에서 감회를 읊은 시의 각운자를 써서 짓다(次韻鄭德與歸舟中感懷)」에 "마침 몽충 끼고 하수와 위수로 들어가, 그대 누런 색 눈썹 올리는 것 보네(會擁蒙衝入河渭, 看君黃色上眉頭)"라는 구절이 있다.

8　왕(枉): '몇 기(幾)'자로 된 판본도 있다. "거의"라는 뜻이 된다.

9　중류자재행(中流自在行): 『문집』 권 32 「장경부에게 답함(答張敬夫)」에 "이전에는 안배를 많이 하여도 집착할 곳이 없었습니다. 한데 이제는 마치 물이 들어와 배가 떠오르자 밧줄을 풀고 키를 바로잡아 물길을 따라 위 아래로 오르내리는 것처럼 오직 마음이 갈 곳을 알게 되었습니다. 이 어찌 쉬운 일이 아니겠습니까? 이에 비로소 명도선생이 이른바 '일찍이 아무런 힘도 들인 적이 없다'는 말이 참으로 터무니없는 말이 아님을 믿게 되었습니다(從前是做多少安排, 沒頓著處. 今覺得如水到船浮, 解維正柂而沿洄上下, 惟意所適矣, 豈不易哉! 始信明道所謂未嘗致纖毫之力者, 眞不浪語)"라는 말이 보인다.

책을 읽어 지식이 쌓인 것은 마치 오랫동안 가물던 상태에서 지난밤에 강가에 많은 비가 내려 봄 물이 불어난 것과 같다. 그동안 물이 없어서 강바닥에 처박혀 있던 몽충 같은 거대한 전함이 불어난 강물에 드디어 깃털을 띄우듯 가볍게 둥둥 떠우는 것과 같은 것이다. 지금까지는 독서의 힘이 부족하였다. 사물을 미루어 짐작할 때 강바닥 깊이 처박혀 있던 큰 배를 아무리 옮기려고 밀어보아도 꿈쩍도 하지 않았다. 이는 헛되이 힘만 낭비한 것이나 마찬가지였다. 쌓인 독서의 힘으로 이제 달라졌다. 지식이 마치 강물이 불어나 큰 전함이 강 가운데로 자유자재로 왕래할 수 있는 것처럼 모든 일을 할 때 무엇이든지 마음껏 미루어 알 수 있게 된 것이다.

15

서림원의 유가스님에게 보이다

示西林可師[1]

幽居四畔只空林	그윽이 묵자니 사방 오직 숲 비었는데,
啼鳥落花春意深[2]	새 울고 꽃 지니 봄 뜻 깊었다네!
獨宿塵龕無夢寐[3]	홀로 절간의 다락방에 묵자니 잠 이루지 못하는데,
五更山月照寒衾[4]	오경의 산 달빛 찬 이불을 비추네.

서림사의 유가스님을 찾아 은거하듯이 그윽하게 며칠을 지내게 되었다.

---

1   이 시는 두 수인데, 여기에 수록한 것은 두 번째 시이다.
    가사(可師)는 위 6번 시에 나왔던 가로(可老)로 이름은 유가(惟可)이다. 서림원은 곧 유가스님의 절인 서림사(西林寺)이다.
2   제조~춘의심(啼鳥~春意深): 당나라 두보의 「성중의 담벽에 적다(題省中院壁)」에 "지는 꽃 날리는 실 한낮에 고요하고, 우는 비둘기 젖먹이 제비 봄날은 깊어만 가네(落花遊絲白日靜, 鳴鳩乳燕青春深)"라는 구절이 있다.
3   감(龕): 감실. 절의 탑, 또는 그 아래에 있는 방을 말한다.
4   오경(五更): 새벽 3시에서 5시 사이.

사방에 인기척이라고는 하나도 없어 마치 텅 빈 숲같이 느껴진다. 그러는 가운데 찬찬히 살펴보니, 새가 지저귀는 소리도 들리고 꽃이 지는 모습도 보인다. 봄이 한창 깊어가는 기색이 완연하다. 이처럼 깊어가는 봄날 서림사에 속한 절간의 다락방에서 홀로 묵으니, 도무지 잠이라고는 이룰 수가 없어 이리저리 몸을 뒤척인다. 어느덧 새벽 오경이 되었는데 때마침 문틈 사이로 달빛이 비쳐든다. 산 사이에서 빛나는 달빛은 외로운 나그네를 덮어 주는 차가워 쓸쓸해 보이는 이불만 덩그러니 비춰 주고 있다.

16

삼가 판원장 및 충보와 평보 형을 모시고 회향에서 묵으며 어르신의 벽에 있는 옛 시제의 각운자를 써서 짓는다

奉陪判院丈充父平父兄宿回向用知郡丈壁間舊題之韻[1]

暮雨停驂處[2]	저녁 비에 수레 멈춘 곳,
僧廬古道邊[3]	중의 암자 있는 옛 길 가라네.
千峰環傑閣	천 봉우리 빼어난 누각 두르고,
一水下平田	한 줄기 물은 평평한 밭으로 흘러 내려가네.
行役無期度[4]	다니는 일 일정한 법도 없으니,
經過幾歲年	지나감 그 몇 해나 되었던가?
明朝須飽飯	내일 아침에는 모름지기 배불리 먹어야 할 것이니,

---

1   판원장은 유온(劉韞)을 말한다. 자는 중고(仲固)이며, 호는 수야(秀野). 주희의 매부(妹夫)의 아버지이다. 충보(充父)는 이름이 유충(劉玭)으로 유자익(劉子翼)의 막내아들이며, 평보(平父)는 이름이 유평(劉玶)이다. 지군장은 미상. 판원장(判院丈)은 『아송(雅誦)』의 주석에서는 유여우(劉如愚)라고 하였으나 확실치 않다. 회향(回向)은 『주자대전차의』에서는 절 이름이라고 하였고, 이재(李栽)의 『주전집람(朱全集覽)』에서는 혹, 중의 이름일지도 모른다고 하였다.

2   참(驂): 원래는 함께 마차를 끄는 네 마리의 말 가운데 양쪽 곁에 있는 말을 가리킨다. 또한 일반적으로 말과 마차를 두루 가리키는 말로도 쓰이는데, 여기서는 후자의 뜻으로 쓰였다.

3   고도변(古道邊): 당나라 두보의 「농가(田舍)」에 "농가 맑은 강 구비에 있고, 사립문은 옛 길의 곁에 있네(田舍淸江曲, 柴門古道傍)"라는 구절이 있다.

4   행역(行役): "부역을 나감"이란 뜻도 있으나 여기서는 "출유(出遊)"의 뜻으로 쓰였다.
    무기도(無期度): 삼국 위나라 완적(阮籍)의 「마음 속을 읊음(詠懷)」마흔 번째 시에 "삶과 목숨에 일정한 법도 없고, 아침저녁으로 근심 없다네(生命無期度, 朝夕有不虞)"라는 구절이 있다.

躡足上寒煙　　발 디디며 차가운 안개 뚫고 올라가야지.

저녁이 되자 예상치 못했던 비가 내려 생각보다 일찍 수레를 멈추었다. 수레를 멈춘 곳을 가만히 살펴보았다. 한쪽에 중이 거처하는 오두막이 있는 오래된 길가이다. 무수한 봉우리들이 이곳저곳에 셀 수 없을 정도로 솟아 있는데 모두 빼어난 누각을 빙 둘러 놓은 것처럼 느껴진다. 어디선가 한 줄기의 물이 흘러들어와 산봉우리들 중간에 있는 평평한 밭으로 흘러들어간다. 나가서 이리저리 돌아다니는 일에는 사전에 미리 정해놓고 다니는 법도가 없는지라 분명히 이곳도 지났던 기억이 있는데 지금 몇 년이나 지났는지 생각해봐도 알 수가 없다. 내일도 가야 할 길이 머니 일정을 생각하면 아침을 든든히 먹어야 할 것이다. 그런 다음에 길을 떠나 차가운 안개 서린 곳을 뚫고 한 발 한 발 내디디며 높은 곳을 지나리라.

17

언집과 충보를 받들어 모시고 함께 서암산에서 놀다가 삼가 보전사군께서 남기신 제목의 각운자를 써서 짓는다
奉陪彦集充父同游瑞巖謹次莆田使君留題之韻[1]

踏破千林黃葉堆[2]	많은 숲 다 걸어서 지나니
	누런 잎 쌓여 있고,
林間臺殿鬱崔嵬[3]	숲 사이 누대와 전각
	막혀 삐죽 솟았네.

---

1 언집(彦集)은 유자상(劉子翔)의 자. 유자상은 건안 사람으로 유온(劉韞)의 아들이며, 주희의 매서(妹婿)이다.
   충보(充父)는 유충(劉玒)의 자. 유자익(劉子翼)의 막내아들이다.
   서암(瑞巖)은 산 이름으로, 숭안현 서쪽 40리 지점에 있다. 일설에 의하면 서암산은 대주(台州) 황암현(黃巖縣)에 있는데, 중 사언(師彦)이 산에 들어가 반석 위에 앉아서 스스로 묻기를 "주인 늙은이는 잘 깨달았는가?(主人翁惺惺)"라 하였다고 하는데, 이 때문에 그 바위의 이름을 성성석(惺惺石)이라고 하였다 한다.
   보전사군(莆田使君): 곧 유자휘(劉子翬: 1101~1147)를 가리킨다. 숭안(崇安) 사람으로 주자의 장인인 유자우(劉子羽)의 동생이다. 자는 언충(彦沖)이며 호는 병산(屛山) 또는 병옹(病翁)이라고 하였다. 음서로 흥화군(興化軍) 통판(通判)이 되었는데, 30세에 부친상을 당하였으며 이때 얻은 병으로 관직생활을 계속할 수 없어 무이산으로 들어가 강학에 종사하였다. 호헌(胡憲) 및 유면지(劉勉之)와 함께 주자가 숭안에 있을 때 모신 세 스승 중의 하나인데, 가장 많은 영향을 받았다. 이들 셋은 도의로 사귀었다. 보전은 흥화군의 속현이므로 유자휘를 이렇게 부른 것이다.
2 답파(踏破): 파(破)는 모두[盡], 두루[遍]의 뜻으로 쓰였다. 독파(讀破)의 파(破)자와 같은 뜻이다.
   황엽(黃葉): 당나라 두보의 「아침(朝)」 두 번째 시에 "마을 드문드문한데 누런 잎 떨어지고, 들판 고요한데 흰 갈매기 날아오네(村踈黃葉墜, 野靜白鷗來)"라는 구절이 있다.

谷泉噴薄秋逾響[4]　　골짜기 샘물 내뿜는 소리
　　　　　　　　　　 가을되니 더욱 울리고,

山翠空濛晝不開[5]　　산의 비취빛 흐릿하여
　　　　　　　　　　 낮에도 개이질 않네.

一壑祇今藏勝概　　　한 골짜기 지금
　　　　　　　　　　 빼어난 경치 숨기고 있고,

三生疇昔記曾來[6]　　삼생 중 옛날에
　　　　　　　　　　 일찍이 왔던 기억 있네.

解衣正作留連計　　　옷 벗고 막 머물러
　　　　　　　　　　 있으려는 계책 세웠으니,

3　대전울최외(臺殿鬱崔嵬): 당나라 송지문(宋之問)의 「등봉으로 호종하는 도중에 짓다(扈從登封途中作)」에 "장막 대전 막혀 높이 솟았고, 신선 놀이 실로 씩씩하다네(帳殿鬱崔嵬, 仙遊實壯哉)"라는 구절이 있다.

4　곡천(谷泉): 남조 송나라 효무제(孝武帝)의 「화림의 청서전(華林淸暑殿)에 "산 구름 품고 있음이여 골짜기는 샘물 내뿜고, 맑은 못 깊숙함이여 멀리 기운 편다네(山懷風兮谷吐泉, 淸潭邃兮遠氣宣)"라는 구절이 있다.
　분박(噴薄): 물이 소용돌이치며 출렁인다는 뜻도 있으나 여기서는 물줄기 따위가 강렬하게 발산된다는 뜻으로 쓰였다.

5　공몽(空濛): 흐릿하여 뿌연 모양을 나타내는 의태어. 남조 제나라 사조(謝朓)의 「아침 비를 구경하다(觀朝雨)」에 "흐릿하기는 엷은 안개 같고, 질편하게 흩어지는 것은 가벼운 먼지 같네(空濛如薄霧, 散漫似輕埃)"라는 구절이 있다.

6　삼생(三生): 전세와 현세, 후세. 곧 사람이 과거와 현재·미래의 세상에 태어나 사는 일. 『주자대전차의』에서는 "어떤 한 성랑(省郞)이 화사(華寺)에서 놀다가 꿈에 짙푸른 바위 아래에 이르게 되었다. 한 노승이 앞으로 다가오는데 연기 줄기가 매우 약했다. 중이 말했다. '이것은 단월(檀越)의 소원을 맺어주는 향불이다. 향 연기는 남아 있지만 단월은 이미 삼생(三生)이 되었다. 첫 번째 났을 때의 소원은 명황(明皇) 때 검남안무순관(劍南安撫巡官)이 되는 것이고, 두 번째 났을 때의 소원은 헌종(憲宗) 때 서촉서기(西蜀書記)가 되는 것이며, 세 번째 났을 때의 소원이 바로 지금의 그대이다'라 하였다"라고 주석을 달았다. 인용된 고사는 『패문운부』와 『변자유편(騈字類編)』에서는 모두 『전등록(傳燈錄)』이라고 출전을 밝혀 놓았다.

未許山靈便卻回[7] 산신령 곧 돌아가라 함
허락하지 않으리라.

서암산의 끝없이 펼쳐진 많은 숲 다 걸어서 지나가니 이미 가을도 깊어서 누런 낙엽만 깊숙이 쌓여 있다. 숲의 나무 사이로는 이따금씩 절의 누대와 전각이 언뜻언뜻 보이는데 복잡하게 얽히어 삐죽삐죽 솟아 있다. 산골짜기의 샘에서는 물을 내뿜는데 가을이라 나무의 잎이 모두 져서 울리는 소리가 평상시보다 더욱 크게 들린다. 산에는 푸른 이내가 끼어 뿌옇기만 하고 아무것도 보이지 않는데 한낮이 되어도 개일 기미가 보이지 않는다. 지금껏 몰랐었는데 한 골짜기는 자세히 보니 아주 빼어난 경치를 그 안에 아무도 모르게 숨기고 있었다. 낯설지가 않은 것이 어디선가 본 듯하여 깊이 생각해 보니, 사람이 사는 삼생 중 전생의 어느 한 옛날에 이곳에 왔었을 것 같다는 생각이 언뜻 든다. 막 관복을 벗고 물러나 이곳에 오래도록 머물고자 하는 계획을 세웠는데 그것은 다만 내 생각일 뿐이다. 이곳의 주인인 산신령이 전생에 내가 머물던 이곳으로 다시 돌아가려고 해도 허락을 하지 않을 것이기 때문이다.

---

7 미허~각회(未許~卻回): 이 구절의 뜻이 내가 비록 돌아가려 해도 산신령이 듣지 않을 것이라는 말이다.

18

엎드려 두 유공께서 서암에 지어 남기신 시를
읽어보고 회포가 일어 눈물이 떨어지기에 뒤늦게
원래 각운자를 그대로 써서 우연히 짓는다

伏讀二劉公瑞巖留題感事興懷至於隕涕追次元韻偶成¹

誰將健筆寫崖陰	누가 굳센 붓 가지고
	벼랑의 그늘에 썼는가?
想見當年抱膝吟²	그 해에 무릎 안고
	읊조리심 생각해 보네.
緩帶輕裘成昨夢³	띠 느슨히 하고 갖옷 가벼이 하는
	지난 꿈 이루시니,

---

1 이 시는 원래 두 수인데 여기서는 앞의 시만 수록하였다.
   이유공(二劉公)은 주자의 장인인 보문각직학사 유자우(劉子羽)와 스승인 병옹(病翁) 유자휘(劉子翬)를 가리킨다.
2 포슬음(抱膝吟): 『삼국지·촉지·제갈량전(諸葛亮傳)』에 "(부친인) 제갈현이 죽자 제갈량은 농무에서 몸소 밭을 갈며「양보음」을 읊기를 좋아하였다(玄卒, 亮躬畊隴畝, 好爲梁父吟)"라는 말이 있다. 남조 송나라 배송지(裵松之)가 주석에서 인용한 『위략(魏略)』에서는 "매일 새벽과 밤이면 조용하게 항상 무릎을 안고 길게 휘파람을 불었다(每晨夜從容, 常抱膝長嘯)"라 하였다. 이 일로 나중에는 뜻 있는 지사가 속마음을 읊조리는 것을 가리키게 되었다. 북주(北周) 유신(庾信)의 「몸져누워 시름에 잠기다(臥疾窮愁)」에 "어찌 알았으리오, 오래도록 무릎 안고, 홀로「양보음」읊조릴 줄이야!(詎知長抱膝, 獨爲梁父吟)"라는 구절이 있다.
3 완대경구(緩帶輕裘): 『진서·양호전(羊祜傳)』에 "군에 있을 때는 항상 가벼운 갖옷에 띠를 느슨히 하고(常輕裘緩帶) 몸에는 갑옷을 입지 않았으며, 영각 아래에는 모시고 지키는 사람이 10여 명에 지나지 않았다"라는 말이 있다.
   성(成): '빌 공(空)'자로 된 판본도 있다.

遺風餘烈到如今[4]	남기신 풍도와 남기신 공
	지금까지 이르네.
西山爽氣看猶在[5]	서산의 상쾌한 기운 보니
	아직 그대로 있는데,
北闕精誠直自深[6]	북쪽 궁궐 향한 정성
	곧장 절로 깊다네.
故壘近聞新破竹[7]	옛 보루에서 근자에 새로이
	대나무 쪼개듯 한 기세 들었는데,

---

4 유풍여열(遺風餘烈): 한나라 가의(賈誼)의 「진나라의 허물에 대하여(過秦論)」에 "육대가 남긴 공렬을 떨쳐 긴 채찍을 휘두르며 천하를 매질했다(奮六世之餘烈, 振長策而御宇內)"라는 말이 있다. 남조 양나라 심약(沈約)의 「사령운의 전기에 대하여(謝靈運傳論)」에 "남긴 풍도와 남긴 공이 강좌에 극진하였다(遺風餘烈, 事極江左)"라는 말이 있다.

5 서산상기(西山爽氣): 『진서·왕휘지전(王徽之傳)』에 "왕휘지의 자는 자유(子猷)이다. …… 거기(車騎)인 환충(桓沖)의 기병참군(騎兵參軍)이 되었다. …… 환충이 일찍이 왕휘지에게 일러 말하기를 '그대는 부중에 있은 지가 오래 되었으니 가까운 시일 내에 반드시 잘 생각하여 발탁해 주겠네'라 하였는데, 왕휘지는 처음에는 아무런 응답도 하지 않고 다만 높이 쳐다보기만 하다가 수판으로 뺨을 괴며 말하기를 '서산의 아침이 상쾌한 기운을 가져다주는군(西山朝來致有爽氣耳)'이라 하였다"라는 말이 있다. 당나라 한악(韓偓)의 「땅을 피하다(避地)」에 "서산의 상쾌한 기운 옷깃과 소매에서 생겨나고, 남포의 이별의 근심 꿈속의 혼으로 드네(西山爽氣生襟袖, 南浦離愁入夢魂)"라는 구절이 있다.

6 북궐(北闕): 『한서·고조 본기(高帝紀)』하』에 "2월에 장안에 이르렀다. 소하(蕭何)가 미앙궁(未央宮)을 짓고 동궐(東闕)과 북궐(北闕), 전전(前殿)과 무고(武庫), 태창(大倉)을 지었다"라는 말이 있는데, 당나라 안사고(顏師古)는 "미앙전은 남향이긴 하지만 상소문을 올리고 알현하는 무리들은 모두 북쪽으로 이르렀다"라고 주석을 달았다. 나중에는 주로 조정이나 궁궐의 대칭으로 쓰이게 되었다.

7 고루~파죽(故壘~破竹): 고루는 사천(四川)과 섬서(陝西)지역을 말한다. 『진서·두예전(杜預傳)』에 "지금 병사들의 위세가 이미 떨쳐 비유컨대 대나무를 쪼개는 것과 같아(譬如破竹) 여러 마디 뒤에는 모두 칼을 맞기만 해도 쪼개어지니(迎刃而解) 더 이상 손을 댈 곳이 없다"라는 말이 있다. 이는 유자우가 일찍이 이곳에서 금나라 군사들과 맞서 촉지방을 보전한 공로가 있기 때문에 이렇게 말한 것이다.

起公無路祇傷心 　　공 일으키려 해도 방법 없어
　　　　　　　　　마음만 아플 뿐이라네.

右懷寶學公作, 近聞西兵進取關陝,[8] 其帥卽公舊部曲也[9]
위는 보학공을 그리며 지었다. 근래에 듣자니 서쪽의 군대가 관섬으로 들어가 그것을 취하였다 하는데 그 장수는 곧 공의 옛 마을 사람이다

서암의 벼랑 응달진에 굳센 필치로 써서 새겨놓은 글씨를 누가 썼는가, 잠시 생각해 보니 바로 보학공께서 쓰신 것이다. 이에 당시에 보학공께서 제갈량같이 뜻을 품으시고 이 시를 짓느라 무릎을 안고 지어서 읊으시던 광경을 생각해 본다. 오랑캐 물리치시느라 군영에 계시며 띠를 느슨하게 매고 가죽으로 된 갑옷을 가볍게 차려입는 지난날의 꿈을 기어이 이루셨다. 그리하여 당시에 굳센 뜻을 가지고 남기신 풍도와 많은 공이 전해져서 지금까지 이르고 있다. 그 후로 조정을 떠나 왕휘지처럼 서산의 상쾌한 공기를 즐기며 유유자적하게 지내시던 모습이 아직도 그대로 있는 듯하다. 그래도 옛날 나라를 위해 충성을 다 바치던 충절이 남아 있어 북쪽의 임금님 계신 궁궐을 향한 정성이 곧 절로 깊어지셨다. 금나라 군사들과 맞서 싸우던 옛 보루에서는 얼마 전까지만 해도 적을 맞아 막 대나무 쪼개듯 격파하

8　관섬(關陝): 섬서(陝西)를 말한다. 섬서의 옛 이름이 관중(關中)이므로 이렇게 부른 것이다.
9　기수(其帥): 오린(吳璘)을 말한다. 오린은 당시 사천선무사(宣撫使) 겸 섬서·하동(河東) 초토사(招討使)로 군대를 이끌고 전세를 역전시켜 희하(熙河)와 진봉(秦鳳), 영흥(永興) 3로의 16주를 수복하였다. 유자우는 일찍이 오린을 장준(張浚)에게 추천한 적이 있었다.

였다는 말이 전해진다. 이제는 공께서 이미 돌아가시고 안 계서 일으켜 세우고자 하나, 방법이 전혀 없어 다만 마음만 슬프게 할 따름이다.

19

서암산으로 들어가는 길에 절구를 짓게 되었는데 언집과 충보 두 형에게 드린다

入瑞巖道間, 得絶句, 呈彦集充父二兄[1]

清溪流過碧山頭	맑은 시내 짙푸른 산 모퉁이 흘러 지나는데,
空水澄鮮一色秋[2]	하늘과 물 맑고 신선하니 온통 가을 빛 띠고 있네.
隔斷紅塵三十里	속세의 먼지 30리 밖에 떨어지지 않았는데,
白雲黃葉共悠悠[3]	흰 구름이며 누런 잎 함께 유유하네.

---

1 서암(瑞巖)은 산 이름으로, 위 17번 시에 보인다. 언집과 충보도 역시 17번 시에 보인다. 이 시는 함께 지어진 네 수 가운데 세 번째 시이다.
2 공수징선(空水澄鮮): 남조 송나라 사령운(謝靈運)의 「강의 외딴섬에 오르다(登江中孤嶼)」에 "구름과 해 서로 맑게 비치고, 하늘과 물 함께 맑고 신선하다네(雲日相輝映, 空水共澄鮮)"라는 구절이 있다. 당나라 왕발(王勃)의 「등왕각 시의 서문(滕王閣序)」에 "떨어지는 놀은 외로운 따오기와 나란히 날고, 가을 강은 긴 하늘과 한 가지 색일세(落霞與孤鶩齊飛, 秋水共長天一色)"라는 말이 있다.
3 백운황엽(白雲黃葉): 당나라 유장경(劉長卿)의 「거듭 추앙한 후 다시 영외로 가서 나아감을 멈추기를 기다리다가 원시랑에게 부침(重推後却赴嶺外待進止, 寄元侍郞)」에 "흰 구름 산굴에서 나오고, 누런 잎 이미 뿌리 떠났네(白雲從出岫, 黃葉已辭根)"라는 구절이 있다.

서암산에 들어가려고 산길을 걷는다. 바닥까지 훤히 비치는 맑은 시냇물이 녹음이 져서 짙은 푸른빛을 띤 산모퉁이를 빠르게 흘러간다. 게다가 날씨까지 아주 좋아 하늘빛이 맑고 신선한 물에 투영되어 어느 것이 하늘이고 어느 것이 땅인지도 모를 정도로 한결 같은 가을빛을 띠고 있다. 이곳은 마치 선경과 같이 느껴지는데, 가만히 계산해 보니 내가 살던 인간세계와는 사실 30리 밖에 떨어지지 않은 곳이라는 것이 놀랍게 느껴진다. 어느덧 냇가를 지나 길은 흰 구름과 가을이 되어 나무에서 떨어지는 누런 낙엽이 함께 아득히 뒤섞여 있는 곳으로 접어들었다.

20

적계 호 선생을 애도함

挽籍溪胡先生[1]

夫子生名世[2]	선생님 태어나 세상에 이름 떨치셨는데,
窮居幾歲年[3]	궁벽하게 사신 지 몇 해나 되셨던가?
聖門雖力造	성인의 문 비록 힘껏 갔으나,
美質自天全[4]	아름다운 바탕 하늘에서 보전하셨네.
樂道初辭幣[5]	도 즐기시어 처음에는 부르심 물리셨고,

---

1 적계 호헌(胡憲)은 소흥(紹興) 32년(1162)에 죽었으며, 이듬해 건양(建陽)에서 장사지냈다. 『주문공집』권 97에 주희가 지어준 행장이 있다. 호헌은 위 11번 시에 보인다.
   호헌의 만사는 모두 세 수인데 이 시는 그 가운데 첫 번째 시이다.

2 명세(名世): 『맹자·공손추(公孫丑) 하』에 "5백 년에 반드시 왕자가 나오니 그 사이에 반드시 세상에 유명한 자가 있다(五百年必有王者興, 其間必有名世者)"라는 말이 있는데, 주자는 "명세란 그 사람의 덕업과 명망이 한 세대에 이름날 만한 자이다(名世, 謂其人德業聞望, 可名於一世者)"라고 주석을 달았다. 「행장」에 "고 시독 남양 문정공의 종부형의 아들이다(故侍讀南陽文定公從父兄之子也)"라는 말이 있는데, 여기에 의하면 명가(名家)와 같은 뜻이 된다.

3 궁거(窮居): 『맹자·진심(盡心) 상』에 "군자의 본성은 크게 행하여지더라도 더 보태지지 않으며, 궁하게 산다 하더라도 줄어들지 않으니, 분수가 정해져 있기 때문이다(君子所性, 雖大行不加焉, 雖窮居不損焉, 分定故也)"라는 말이 있다.

4 미질(美質): 『예기·교특생(郊特牲)』에 "대규를 쪼지 않는 것은 그 바탕이 아름답기 때문이다(大圭不琢, 美其質也)"라는 말이 있다.

5 낙도초사폐(樂道初辭幣): 폐(幣)는 폐빙(幣聘), 곧 폐물을 보내어 사람을 부르는 것을 말한다. 「행장」에 "시종하는 신하들이 모두 선생이 의리를 행함이 조정에까지 알려졌다 하여 조서를 내려 특별히 불렀다(詔特徵之)』. 그러나 선생은 모친이 늙었다 하여 사퇴하였다. 얼마 있지 않아 절언질(折彦質)이 서부에 들어 또 임금께 말하니 부름을 재촉함이 더욱 급박해졌다. 그럴수록 선생의 사퇴하려는 뜻은 더욱 굳어졌다"라는 말이 있다.

憂時晚奏篇[6]	슬플 때 만년에 글 올리셨네.
行藏今已矣[7]	나가고 물러나심 이제 그쳤으니,
心迹故超然	마음과 자취 이에 초연하다네.

 선생께서는 명가에서 태어나셨다. 그 명성이 비록 온 세상에 두루 떨치긴 하였으나 몸은 궁벽하고 가난하게 사셨다. 그렇게 하신 지가 얼마나 되는지에 대해서는 나로서는 전혀 알 수가 없다. 공자의 학문에 뜻을 두어 성인의 문으로 주저 없이 힘껏 가셨다. 그 아름다운 바탕을 하늘에서 좋게 여기어 다른 삿된 학문에 전혀 물들지 않게끔 온전히 보전해 주었다. 그냥 도를 즐기시어 내적 성찰을 위한 학문에 몰두하시느라 천자께서 조서를 부르심에도 처음부터 이를 거절하셨다. 그러나 나라에 오랑캐의 우환이 있자 움직이셨다. 만년에는 연세를 돌보시지도 않고 몸소 인재를 추천하는 소장을 올리셨다. 공자나 안연처럼 써주면 행하고 버림을 받으면 은둔하던 삶을 살아오셨으나 그러한 삶도 선생께서 돌아가심으로 이제는 모두 끝이 났다. 아아! 선생께서 돌아가시고 그 분의 삶을 되돌아보니 마음 쓰시는 일이나 겉으로 남은 행적이 실로 그런 이유들 때문에 초연하기만 하셨도다.

---

6 우시만주편(憂時晚奏篇): 주(奏)는 '드릴 헌(獻)'자로 된 판본도 있다. 의미는 비슷하다. 이 구절은 금나라가 변경(汴京)으로 쳐들어왔을 때 장준(張浚)과 유기(劉錡)를 다시 기용하도록 상소한 일을 말한다. 역시 「행장」에 상세히 보인다.
7 행장(行藏): 『논어·술이(述而)』편에 "공자가 안연에게 말하였다. '써주면 (도를) 행하고 버리면 은둔하는 것은, 오직 나와 너만이 이것을 지니고 있을 따름이다'(子謂顏淵曰, 用之則行, 舍之則藏, 唯我與爾有是夫)"라는 말이 있다.

어머니의 생신날 축수를 드리다
壽母生朝[1]

秋風蕭爽天氣涼[2]	가을바람 상쾌하고
	하늘 기운 서늘한데,
此日何日升斯堂	이날이 어떤 날이기에
	이 대청에 오르는가?
堂中老人壽而康[3]	대청 안의 노인
	장수하고 건강하여,
紅顏綠鬢雙瞳方[4]	붉은 얼굴 검은 머리에
	두 눈동자 네모반듯하다네.

---

1 주자의 어머니는 축부인(祝夫人)이다.
생조(生朝)는 생일, 생신과 같은 뜻.
『시경·노송·비궁(魯頌·閟宮)』에 "노나라 임금 기뻐하시니, 착한 부인과 수하신 어머니 계시다네(魯侯燕喜, 令妻壽母)"라는 구절이 있다. 『송사·악지(宋史·樂志) 13』에 "이미 성스런 부친 높이시고, 또한 어머니 축수연 올리시네(旣尊聖父, 亦燕壽母)"라는 구절이 있다.
문집에는 비슷한 시기에 지은 축수시 여섯 수가 함께 붙어 있다.

2 추풍소상천기량(秋風蕭爽天氣涼): '소상'은 '蕭颯', '蕭灑'의 뜻으로도 쓰이나 여기서는 상쾌하다는 의미로 쓰였다. 삼국시대 위(魏)나라 조비(曹丕)의 「연나라의 가행체로 읊다(燕歌行)」에 "가을바람 소슬하고 하늘 서늘하며, 초목은 지고 이슬은 서리 되었다오(秋風蕭瑟天氣涼, 草木搖落露爲霜)"라는 구절이 있다.

3 수이강(壽而康): 『시경·노송·비궁(魯頌·閟宮)』에 "당신 창성케 하시고, 당신 수하고 훌륭하게 하셨다네(俾爾熾而昌, 俾爾壽而臧)"라는 구절이 있다. 당나라 한유(韓愈)의 「이원이 반곡으로 돌아감에 송별하다(送李愿歸盤谷序)」에 "마시고 먹음이여 천수 누리고 건강하시네, 부족함 없음이여 무엇을 바라겠는가(飮且食兮, 壽而康, 無不足兮, 奚所望)"라는 말이 있다.

家貧兒癡但深藏[5]	집 가난한데다 아들 어리석어
	다만 깊이 숨어서,
五年不出門庭荒[6]	다섯 해 나가지 않으니
	문과 뜰 거칠어졌다네.
竈陘十日九不煬[7]	부엌의 부뚜막
	열흘에 아흐레는 불 때지 않으니,

---

4 홍안(紅顔): 홍안은 곧 주안(朱顔)과 같은 말이다. 곧 젊은 사람의 고운 얼굴이라는 뜻과 술이 취해 붉어진 얼굴이라는 뜻이 있음. 여기서는 바로 다음에 나오는 단어 녹빈(綠鬢)과 대가 되는 뜻으로 쓰였으므로 전자의 뜻으로 쓰였다. 당나라 이백(李白)의 「교서인 숙운을 전별하다(餞校書叔雲)」에 "젊어서는 한창 때 날 허비하며, 붉은 얼굴 자랑하며 노래하고 웃었다네(少年費白日, 歌笑矜朱顔)"라는 구절이 있다. 어머니의 얼굴이 아직 한창때의 젊은이 얼굴 못지않음을 말하고 있다.

홍안녹빈(紅顔綠鬢): 녹빈(綠鬢)은 윤기 나는 검은 머리. 젊어서 아름다운 용모를 가리키는 말로 쓰인다. 남조 양나라 오균(吳均)의 「소선마 자현의 '옛날을 생각하며'란 시에 화답하다(和蕭洗馬子顯古意)」에 "검은 머리 근심 중에 바뀌고, 붉은 얼굴은 우는 가운데 사그라지네(綠鬢愁中改, 紅顔啼裏滅)"라는 구절이 있다. 역시 아직 얼굴이 젊은이 못지않음을 말하고 있다.

쌍동방(雙瞳方): 『남사·은일 하·도홍경(南史·隱逸下·陶弘景)』에 "『장용선서』에서 말하기를 '눈이 네모난듯한 사람은 천년을 장수한다'라 하였는데, 도홍경이 말년에 한쪽 눈이 이따금씩 네모반듯하게 되었다(壯容仙書云, 眼方者壽千歲, 弘景末年一眼有時而方)"라는 말이 있다. 송나라 소식(蘇軾)의 「교동을 보내며 하군에게 부침(送喬소寄賀君)」 첫째 시에 "네모반듯한 눈동자 들판 비추니 맑고 여위었고, 두 번 절하고 일어나지 않은 채 번거로이 한번 부르네(方瞳照野清而癯, 再拜未起煩一呼)"라는 구절이 있다. 청나라의 육희성(陸希聲)은 "『자양진인군내전』에서 말하기를 '황태는 진류시에 있었는데 주군이 일찍이 찾아보았다. 『군내선경』에 "신선은 눈동자가 정방형이다"라 하였는데, 황태가 곧 네모반듯한 눈이었다'라 하였다(紫陽眞人周君內傳, 黃泰在陳留市, 君嘗見之, 君內仙經云, 仙人目瞳正方, 泰乃方目)"라는 말이 있다. 당나라 두보의 「천육의 나는 듯이 달리는 말(天育驃騎歌)」에 "털은 푸르스름하고 흰빛을 띠었는데 두 귀는 누르니, 눈에는 붉은 불꽃 있고 두 눈동자는 모났다네(毛爲綠縹兩耳黃, 眼有紫焰雙瞳方)"라는 구절이 있다.

5 심장(深藏): 『사기·노자 한비 열전(老子韓非列傳)』에 "노자가 말하였다. '…… 내가 듣건대 훌륭한 장사꾼은 없는 것처럼 깊이 잘 간직하여 두고, 군자는 덕이 성하나 용모는 어리석은 듯하다고 한다'(老子曰 …… 吾聞之, 良賈深藏若虛, 君子盛德, 容貌若愚)"라는 말이 있다.

豈辦甘脆陳壺觴[8]	어찌 달고 연한 음식 준비하고
	술병이며 술잔 차리겠는가?
低頭包羞汗如漿[9]	고개 숙이니 잔뜩 부끄러워
	땀이 물처럼 흐르는데,

6 오년불출문(五年不出門): 실제로는 벼슬을 하러 나갔다가 벼슬을 그만두고 돌아온 지가 이미 5년이 지났다는 뜻이다. 이 시구의 표현이 정확하다면, 이 시는 주희가 동안현 주부를 그만둔 소흥 27년으로부터 5년이 되는 소흥 32년(1162) 주희 33세 때 지은 것이 된다. 『주역·절괘(節卦)』의 아래에서 첫째 음효[初六]의 효사에 "문밖의 뜰에 나가지 않으면 허물이 없으리라(不出戶庭, 无咎)"라는 말이 있다.

7 조형(竈陘): 부뚜막 문의 땔나무를 놓아두는 곳을 말한다. 이 말은 『주자어류』 권 90 「예 7·제(禮七·祭)」에도 보이는데, 주로 부엌신[竈神]을 제사지내는 내용을 말하고 있다. 『예기·월령(月令)』 4월[孟夏]에 "그 제사를 지내는 신은 조신이다"(其祀竈)라는 말이 있는데, 송나라 위식(衛湜)은 "'조형'은 부뚜막 가의 그릇을 받는 물건으로 흙으로 만든다"라고 주석을 달았다.
   구불양(九不煬): 양(煬)은 불을 때는 것을 말한다. 『관자·금장(禁藏)』에 "여름날 불을 때지 않는 것은 불을 사랑하는 것이 아니다. 몸에 좋지 않고 신체에 편하지 않기 때문이다(夏日之不煬, 非愛火也, 爲不適于身便于體也)"라는 말이 있다. 『장자·우언(寓言)』에는 "나그네들은 자리를 피하고 불을 때던 자들도 자리를 피하였다(舍者避席, 煬者避竈)"라는 말이 있다.

8 감취(甘脆): 감취(甘毳)라고도 하며 맛이 있고 연한 음식을 말함. 취(脆)는 쉽게 바수어져 입에 알맞은 것을 말한다. 『사기·자객열전·섭정(聶政)』에 "신에게는 다행히 노모가 있사온데 집이 가난하여 객지를 떠돌아다니고 있습니다만 개백정이 되면 아침저녁으로 맛있고 부드러운 음식을 얻어 노친을 봉양할 수 있을 것입니다(臣幸有老母, 家貧, 客游以爲狗屠, 可以旦夕得甘毳以養親)"라는 말이 있다. 『사기』의 주석가인 사마정(司馬貞)의 『색은(索隱)』에서는 '취(毳)'는 '취(脆)'와 뜻이 상통한다고 하였다.

9 포수(包羞): 『주역·비괘(否卦)』의 상사(象辭)에 "포섭됨은 부끄러운 일이다 함은 자리가 마땅치 않다는 것이다(包羞, 位不當也)"라는 말이 있다.
   한여장(汗如漿): 남조 송나라 유의경(劉義慶)의 『세설신어·언어(言語)』에 "종육(鍾毓)의 얼굴에 땀이 흐르자 (魏나라) 문제(文帝)가 말하였다. '그대는 어찌하여 땀을 흘리오?' 이에 종육이 대답하여 말했다. '두렵고 황송하여 땀이 국물처럼 흐르는 것이옵니다'(毓面有汗, 帝曰, 卿面何以汗? 毓對曰, 戰戰惶惶, 汗出如漿)"라는 말이 있다. 당나라 백거이(白居易)의 「가물고 덥다(旱熱)」에 "살찐 것들 더워 참지 못하여, 숨이 가쁘고 땀을 국물처럼 흘리네(肥者不禁熱, 喘急汗如漿)"라는 말이 있다.

老人此心久已忘[10]	노인은 이 마음 이미 잊은 지 오래라네.
一笑謂汝庸何傷	한번 웃으며 이르시길 "네 어찌 가슴 아파하느냐,
人間榮耀豈可常	인간세상의 영예와 빛남 그 어찌 영원하다고.
惟有道義思無疆	다만 도의의 생각 끝이 없으니,
勉勵汝節彌堅剛	너의 절개 닦음 힘써서 더욱 단단하고 굳세게 만들려무나" 하시네.
熹前再拜謝阿娘[11]	내 앞으로 나아가 두 번 절하고 어머니께 감사드리니,
自古作善天降祥[12]	"예로부터 훌륭한 일을 하면 하늘이 복을 내려주느니라.
但願年年似今日	다만 원하노니 해마다 오늘만 같아,

---

10 차심(此心): 이 세상에서 부귀영화를 누리려는 마음을 말한다.
11 아낭(阿娘): 아는 주로 인칭명사 앞에 붙는 접두어로 친밀감을 나타낼 때 많이 쓰인다. 이를테면 삼국시대 위나라의 죽림칠현 중의 한 사람이었던 완적(阮籍)이 역시 죽림칠현의 하나였던 조카 함(咸)을 아함(阿咸)이라 불렀던 예를 들 수 있다. 낭(娘)은 어머니를 일컫는 말이며 양(孃)자와도 통하여 쓴다.
12 작선천강상(作善天降祥): 『서경·이훈(伊訓)』에 "훌륭한 일을 하면 하늘에서 상서로운 복을 내려주고, 훌륭하지 않은 일을 하면 온갖 재앙을 내려줍니다(作善降之百祥, 作不善降之百殃)"라는 말이 있다.

老萊母子俱徜徉[13]　　노래자의 모자처럼
　　　　　　　　　　　　함께 노닐기만 하였으면" 하시네.

어느덧 무덥던 여름도 다 지나고 가을이 되었다. 바람이 상쾌하게 불고 날씨도 서늘해졌다. 이런 좋은 날에 생신을 맞으신 어머니께서 축수를 받으시고자 대청에 오르신다. 대청 한가운데 자리 잡고 앉으신 노친을 바라보니 이미 천수를 누리신 데다가 건강도 여전하시다. 얼굴은 검버섯이 핀 여느 노인네들과는 달리 아직도 한창때의 젊은 여인과 마찬가지로 볼그레하다. 머리카락도 마찬가지로 아직 검고 윤기가 자르르 흐르는 데다가 눈동자는 천년을 장수한다는 사람들처럼 네모반듯하다. 집이 가난한데다가 자식은 어리석어 남들처럼 변변한 벼슬도 하지 못하고, 그저 몸을 깊이 숨기었다. 잠시 속했던 관직 생활에서 돌아와 벌써 다섯 해째나 집밖으로 나가지 않아 대문과 뜰에는 잡초만 무성하게 자라나 거칠어졌다. 매일같이 밥 짓는 연기가 피어올라야 할 부엌의 아궁이에는 열흘 중 아흐레는 불을 때지 못할 형편이다. 그러니 생신날이라고 해서 어찌 감히 노인들이 삼키기

13　노래(老萊): 춘추시대 초(楚)나라의 은사였던 노래자(老萊子)를 말한다. 효성이 지극하여 칠십이 훨씬 넘었는데도 양친을 봉양하면서 그들을 즐겁게 하여 드리기 위하여 어린이와 같은 장난을 하고 오색이 영롱한 색동옷[彩衣]을 입고 춤을 추었다고 한다. 당나라 이백의 「역양의 저사마에게 드림」 당시 이분은 어린애 춤을 추었기에 이 시를 지었다(贈歷陽褚司馬. 是此公爲稚子舞, 故作是詩也)」에 "먼저 어린애와 같이 춤을 추고, 다시금 노래자의 옷 입었다네(先同稚子舞, 更著老萊衣)"라는 구절이 있다. 청나라 왕기(王琦)는 "『여러 선비들의 전기』 노래자는 효성스럽게 양친을 봉양하였는데 나이 70이 다 되도록 어린애와 같이 스스로 즐거이 오색 무늬의 옷을 입었다(列士傳. 老萊子孝養二親, 行年七十, 嬰兒自娛, 著五色采衣)"라고 주석을 달았다.

에 좋은 달고 부드럽고 맛있는 음식을 제대로 갖추어 올릴 수 있겠는가? 밥 지을 양식도 없으니 술을 빚어 술병에 담아 차려 올릴 형편이 될 리는 더욱 없다. 생일상마저 변변히 차려내지 못하는 이 못난 자식의 현실이 너무도 부끄럽다. 그저 고개만 푹 숙이고 있자니 얼마나 부끄러운지 온몸에서 땀만 줄줄 물처럼 흐른다. 그러나 노친께서는 세속의 영달이나 바라는 이런 마음은 이미 잊으신 지 오래라고 하신다. 한번 인자하게 웃으신 후 도리어 나를 위로하시며 이렇게 말씀하신다. "네가 어찌 이런 일로 가슴 아파하느냐? 인간 세상에서의 영예와 번듯하게 빛나는 삶이라는 것이 그 어찌 영원한 일일 수 있겠느냐? 영원한 것이라고는 다만 도의를 펼치고자 힘쓰는 마음뿐인 것이다. 너는 세속의 일 따위랑 신경 쓰지 말고 너의 절개를 닦는 일에나 힘을 써서 더욱 단단하고 굳세게 만들기만 하여라." 이 말씀을 듣고 감격하여 내가 앞으로 나가서 두 번 절하고 어머니께 감사를 드렸다. 그러자 어머니께서는 또 이렇게 말씀하신다. "『서경』 같은 책에서도 말하지 않았느냐? 예로부터 훌륭한 일을 하면 하늘이 상서로운 복을 내려준다고. 이렇게 즐거운 날 내가 바라는 것은 없다. 다만 앞으로도 해마다 그저 오늘 같이만 되어라. 너도 나이 일흔이 넘어서도 부모를 즐겁게 해주기 위해 색동옷을 입고 춤추곤 했던 노래자처럼 함께 노닐었으면 하는 것이야."

22

연평 이 선생님을 애도함
挽延平李先生[1]

河洛傳心後[2]	하도와 낙서 성인의 마음 전한 뒤,
毫釐復易差[3]	가는 터럭만큼 다시 차이나기 쉬웠다네.
淫辭方眩俗[4]	방탕한 말 바야흐로 속세 어지럽혔으나,

---

1 연평 이 선생은 곧 이동(李侗: 1093~1163)을 말한다. 북송 남검주(南劍州) 검포(劍浦: 지금의 복건 南平) 사람으로, 자는 원중(愿仲)이다. 나종언(羅從彦)에게서 『춘추』・『중용』・『논어』・『맹자』 등을 전수받았으며, 주희에게 그의 학문을 전수하였음. 평생 저술에는 종사하지 않았으며, 주자는 그 어록을 편집하여 『연평답문(延平答問)』이라는 책으로 펴내었다. 연평은 융흥(隆興) 계미년 10월에 복주에서 죽었으며, 주희는 이 만사뿐만 아니라 행장도 지어주었는데, 『문집』 권 97에 보인다.
　주자가 지은 연평 이동의 만사는 모두 세 수인데 여기에 수록된 것은 첫 번째 시이다. 이 만사에서는 연평이 도통을 전승한 것에 대하여 읊었다. 수록되지 않은 둘째 시는 이동의 덕행에 대하여, 셋째 시는 스승을 잃은 데 대한 애통함을 각각 읊었다.
　구한말의 유학자인 남붕(南鵬: 1870~1933)의 『운도정음주해(雲陶正音註解)』에서는 "이 시는, 그가 홀로 하도(河圖)와 낙서(洛書)의 전범을 얻어 그 근본을 근본으로 했으며, 그 있는 것을 보존해서 하나라도 사특함이 없었다. 이 시는 그가 세상을 다스리고 백성을 구제하는 자질을 온축(蘊蓄)시켜 갖추었으나, 벼슬 없이 자연 속에서 지낸 것을 안타깝게 여겼음을 말한다"라고 하였다.

2 하락(河洛): 하도낙서(河圖洛書)의 준말. 하도(河圖)는 복희씨(伏羲氏) 때 황하(黃河)에서 길이 8척이 넘는 용마(龍馬)가 등에 지고 나왔다는 그림으로, 『주역(周易)』 팔괘(八卦)의 근원이 되었다. 낙서(洛書)는 하우씨(夏禹氏)의 구년치수(九年治水) 때 낙수(洛水)에서 나온 신령스런 거북[神龜]의 등에 있었다는 글이다. 『서경(書經)』 가운데 홍범구주(洪範九州)의 기원이 되었다. 중국의 현대학자로 주자의 시를 연구한 꿔치(郭齊)는 북송의 이정자(二程子)가 강학을 한 황하(黃河)와 낙수(洛水) 일대로 보았다. 아마 이 두 가지의 뜻을 중의적으로 사용하였을 것이다.

夫子獨名家	선생께서는 홀로 이름 높은 대가였다네.
本本初無二[5]	근본에 바탕 둠 애초에 둘 아니었거늘,
存存自不邪[6]	심성 보존하여 절로 사악하지 않았다네.
誰知經濟業[7]	누가 알았으리오, 경세제민의 일이,
零落舊煙霞	옛 연하 속으로 사라져 없어질 줄을.

3 호리(毫釐): 호와 리는 원래 둘 다 길이를 나타내는 도량형 단위. 치(寸)의 천분의 일이 호이며, 10호를 리라 한다. 나중에는 지극히 미세함을 비유하는 말로 쓰이게 되었다.『대대예기(大戴禮記)』권 3「보전(保傳)」에서는 "『역』에서는 말하였다. '근본을 바르게 하면 만물이 다스려진다. 극히 미세한 것에서 잃는데 차이는 천 리가 난다. 그러므로 군자는 처음을 신중히 한다'(易曰, 正其本, 萬物理. 失之毫釐, 差之千里, 故君子愼始也)"라 하였다. 남붕의『운도정음주해』에서는 "정암(整庵: 羅欽順)은 '왕양명(王陽明)에게 보낸 편지」에서 초려(草廬: 吳澄)의 설이 잘못됨을 극론하여 '유학과 불교의 구분은 바로 털끝만 한 차이에 있다'라고 하였다"라 하였다.

4 음사(淫辭):『맹자·공손추(公孫丑)』상에 "편벽된 말에 그 가려진 것을 알며, 방탕한 말에 빠져 있는 바를 안다(詖辭知其所蔽, 淫辭知其所陷)"라는 말이 있다. 주자는 "음은 방탕(放蕩)함이다"라고 하였다.

5 본본(本本):『문선(文選)』권 1 한나라 반고(班固)의「서쪽 서울(西都賦)」에 "으뜸과 근본을 얻어서 두루 들은 것을 모두 드러낸다(元元本本, 殫見洽聞)"라는 말이 있다. '원원본본'에 대하여 당나라 이선(李善)은 "그 으뜸과 근본을 얻는 것이다(謂得其元本也)"라 하였으며, 장선(張銑)은 '전적(典籍)'이라 하였다. 주자는『대학(大學)』의 "물건에는 본(本)과 말(末)이 있고, 일에는 종(終)과 시(始)가 있다(物有本末, 事有終始)"는 구절의 주석에서 "밝은 덕이 본이고, 백성을 새롭게 함이 말이며, 그칠 줄 앎이 시이며, 능히 얻음이 종이다(明德爲本, 新民爲末, 知止爲始, 能得爲終)"라 하였다.

6 존존(存存): 마음을 둠(存心)을 가리킨다.『주역·계사(繫辭)』상에 "이루어진 본성을 보존하고 보존하는 것이 도의의 문이다(成性存存, 道義之門)"라는 말이 있다.

7 경제(經濟): 나라를 다스리고 백성들을 고난에서 건짐. 경세제민(經世濟民).

옛날 황하에서 백마가 지고 나왔다는 그림과 낙수에서 나온 신령스런 거북의 등에 있었다는 글은 경서의 바탕이 되었다. 이 글 같은 성인의 마음이 한번 전해진 뒤에, 시간이 오래되자 이 사람 저 사람이 제각기 멋대로 해석을 하여 그 차이가 아주 가는 터럭 정도와 같이 되어버렸다. 이런 저런 방탕한 말이 마구 쏟아져 바야흐로 속세에서는 이런 말에 현혹되어 어지럽혀지기에 이르렀다. 그러나 연평 선생만은 어떠한 이설에도 흔들리지 않을 만큼 홀로 우뚝 솟은 진정한 대가라고 할 수 있었다. 근본에 바탕을 두어 애당초 다른 마음은 품지 않았고, 심성을 깊이 보존하여 결코 사악한 학문에 휘둘리지 않으셨다. 그러나 누가 알았겠는가? 이런 굳건한 학문을 바탕으로 하여 이제 경세제민의 원대한 포부를 펼치려 하는 찰나에 선생께서 돌아가셨다. 그 바람에 그 모든 학문과 포부가 옛 안개와 놀 같이 한 순간에 허공 속으로 스러져버릴 줄이야.

23
서림사에서 옛날에 지은 시의 각운자를 써서 짓다
用西林舊韻[1]

一自籃輿去不回[2]	한번 남여 타고 떠나신 뒤 돌아오지 않으니,
故山空鎖舊池臺	고향의 연못과 대臺는 텅 비어 잠겼다네.
傷心觸目經行處	마음 아파라 눈에 스쳐 지나가는 곳마다,
幾度親陪杖屨來[3]	몇 번이나 친히 선생님 모시고 왔던 곳이었던가.

---

1 이 시의 원운시는 「서림원의 벽에 적다(題西林院壁)」(권 2)이다. 첫 번째 구절의 운자인 재(裁)자만 회(回)자로 바꾸어 썼다. 차운시는 다른 시의 각운자를 원래의 위치에 그대로 가져다 쓰는 것인데, 7언 절구의 경우는 첫 번째 구절을 압운할 수도 있고 하지 않을 수도 있다. 때로는 근처의 비슷한 운목[隣韻]에서 따다 쓰는 수도 있다. 재(裁)자와 회(回)자는 모두 함께 회(灰)자 운목(韻目)에 들어 있다.
남붕의 『운도정음주해』에서는 "이 시는 돌아가신 (延平 李侗) 선생님을 추모함이 성실하고도 측달(惻怛)한 뜻을 나타내고 있다"라 하였다.
이 시는 원래 두 수인데 여기서는 첫 번째 시만 수록하였다.

2 남여(籃輿): 대나무를 엮어서 만든 가마. 『남사·도잠전(南史·陶潛傳)』에 "한번은 도잠이 여산에 간 적이 있는데 왕홍이 도잠의 옛 친구인 방통지더러 중도인 율리에 술을 차려놓고 그를 맞

선생께서는 늘 이곳 서림원에서 노니셨다. 어느 날 한 번 대나무를 엮어서
어깨에 메는 가마를 타고 떠나시더니 그 뒤로는 다시는 돌아오시지 않으
셨다. 그 이후로 이곳 고향 산천에서 노니시던 옛 연못과 높은 곳은 더 이
상 찾지 않아 부질없이 잠긴 것처럼 적막하기만 하다. 선생께서 돌아가신
후에 홀로 이곳으로 와서 이곳저곳 돌아보았다. 나의 눈길이 닿는 곳이며
거쳐 지나갔던 곳에 이를 때마다 마음이 몹시 쓰라리다. 정말 몇 번이나 친
히 선생님을 모시고 이곳에 와서 함께 경치를 구경하며 놀았던 곳인데.

게 했다. 도잠은 다리에 병이 있어서 문하생 하나와 두 아들에게 대로 엮은 가마를 메게 했다.
(그곳에) 이르게 되자 흔쾌히 어울려 술을 마시게 되었으며 얼마 있지 않아 흥이 이르렀는데 또
한 거리낌이 없었다(潛嘗往廬山, 弘命潛故人龐通之, 齎酒具於半道栗里要之. 潛有脚疾, 使 一門
生二兒擧籃轝. 及之, 欣然便共飮酌, 俄頃弘至, 亦無忤也)"라는 말이 있다. 송나라 사과(謝薖)의
「도연명의 화상을 보고 쓰다(陶淵明寫眞圖)」에 "가령 저승에서 지금 일어날 수만 있다면, 공이
탄 남여를 매는 것도 싫지는 않으리!(假令九原今可作, 擧公籃輿也不惡)"라는 구절이 있다.
3 장구(杖屨): 지팡이와 신발이라는 뜻인데, 노인과 웃어른에 대한 경칭으로 쓰인다. 주나라 때
는 50세 이상 되는 노인만 지팡이를 짚고 다닐 수가 있었고, 또 방에 들어갈 때는 반드시 신발
을 밖에 벗어두어야 했는데 웃어른에 대한 존경을 표시하기 위하여 어른이 먼저 방으로 들어
가고 난 다음에 신발을 벗었다. 이런 이유로 노인과 어른에 대한 경칭으로 쓰이게 되었다.

24~25

엎드려 유수야 어르신의「한가로이 거처하다」라는 시를 읽고 삼가 격조 높은 운자에 차운하여 경솔하게 절하여 드리고 엎드려 통렬하게 첨삭하여 주실 것을 바라다

伏讀秀野劉丈閑居, 謹次高韻, 率易拜呈, 伏乞痛加繩削是所願望¹

春谷 봄 골짜기
武夷高處是蓬萊²   무이산 높은 곳 봉래산이니,
采得靈根手自栽³   신령한 뿌리 캐어

---

1 이 시는 원래 열다섯 수인데 여기서는 두 수만 수록하였다.
  승삭(繩削): 먹줄을 대고 깎아낸다는 뜻인데, 첨삭하는 것을 비유하는 말로 쓰인다. 당나라 한유(韓愈)의 「남양 번소술의 묘지명(南陽樊紹述墓誌銘)」에 "먹줄을 대고 깎아낼 필요 없이 절로 법도에 들어맞았다(不煩於繩削而自合也)"라는 말이 있다.
2 무이(武夷): 복건성(福建省)과 강서성(江西省) 중간에 위치한 산으로 건녕부(建寧府) 숭안현에 있으며, 복건성 제일의 명산으로 둘레가 백여 리이고 큰 봉우리만 36개가 있다. 무이산이란 명칭의 유래에 대하여서는 『일통지(一統志)』에 의하면 16번째 동천(洞天: 신선의 거처)에 일찍이 신선이 내려와 자칭 무이군이라고 하였다. 또한 『열선전』에서 전갱(籛鏗)에게는 두 아들이 있었는데 맏이를 무(武), 다음을 이(夷)라 하였기 때문에 그렇게 이름을 붙였다 하여 설이 조금 다르다. 주희 또한 「무이산을 그린 그림의 서문(武夷圖序)」(권 76)에서 무이군이란 이름이 한대부터 알려지기는 하였지만 어떤 신인지는 모른다고 하였다.
3 영근(靈根): 식물의 뿌리를 아름답게 일컫는 말.
  재(栽): 청나라 하서린(賀瑞麟)의 『주자문집정와(朱子文集正訛)』에서는 '심을 재(栽)'로 고쳐놓았다.

地僻芳菲鎭長在[4]	땅은 치우쳤으나 향기 오래도록 남아 있고,
谷寒蜂蝶未全來[5]	골짜기 추워 벌이며 나비 다 찾아오지는 않네.
紅裳似欲留人醉[6]	붉은 아랫도리 사람을 취한 채 있게 하려는 듯,
錦障何妨爲客開[7]	비단 가리개 나그네 위해 펼친들 무엇 거리끼리오.
飮罷醒心何處所	술 다 마시고 마음 깨어난 곳 그 어디인가?
遠山重疊翠成堆[8]	먼 산 겹겹이 포개져 비취빛 언덕을 이루었다네.

얻어 손수 심었다네.

---

4 진(鎭): 여기서는 "항상, 오래도록"이라는 뜻으로 쓰였다.

5 봉접미전래(蜂蝶未全來): 송나라 소철(蘇轍)의 「모군이 균암의 선재를 새로 짓다(毛君新葺囷菴船齋)」에 "처마의 대나무에 바람과 서리 일찍이 이르지 않았고, 분재한 꽃의 벌과 나비 다 알지는 못한다네(簷竹風霜曾不到, 盆花蜂蝶未全諳)"라는 구절이 있다.

6 홍상(紅裳): 『천보유사(天寶遺事)』라는 책에는 다음과 같은 이야기가 실려 있다. "최원휘(崔元徽)가 약초를 캐다 밤에 돌아오니 바람과 달이 아름답고 상쾌하였다. 흰 저고리에 붉은 치마(紅裳)를 입은 이가 있었는데 이씨(李氏)와 도씨(陶氏)라 하였으며, 외모가 모두 곱고 아름다운 향기가 사람에게 스며들었다. 최원휘는 이에 짝한 여자가 바로 여러 꽃들의 요정임을 깨달았다."

7 금장(錦障): 비단 가리개를 말한다. 『진서』 권33 「석숭전(石崇傳)」에 "왕개(王愷)가 보라색 실로 짠 보장(기둥을 세워서 행인이 보지 못하도록 둘러친 장막) 40리를 치면 석숭은 비단 보장 50리를 쳐서 맞섰다(愷作紫絲布步障四十里, 崇作錦步障五十里以敵之)"라는 말이 있다.

8 원산~취성퇴(遠山~翠成堆): 송나라 소식의 「9월 9일에 진스님을 찾다가 마침내 작은 배를 띄워 근사원에까지 이르다(九日, 尋臻闍黎, 遂泛小舟至勤師院)」 두 번째 시에 "호숫가 푸른 산 비취빛 언덕을 이루었는데, 파릇파릇 빽빽한 기운 아름답구나!(湖上青山翠作堆, 葱葱鬱鬱氣佳哉)"라는 구절이 있다.

무이산의 높은 곳은 바로 신선이 산다는 삼신산 중의 하나인 봉래산이나 다름이 없다. 이곳에다가 약초를 심으면 신선의 약이 될 것 같아 신령한 뿌리를 하나 얻어 와서 정성껏 손수 심어놓았다. 이곳은 사람들이 사는 곳과는 떨어져서 땅이 치우쳤다. 그렇지만 신선이 사는 곳이어서 그런지 향기는 역시 오래도록 남아 있다. 그런데 이곳의 골짜기가 깊어서인지 추워서인지 꽃이 있는 곳이라면 으레 있어야 할 벌과 나비가 찾아서 날아오지는 않는다. 마치 붉은 치마를 입은 듯한 모습을 하고 있는 복사꽃이나 오얏꽃만이 사람을 취한 채 붙들어두려는 것 같다. 그러니 이곳에다 옛날 왕개나 석숭 같은 사람들이 그랬던 것처럼 나그네들에게 비단 장막을 쳐주고 놀게 한들 무슨 거리낌이 있겠는가? 흥겹게 마시던 술이 다 떨어져서 마음이 깨끗하게 깨어나 이곳이 어디일까 하고 이리저리 둘러보았다. 그랬더니 무이산의 먼 산들이 겹겹이 포개어졌는데 봉우리봉우리 비췻빛이 올망졸망 언덕을 이룬 것 같다.

25

前村[9] 전촌

| 玉立寒烟寂寞濱 | 찬 옥 같은 매화 안개 낀 물가에 쓸쓸히 서 있는데, |
| 仙姿瀟灑淨無塵[10] | 신선 자태 맑고 깨끗하여 |

---

9 "제목 아래에 '매화 매(梅)' 자가 있어야 할 것 같다"는 원주가 달려 있다.

	먼지 하나 없다네.
千林搖落今如許[11]	온 숲에 잎 흔들려 떨어짐이
	오늘 이와 같거늘,
一樹橫斜獨可人[12]	한 그루 나무만 비스듬히 기울었으니
	홀로 뜻 맞는 이라네.
眞與雪霜娛晚景[13]	바로 눈과 서리와 더불어

---

10 정무진(淨無塵): 당나라 한유의 「봄눈 사이의 일찍 핀 매화(春雪間早梅)」에 "누구로 하여금 온 자리 향기롭게 하는가? 유독 깨끗하여 먼지 없게 한다네(誰令香滿座, 獨使淨無塵)"라는 구절이 있다.

11 천림요락(千林搖落): 초나라 송옥(宋玉)의 『초사·구변(九辯)』에 "소슬하도다, 초목 흔들려 떨어져 시들어 가네(蕭瑟兮草木搖落而變衰)"라는 구절이 있다. 송나라 황정견(黃庭堅)의 「사언이 봄꽃을 보내다(史彦送春花)」에 "온 숲 흔들려 떨어져 가을 하늘 비추더니, 어느덧 짙은 꽃 흩어져 눈 안에 있네(千林搖落照秋空, 忽散穠花在眼中)"라는 구절이 있다.

12 횡사(橫斜): 송나라 임포(林逋)의 「산속 동산의 작은 매화(山園小梅)」 두 수 중 첫 번째 시에 "성긴 그림자 비스듬히 얕고 맑은 물에 걸쳐 있고, 그윽한 향기는 달 있는 황혼에 떠서 움직이네(疏影橫斜水淸淺, 暗香浮動月黃昏)"라는 구절이 있다. 주자의 부친인 위재(韋齋) 주송(朱松)의 「4월 15일 상원으로 가는 도중에 짓다(四月十五日上元道中)」에 "한 줄기 갈대 비스듬히 쓰러져 바람맞은 잎 지나가고, 모든 여울 세차게 눈 재촉하네(一葦橫斜風葉度, 千灘晶屬雪成催)"라는 구절이 있다.
가인(可人): 재덕이 있는 사람이란 뜻으로 인신되어 사랑스러운 사람, 의기가 투합하는 사람이라는 뜻으로 쓰인다. 『예기·잡기(雜記)』에 "공자께서 말씀하셨다. '관중이 도적을 만났는데 그 가운데서 2명을 가려 뽑으니, 임금이 공평하다 여겼다.' 신은 말합니다. '그 죄 있는 사람과 노는 것이 마음에 맞는 사람이다'(孔子曰, 管仲遇盜, 取人二焉. 上以爲公. 臣曰, 其所與遊遇也, 可人也)"라는 말이 있다. 당나라 공영달(孔穎達)은 이에 대해 "'가인'이라는 것은 그 사람의 성품과 행실이 감당할 만한 사람을 이르는 것이다(可人也者, 謂其人性行是堪可之人也)"라 하였다. 『진서·환온전(桓溫傳)』에 "(환온은) 일찍이 왕돈의 묘소를 지나다가 그곳을 바라보며 '가인이여, 가인이여!'라 하였다(嘗行經王敦墓, 望之曰, 可人可人)"라는 구절이 있다. 송나라 진사도(陳師道)의 「절구(絶句)」 네 번째 시에 "『서경』 뜻 흔쾌하고 『주역』 다 읽었거늘, 손 가운데 마음 맞는 이 기약이나 오지 않네(書當快意讀易盡, 客有可人期不來)"라는 구절이 있다.

| 任從桃柳殿殘春¹⁴ | 한 해의 늦은 경치를 즐기고,
복사꽃이며 버들로 하여금
멋대로 늦봄에 마지막에 피게
내버려두네. |
| 綠陰靑子明年事¹⁵ | 짙은 그늘 파란 열매
내년의 일이련만, |
| 衆口驚嗟鼎味新¹⁶ | 모든 입 솥 속의 국 맛
새롭다 놀라 감탄하네. |

옥같이 고귀한 모습을 한 매화가 차가운 겨울 안개가 피어나는 적막한 물

---

13 진·경(眞·景): 『고이』에서는 '곧'을 직(直)'자와 '일 흥(興)'자로 된 판본도 있다고 하였다.
 오만경(娛晩景): 위재 주송의 「동만칙이 다헌시를 차운한 것을 구하다(董邦則求茶軒詩次韻)」에 "다시 푸른 땔나무 사서 저녁 즐기니, 곧 노씨 늙은이에 응함 전생이라네(更買樵靑娛晩景, 便應盧老是前生)"라는 구절도 있다.

14 전잔춘(殿殘春): 『주자대전차의』에서는 "고시에 '도미는 늦봄의 막바지에 달콤해진다(酴醾甘自殿殘春)'라는 구절이 있다. 군대에서 맨 뒤에 있는 것을 '전(殿)'이라고 한다"라 하였다. 송나라 진사도(陳師道)의 「조생이 작약을 보내주어 감사하다(謝趙生惠芍藥)」 세 번째 시에 "봄날 90일 풍경 차례로 나누어지는데, 하늘이 어여삐 여겨 유독 늦봄 늦게 피게 하였네(九十風光次第分, 天憐獨得殿殘春)"라는 구절이 있다.

15 녹음청자(綠陰靑子): 송나라 소식의 「광릉의 뒷동산에서 신공의 부채에 적다(廣陵後園題申公扇子)」에 "이슬 머금은 잎 바람맞은 가지 새벽에 절로 두루 미치는데, 짙은 그림자 푸른 열매 깨끗하여 먼지 없다네(露葉風枝曉自勻, 綠陰靑子淨無塵)"라는 구절이 있다.

16 차(嗟): 『고이』에서는 '탄식할 탄(嘆)'자로 된 판본도 있다고 하였다.
 정미(鼎味): 『서경·열명(說命)』 하에 "술이나 단술을 만들려거든 그대가 곧 누룩이 되어 주고, 양념을 맞춘 국을 만들려거든 그대가 곧 소금과 매실이 되어 주시오(若作酒醴, 爾惟麴櫱, 若作和羹, 爾惟鹽梅)"라는 말이 있다.

가에 홀로 외로이 서 있다. 매화의 신선 같은 자태가 맑고 깨끗한 것이 얼마나 고운지 자세히 살펴보니, 먼지 하나 보이지 않는다. 꽃이 질 때가 되어서 온 숲의 나무가 바람에 흔들려 빙글빙글 돌며 떨어지는 것이 오늘 얼마나 되는지 모르겠다. 그러나 그 가운데 단 한 그루가 비스듬하게 기울어 가서 살펴보니 홀로 나와 뜻이 맞는 사람 같다. 매화꽃은 날씨가 추울 때 피어 실로 눈이며 서리랑 한 해의 마지막까지 늦게 아름다운 경치를 즐긴다. 그러다가 늦봄이 되고 나면 그때는 이미 다 져서 복사꽃이며 버드나무가 제철을 만난 듯 활짝 피도록 내버려둔다. 매화나무가 짙게 그늘을 드리우고 파란 매실을 맺는 것은 이듬해의 일이 되겠지만, 매실을 가지고 솥 속의 국에 간을 맞추니 모든 사람들이 그 맛에 감탄하여 놀라 탄성을 지른다.

26

유수야 어르신께서 남창에서 지은 시 여러 수를 부쳐 보여 주시어 여기 이 시에 화답한다

秀野劉丈寄示南昌諸詩和此篇[1]

滕王閣下水初生[2]	등왕각 아래에
	물 갓 불어났거늘,
聞道登臨復快晴	든건대 올라 내려다보면
	다시 쾌청하다 하네.
帝子詎知陳迹在[3]	황제의 아들 묵은 자취
	남아 있음 어찌 알 것이며,
長江肯趁曲池平	장강 굽은 못 따라
	기꺼이 평평해지려는가?

1 등왕각은 당나라 현경(顯慶) 4년 고조(高祖)의 아들인 등왕(滕王) 이원영(李元嬰)이 홍주도독(洪州都督)으로 있을 때 지은 누각으로, 지금의 강서성(江西省) 신건현(新建縣) 서쪽 장강문(章江門) 위에 있으며, 서쪽으로는 공강(贛江)에 임하여 있다. 등왕각은 명승지 중의 하나로 당나라 때 왕발(王勃)이 지은 「등왕각서(滕王閣序)」와 시가 유명하다.
이 시는 원래 두 수에 화답하였는데 여기서는 첫 번째 시만 수록하였다.
2 생(生): 여기서는 '불을 창(漲)'자의 뜻으로 쓰였다.
3 제자(帝子): 황제의 아들. 곧 등왕으로 당 고조의 아들 이원영을 가리킨다. 당나라 왕발(王勃)의 「등왕각(滕王閣)」에 "누각에 있던 황제의 아들 지금 어디 있는가? 난간 밖으로 장강만 부질없이 절로 흐르네(閣中帝子今何在, 檻外長江空自流)"라는 구절이 있다.
진적(陳迹): 진나라 왕희지(王羲之)의 「난정에서 지은 시집의 서문(蘭亭集序)」에 "지난날 기뻐하던 것이 고개를 한번 숙이고 쳐드는 사이에 이미 묵은 자취가 되어버렸다(向之所欣, 俛仰之間, 已爲陳迹)"라는 말이 있다.

山楹雨罷珠簾卷	산 집의 기둥 비 그치니 구슬 발 말아 올리고,
簷鐸風驚玉佩鳴[4]	처마의 방울 바람에 놀라니 찬 옥구슬 소리 울리네.
滿眼悲凉今古恨	온 눈 가득 슬프고 처량함 예와 지금의 한 때문이며,
人生辛苦竟何成	인생 괴로우니 결국 무엇 이루겠는가?

등왕각에서 유수야 어르신께서 시를 지어 부쳐 주셨다. 누각 아래 강물이 그동안 가물다가 이제 비가 와서 물이 막 불어나기 시작하였다고 한다. 게

---

4 첨탁(簷鐸): 첨마(簷馬) 또는 풍령(風鈴)이라고도 하며, 곧 풍경(風磬)을 가리키는 말이다. 송나라 육유(陸游)의 「여름날 낮잠을 자다가 꿈에 뜰을 거닐었는데, 고요하여 인기척이 없었으며 발 그림자가 온 집에 가득하였고 다만 제비가 아쟁의 줄을 밟는 소리만 났다. 깨어보니 쇠구슬이 바람에 쨍그렁, 하고 울리는 소리가 났는데 거의 꿈속에서 본 것과 같았다. 이에 절구 한 수를 짓게 되었다(夏日晝寢, 夢遊一院, 闃然無人, 簾影滿堂, 惟燕踏箏弦有聲. 覺而聞鐵鐸風響瑝然, 殆所夢也邪, 因得絶句)」에 "오동나무 그림자 하늘에서 비 온 뒤라 맑고 촉촉한데, 처마의 풍경 바람에 흔들려 낮잠 깨우네(桐陰淸潤雨餘天, 簷鐸搖風破晝眠)"라는 구절이 있다. 산영~옥패명(山楹~玉佩鳴): 산영은 산의 바위를 파내어 만든 기둥이라는 뜻도 있지만 여기서는 산 속에 지은 집의 기둥이라는 뜻으로 쓰였다. 당나라 왕발(王勃)의 「바람을 읊음(詠風)」에 "연기 좇아내며 시내의 집 찾는데, 안개 걷히니 산 집의 기둥 나타나네(驅煙尋澗戶, 卷霧出山楹)"라는 구절이 있고, 역시 왕발의 「등왕각(滕王閣)」에 "등왕의 높은 누각 강가 굽어보고, 패옥소리 난방울 소리 울리니 가무 끝났다네. 단청 기둥 아침엔 남포의 구름 날고, 구슬 발은 저녁에 서산의 비 말아 올리네(滕王高閣臨江渚, 佩玉鳴鸞罷歌舞. 畫棟朝飛南浦雲, 珠簾暮捲西山雨)"라는 구절이 있다.

다가 등왕각에 올라 그 아래로 펼쳐진 경치를 내려다보면 눈앞에 펼쳐진 경치가 쾌청한 날씨 때문에 더욱 아름답다고 한다. 이 누각을 지은 당나라 고조의 아들 등왕은 이것이 묵은 자취가 되어서 아직도 우뚝하게 남아 있다는 사실을 알기나 할까? 아니면 장강이 누각이 있는 서 있는 굽은 호수를 따라 평평해지려는 줄 알고 있을까? 호수의 반대인 산 쪽으로 난 누각의 기둥을 본다. 지금까지 내리던 비가 막 그쳐 마치 드리운 구슬 발을 위쪽으로 말아 올리듯 처마에서 물이 똑똑 듣는다. 누각의 네 처마 끝에는 풍경을 달아놓았는데 바람이 불어 소리를 내니 마치 옥구슬이 울리는 듯 느껴진다. 온 눈에 기쁨보다는 슬픈 정경이 들어오는 것은 등왕이 살아서 이 누각을 지었을 당시와 지금의 풍경이 무상하다는 가슴속의 한 때문인 것 같다. 그러니 사람의 괴로운 인생살이에 결국 이루는 것이라고는 무엇일까, 하고 곰곰이 생각하게 만드는 것 같다.

27

수야의 「눈을 읊다」라는 시의 운자를 써서 짓다
次秀野詠雪韻

閉門高臥客來稀[1]	문 닫고 높은 곳에 누우니 오는 손님 드물고,
起看天花滿院飛[2]	일어나 천녀가 뿌리는 꽃 보니 온 뜰 가득 날리네.
地逈杉篁增勝槩	땅은 먼데 삼나무와 대나무

---

1 폐문고와(閉門高臥): 후한 원안(袁安)의 고사를 썼다. 원안의 이야기는 다음 주 4)를 보라. 당나라 온정균(溫庭筠)의 「분사(洛陽)의 원서자에게 부치고 아울러 원처사에게도 드림(寄分司元庶子兼呈元處士)」에 "문 닫고 높이 누움 길게 탄식하지 말라, 물가 나무에 빛 엉김 사령운의 집이라네(閉門高臥莫長嗟, 水木凝暉屬謝家)"라는 구절이 있다.
객래희(客來稀): 송나라 소옹(邵雍)의 「안락와에서 읊다(安樂窩中吟)」에 "안락와에서 봄 저물 때, 문 닫고 게으르게 앉으니 손님 오는 손님 드무네(安樂窩中春暮時, 閉門慵坐客來稀)"라는 구절이 있다.

2 간(看): 『고이』에 '볼 견(見)'자로 되어 있는 판본도 있다고 하였다.
천화(天花): 불교의 천녀가 꽃을 뿌린다는 용어를 빌려 쓴 것이다. 『유마경·관중생품(維摩經·觀衆生品)』에 "그때 유마힐의 집에는 한 천녀가 있어 여러 천인들에게 나타났는데, 설법하는 것을 들으면 곧 그 몸을 나타내었다. 천화를 여러 보살과 대제자들의 위에 뿌리면, 꽃이 여러 보살에 이르면 곧 모두 떨어지는데 대제자에 이르러서는 달라붙어 떨어지지 않았다 …… 습관이 완전히 맺히지 않으면 꽃이 몸에 달라붙어 있을 따름이며, 완전히 습관이 맺힌 자는 꽃이 달라붙지 않는다(時維摩詰室, 有一天女, 見諸天人, 聞所說法, 便現其身, 卽以天華散諸菩薩大弟子上. 華至諸菩薩, 卽皆墮落, 至大弟子, 便著不墮. …… 結習未盡, 華著身耳, 結習盡者, 華不著也)"라는 말이 있다. 당나라 노연양(盧延讓)의 「눈(雪)」에 "땅 평평한데 깔려 달 되고, 하늘 먼데 흩어져 꽃 되네(地平鋪作月, 天逈撒成花)"라는 구절이 있다. 송나라 육유의 「눈 노래(雪歌)」에 "막 만 개의 구멍에서 땅의 피리 울리는 소리 들리더니, 어느덧 등륙(滕六: 눈의 별칭) 나와 하늘의 꽃 날림 보이네(初聞萬竅號地籟, 已見六出飛天花)"라는 구절이 있다.

	빼어난 경치 더해 주고,
庭虛鳥雀噪空飢[3]	뜰 비었는데 새와 참새 배고프다 재잘대네.
酒腸凍澁成新恨	술 들이켠 뱃속 차고 떫어 새로운 근심 되고,
病骨侵凌減舊肥	병골에 스며들어 옛날 살찐 몸 점점 여위게 하네.
賴有袁生淸興在[4]	원안의 맑은 흥취 있음에 힘입어,
忍寒應未泣牛衣[5]	추위 견디느라 소 덮개 쓰고 울어서는 안 되리.

3 조작조공기(鳥雀噪空飢): 송나라 구양수(歐陽脩)의 「눈(雪)」에 "함께 해 끝나도록 큰 보리 포식함 탐하거늘, 어찌 빈 숲에서 새와 참새 굶주림 불쌍히 여기겠는가?(共貪終歲飽麰麥, 豈恤空林飢鳥雀)"라는 구절이 있다. 남조 송나라 사령운(謝靈運)의 「서재에서 책을 읽다(齋中讀書)」에 "빈 관아에 쟁송 끊기니, 빈 뜰에 새와 참새만 날아드네(虛館絶諍訟, 空庭來鳥雀)"라는 구절이 있다.

4 원생청흥재(袁生淸興在): 원생은 후한의 원안(袁安)을 말함.『후한서·원안전(袁安傳)』의『여남선현전(汝南先賢傳)』이란 책을 인용한 주석에서는 "그때 큰 눈이 내려 땅에 한 길 남짓이나 쌓여 낙양령이 몸소 나가 순시를 하였는데, 보니 인가마다 눈을 치우고 나와 걸식을 하는 것이었다. 원안의 집 문에 이르렀는데 나다닌 (흔적이 있는) 길이 없었다. 원안이 이미 죽었구나, 하고 사람들을 시켜 눈을 치고 집에 들어가 보니 원안이 쓰러진 채 누워 있는 것이 보였다. 어째서 나오지 않고 있었느냐고 물었더니 원안이 말했다. '큰 눈이 내려 모두들 굶주리고 있는데 남들에게서 바라는 것은 마땅치 않습니다.' 이에 낙양령이 어질다 여겨 효렴으로 천거하였다(時大雪積地丈餘, 洛陽令身出案行, 見人家皆除雪出, 有乞食者. 至袁安門, 無有行路. 謂安已死, 令人除雪入戶, 見安僵臥. 問何以不出, 安曰, 大雪皆餓, 不宜干人. 令以爲賢, 擧爲孝廉)"라 하였다.

눈이 오니 외출하기가 겁나서 베개를 높이하고 편안히 누워 있었다. 다른 사람들도 나처럼 외출을 삼가서 그런지 손님이 찾아오는 일이 드물다. 이에 일어나 앉아 눈 오는 정경을 구경하였다. 하늘에서 천녀가 꽃가루를 뿌리는 것 같은 눈꽃이 온 뜰에 휘날리며 떨어지고 있다. 멀리 떨어진 곳에 있는 삼나무와 대나무에도 역시 눈이 휘날리며 떨어져 빼어난 경치를 더해 주고 있다. 반면에 뜰은 눈에 덮여 텅 빈 것처럼 보인다. 먹이를 찾으러 날아든 새들과 참새가 아무것도 찾지를 못해 배가 고프다고 조잘조잘 지저귀는 것 같다. 눈이 내려 차가운 날씨에 속을 좀 따뜻하게 해보고자 술을 한 잔 하였다. 시간이 지나니 오히려 뱃속이 차가워지고 떫은 듯한 느낌마저 들어 새로운 근심이 되었다. 이에 병든 이 몸에 그런 느낌이 스며들어 한때는 살진 몸이었지만 점차 야위어져 가는 것 같다. 후한의 원안이 눈 때문에 굶주리는 사람들을 위하여 집에 꼼짝 않고 누워 있었던 맑은 흥취가 떠올랐다. 그러나 남을 위한답시고 또한 한나라의 왕장처럼 소 덮개나 쓰고 추위를 견디느라 우는 일까지는 없어야 할 것이다.

---

5 읍우의(泣牛衣):『한서』권 76「왕장전(王章傳)」에 "왕장이 학생이 되어 장안에서 공부할 때 혼자 아내와 살았다. 왕장이 병에 걸렸는데 이불이 없어 소 덮개에 누워서는 아내와 결별을 고하고 울었다(章爲諸生學長安, 獨與妻居, 章疾病, 無被, 臥牛衣中, 與妻決, 涕泣)"라는 말이 있는데, 당나라의 안사고(顔師古)는 "우의는 얽힌 삼실을 짜서 만든 것으로 곧 지금의 용구와 같은 것이다(牛衣, 編亂麻爲之, 卽今俗呼爲龍具者)"라 하였다. 송나라 육유의「범대제의 가을 흥취 시에 화답하다(和范待制秋興)」에 "평생토록 소 덮개 쓰고 우는 일 없었으니, 만사 그로부터 말 귀 스쳐 지나가는 바람 되리라(一生不作牛衣泣, 萬事從渠馬耳風)"라는 구절이 있다.

28~29

「눈 온 뒤의 일을 쓰다」라는 시의 운자를 써서 짓다, 두 수

次韻雪後書事, 二首

晴煙裊裊弄晨炊¹	안개 개이니 새벽 밥 짓는 연기 하늘하늘 피어오르는데,
雪屋流澌未覺遲	눈 덮인 지붕 흘러 없어짐 더딘 줄 모르겠네.
擬挈凍醪追勝踐²	언 막걸리 들고 즐거운 유람 쫓고자 하여,
聊穿蠟屐過疏籬³	애오라지 밀랍 칠한 나막신 신고 엉성한 울타리를 지나네.

---

1 청연(晴煙): 당나라 송지문(宋之問)의 「한수와 장강에서의 송별연(漢江宴別)」에 "가을 무지개 저녁 해에 빛나고, 강의 학은 개는 안개 가지고 노네(秋虹映晚日, 江鶴弄晴烟)"라는 구절이 있다.
  요뇨(裊裊): '裊'는 '嫋'와도 통하여 쓴다. 바람이 움직여 부는 모양을 나타내는 의태어이다. 『초사·구가·상부인(九歌·湘夫人)』에 "살랑살랑 가을바람, 동정호의 물결 나뭇잎 아래서 이네(嫋嫋兮秋風, 洞庭波兮木葉下)"라는 구절이 있다. 한나라의 왕일(王逸)은 "가을바람이 나무를 흔드는 모양(秋風搖木貌)"이라 하였고, 주희는 "길고 약하게 이어지는 모양(長弱之貌)"이라 하였다.
2 승천(勝踐): 쾌적한 유람이라는 뜻, 곧 승유(勝遊)와 같다. 당나라 양형(楊炯)의 「'여러 관리들이 양은거를 찾다'라는 시의 서문(羣官尋楊隱居詩序)」에 "인생의 즐거운 유람 다하고, 숲과 들의 기이한 흥취 얻는다네(極人生之勝踐, 得林野之奇趣)"라는 말이 있다.

掃開折竹仍三逕[4]	꺾어진 대나무 치워 틔우니
	세 오솔길 그대로이고,
認得殘梅祗數枝[5]	남아 있는 매화 알아볼 수 있는 것

3 천납극(穿蠟屐): 납극은 등산할 때 신는 신이다. 남조 송나라 유의경(劉義慶)의 『세설신어·아량(世說新語·雅量)』에 "완요집(곧 阮孚)은 나막신을 좋아하였다 …… 어떤 사람이 완요집을 찾아갔는데 그때 그는 스스로 불을 지펴 나막신에 초칠을 하다가 탄식하기를 '일생 동안 몇 켤레의 나막신이나 신을 수 있을지 모르겠군'이라 하였다(阮遙集好屐 …… 或有詣阮, 見自吹火蠟屐, 因歎曰, 未知一生當箸幾量屐?)"라는 말이 있다. 송나라 귀산(龜山) 양시(楊時)의 「속마음을 써내다(書懷)」에 "지팡이 짚고 나막신 신고 잘 가서, 구름 짝하고 달 따라 졸졸 흐르는 물 뒤기네(好去杖藜穿蠟屐, 伴雲隨月弄潺湲)"라는 구절이 있다.

4 절죽(折竹): 당나라 두순학(杜荀鶴)의 「눈(雪)」에 "강과 호수에는 날짐승 그림자 보이지 않고, 바위계곡에서는 이따금 대나무 꺾이는 소리 들리네(江湖不見飛禽影, 巖谷時聞折竹聲)"라는 구절이 있다.

삼경(三逕): '三徑'과 같음. 서한(西漢) 말기에 왕망(王莽)이 세도를 잡고 있을 때 연주자사(兗州刺史)로 있던 장후(蔣詡)가 벼슬을 사직하고 고향으로 돌아가서 은거하면서 정원에 소나무를 심은 길[松徑], 국화를 심은 길[菊徑], 대나무를 심은 길[竹徑]을 만들어 놓고 은거하였다는 고사. 남조 진(晉) 조기(趙岐)의 『삼보결록(三輔決錄)』에서는 "장후는 자가 원경인데 연주자사로 나갔다가 고향의 두릉으로 돌아와 문은 가시덤불로 막고 집안에 세 갈래 오솔길을 만들어 놓고 출입을 하지 않았는데, 오직 구중과 양중이라는 친구하고만 좇아 노닐었다. 두 중씨는 모두 청렴으로 천거 받았으나 이름을 숨긴 선비이다. 두 사람은 어디 사람인지 모르는데, 모두 수레를 수리하는 것을 업으로 삼았으며, 당시 사람들이 이중이라고 불렀다(蔣詡字元卿, 去兗州刺史還鄉里杜陵, 荊棘塞門, 舍中有三徑不出, 惟裘仲羊仲從之游. 二仲皆推廉逃名之士. 二人不知何許人, 皆治車爲業, 時人謂之二仲)"라 하였다. 『삼보결록』은 이미 산일된 것을 조기가 여러 책에서 관련 기사를 수집하여 정리한 것이다. 여기서는 당나라 우세남(虞世南)의 『북당서초(北堂書鈔)』 및 『태평어람』, 그리고 도연명의 「군보록(羣輔錄)」 등에서 인용한 것을 정리하였다. 도연명의 「귀거래사(歸去來辭)」에 "세 지름길은 황폐해졌으나 소나무 국화는 오히려 그냥 남아 있네"(三徑就荒, 松菊猶存)라는 구절이 있고, 남송 양만리(楊萬里)의 「아홉 오솔길(三三徑)」에는 "세 오솔길 처음 연 이는 장후고, 두 번째 연 이는 도연명이라네(三徑初開是蔣卿, 再開三徑是淵明)"라는 구절이 있다.

5 잔매(殘梅): 송나라 소식의 「황태비각(皇太妃閣)」 다섯 번째 시에 "봄바람 속에 약한 버들가지만 갈래 드리웠는데, 반짝반짝 남은 매화 아직 한 가지 있네(東風弱柳萬絲垂, 的皪殘梅尙一枝)"라는 구절이 있다.

	겨우 몇 가지뿐이라네.
不耐歲寒心事苦[6]	해 추워지니 견디지 못하고 심사 괴로워,
滔滔欲說定從誰	속 시원히 말하고 싶지만 정녕코 누구를 따르리?

짙게 끼어 있던 안개가 어느덧 걷히니 새벽에 밥 짓는 연기가 하늘하늘 굴뚝을 통해 피어오르는 것이 보인다. 눈이 덮여 있던 지붕이 조금씩 녹아서 흘러내려 차차 없어진다. 가만히 보고 있노라니 더디게 녹아내리는데도 더딘 줄을 모르겠다. 손에는 겨울이라 술병 속에서 언 막걸리를 챙겨들었다. 즐거운 유람을 쫓아 나서고자 하여 문득 산에 오를 때 쓰는 나막신에 물기가 들까봐 밀랍을 칠한다. 그것을 신고 엉성하게 짜인 울타리를 지난다. 꺾어진 대나무로 만든 문은 사용한 지가 오래 되어 삭았다. 그 문을 활짝 열어젖히니 옛날 거닐던 세 갈래 오솔길이 아직도 그대로 있다. 가장 좋아하는 매화가 핀 오솔길로 들어선다. 살펴보니 남아 있는 매화 가운데 알아볼 수 있는 가지라고는 다만 몇 가지뿐이다. 그해 유난히 추웠던지라 소나무나 잣나무처럼 추위를 견딜 수가 없는 심사를 보자니 괴롭다. 시원하게 한번 있는 대로 다 말하고 싶긴 하지만 또 정녕코 누구를 따라야 할지는 모르겠다.

29

未覺春光到柳條[7]	봄볕 버드나무 가지에 이름을 깨닫지도 못했는데,
誰敎飛絮倚風搖[8]	누가 버들솜 날려 바람 따라 흔들리게 하는가?
眼驚銀色迷千界[9]	은색에 눈 놀라니 온 천지 헷갈리고,
夢斷彤庭散百寮[10]	붉게 칠한 뜰에 꿈 끊어지니 백관들 흩어지네.

6 세한(歲寒): 『논어·자한(子罕)』편에 "날씨가 추워진 다음에야 소나무와 잣나무가 늦게 시듦을 안다(歲寒然後知松柏之後彫也)"라는 말이 있다.

7 춘광도류조(春光到柳條): 당나라 두보의 「납일(臘日)」에 "스며드는 눈빛 원추리풀로 돌아오고, 새는 봄빛은 버드나무 가지에 있네(侵陵雪色還萱草, 漏泄春光有柳條)"라는 구절이 있다.

8 비서(飛絮): 날리는 버들솜. 양화(楊花)라고도 하는데, 여기서는 눈꽃이란 의미로 쓰였다. 남조 송나라 유의경의 『세설신어·언어(世說新語·言語)』에 "사태부(謝太傅, 이름은 安)가 춥고 눈이 내리는 날, 안방에 모여서, 집안 아이들과 글의 뜻을 강론하였다. 그때 마침 눈이 갑자기 쏟아지자, 공이 즐거워하면서 '백설이 분분함이 꼭 무엇과 같으뇨?'라고 물었다. 형의 아들인 호아(胡兒: 본명은 朗)는 '공중에 소금을 뿌린 것과 견줄 수 있을는지요?'라고 말하였고, 형의 딸(이름은 道蘊)은 '버들솜이 바람에 따라서 나부끼는 것 같지 않은지요?'라고 말하니, 공이 크게 웃으며 기뻐하였는데, 곧 공의 큰형님 무혁의 딸이요, 좌장군인 왕응지의 처였다 (謝太傅寒雪日內集, 與兒女講論文義. 俄而雪驟, 公欣然日, 白雪紛紛何所似? 兄子胡兒日, 撒鹽空中差可擬. 兄女日, 未若柳絮因風起. 公大笑樂. 卽公大兄無奕女, 左將軍王凝之妻也)"라는 말이 있다.

9 천계(千界): 불가에서 말하는 삼천대천세계(三千大天世界)를 말한다. 『유마경(維摩經)』에 "일천 세계를 소천이라 하고, 일천의 소천세계를 중천이라 하며, 일천 중천세계를 대천이라 한다(一千世界謂之小千, 一千小千世界謂之中千, 一千中千世界謂之大千)"는 말이 있다. 여기서는 "온 세상"이라는 뜻으로 쓰였다. 송나라 양만리(楊萬里)의 「눈이 개다(雪晴)」에 "온 세상이 모두 은색으로 뒤덮였고, 구슬 숲 일만 겹이나 되네(銀色三千界, 瑤林一萬重)"라는 말이 있다.

梅塢恁從長笛弄	매화 제방에선
	마음 내키는 대로 긴 피리 불고,
竹窓閒把短檠挑[11]	대나무 창 아래선 한가로이
	짧은 등잔걸이 들고 심지 돋우네.
何人剝啄傳淸唱[12]	누가 문을 두드리며
	낭랑하게 노래 부르는가?
更喜殘年樂事饒	여생에 즐거운 일 많음이
	더욱 기쁘네.

10 동정(彤庭): 궁전을 가리킨다. 한나라 때는 궁전에 붉은 칠을 하였으므로 이렇게 말한다.
　　산백료(散百寮): '寮'는 '僚'와 통하여 쓰며, '百寮'는 곧 '百官'과 같은 뜻이다. 당나라 두보의 「동지(冬至)」에 "명아주 지팡이 짚고서 눈 덮인 붉은 계곡에 다다르고, 패옥 소리 울리며 조알하러 와서 대궐에 흩어지네(杖藜雪後臨丹壑, 鳴玉朝來散紫宸)"라는 구절이 있다.
　　이 구절은 눈이 흩어지는 것이 백관들이 조정에 조회를 하러 왔다가 흩어지는 것 같다는 표현이다.

11 단경도(短檠挑): 경(檠)은 곧 등경(燈檠)을 말한다. 등경은 등잔을 적당한 높이에 얹도록 한 등대(燈臺)로서 흔히 등경걸이, 또는 등잔걸이라고 한다. 당나라 한유(韓愈)의 시에 「짧은 등잔걸이(短檠歌)」가 있는데, 그 가운데 "긴 등잔걸이 여덟 자는 공연히 길기만 한데, 짧은 등잔걸이 두 자는 편하고 또 밝네 …… 옷 지어 멀리 부치려니 눈물에 눈 어두워지고, 머리 긁으며 자주 돋우고 침상 가까이 옮기네(長檠八尺空自長, 短檠二尺便且光 …… 裁衣寄遠淚眼暗, 搔頭頻挑移近床)"라는 구절이 있다.

12 박탁(剝啄): 당나라 한유의 「똑똑 문을 두드리다(剝啄行)」에 "똑똑하고 문 두드리며, 어떤 손님 문에 이르렀네(剝剝啄啄, 有客至門)"라는 구절이 있다. 오백가주(五百家注)에서는 "박탁은 문을 두드리는 소리이다(剝啄叩門聲)"라 하였다. 당나라 고적(高適)의 「중양절(重陽)」에 "어찌 흰 옷 입은 사람 와서 문을 두드릴 것인가? 한결같이 검은 모자 삐딱하게 기울어진 사람 따른다네(豈有白衣來剝啄, 一從烏帽自欹斜)"라는 구절이 있다.

분명히 아직은 겨울이 끝나지 않았다. 따스한 봄볕이 봄을 알리는 전령인 버드나무 가지에 이르렀음을 미처 깨닫지 못했는데, 누가 버들솜 같은 흰 눈을 날린 모양이다. 바람결에 흔들리며 내린 눈으로 어느새 온 천하가 온통 하얀색으로 뒤덮였다. 순식간에 온천지를 뒤덮은 흰 눈 때문에 눈이 깜짝 놀라고 헷갈려 어디가 어디인지 전혀 분간할 수가 없다. 펄펄 날리며 내리는 눈은, 그동안 꿈꿔왔던 붉은색을 칠한 조정에서 조회를 마치고 흩어지는 백관들이 흩어지듯 끊어진다. 눈 구경하러 매화 핀 제방으로 나가보고는 흥에 겨워 마음 내키는 대로 피리를 꺼내 한 곡조 길게 불어본다. 그리고 다시 집으로 돌아와 대나무 사이로 보이는 창문에서는 한가로이 책이나 읽을까 하여 짧은 등잔걸이를 잡고 심지를 돋우어 불을 밝혀 본다. 이러던 차에 마침 눈길을 뚫고 누가 찾아와 문을 두드린다. 이어 맑은 소리로 노래하듯 부르는 소리가 들려온다. 이런 멋진 정경 속에 아는 사람이 찾아오니 여생에 이보다 더 즐거운 일이 어찌 있을 수 있겠는가?

30

유수야의 일찍 핀 매화 시의 각운자를 써서 짓다

次韻劉秀野早梅[1]

可愛紅芳愛素芳[2]	붉은 꽃 사랑스럽지만 흰 꽃 사랑하는데,
多情珍重老劉郎[3]	다정하고 진중하시네 늙으신 유씨 어르신.
疏英的皪尊中影[4]	성긴 꽃부리 또렷하게

1　이 시는 원나라 방회(方回)의 『영규율수(瀛奎律髓)』에도 실려 있는데, 거기서는 "이는 모두 매화에 뜻을 부치고 있는데 공자가 말한 '해가 추워진 다음에야 소나무와 잣나무가 나중에 시든다는 것을 안다'는 것과 같다. 위의 문장도 없고 아래의 문장도 없이 다만 이 열 글자로 사군자의 사람됨을 충분히 보게 된다(此皆寄意於梅, 猶孔子所言歲寒然後知松柏之後彫也. 無上文, 無下文, 只此十箇字, 足見士君子之爲人也)"라 평하였다.

2　가애~소방(可愛~素芳): 당나라 두보(杜甫)의 「강가를 홀로 걸으며 꽃을 찾다가 일곱 절구를 읊다(江畔獨步尋花七絶句)」 다섯 번째 시에 "복사꽃 한 무더기 모두 주인 없는데, 짙은 붉은 색 사랑스럽고 옅은 붉은 색 사랑스럽네(桃花一簇皆無主, 可愛深紅愛淺紅)"라는 구절이 있다. 이 구절의 뜻은 붉은 꽃은 다만 사랑스러울 뿐이고 흰 꽃은 정말 사랑스럽다는 것을 말한다.

3　다정~노유랑(多情~老劉郎): 『남사·원제 서비열전(元帝徐妃列傳)』에 "계강이 매번 탄식하여 말하였다. '백직의 개는 아무리 늙어도 사냥을 잘 하고, 소율양의 말은 아무리 늙어도 빼어나며, 서낭은 비록 늙었지만 아직도 다정하다'(季江每歎曰, 栢直狗雖老猶能獵, 蕭溧陽馬雖老猶駿, 徐娘雖老猶尙多情)"라는 말이 있다. 이 구절은 유우석(劉禹錫)의 전도유랑(前度劉郎)이란 말을 쓴 것이다. 수야의 성이 유씨이기 때문에 이렇게 말하였다. 당나라 유우석의 「다시 현도관에서 놀며, 절구(再遊玄都觀絶句)」에 "복숭아 심은 도사는 어디로 돌아갔는가? 전번의 유랑 이제 홀로 왔다네(種桃道士歸何處, 前度劉郎今獨來)"라는 구절이 있다. 송나라 소식(蘇軾)의 「'양반(楊蟠)의 삼가 매화를 의논하다'라는 시의 각운자를 써서 짓다(次韻楊公齊奉議梅花)」의 세 번째 시에 "이제 마음대로 늙어 서리 뿌리 있고, 유랑 다시 홀로 옴 볼 수 있다네(而今縱老霜根在, 得見劉郎又獨來)"라는 구절이 있다.

	잔 속에 비치고,
微月黃昏句裏香[5]	초승달 해질 무렵에 시구 속에서 향기롭네.
胸次自憐眞玉雪[6]	가슴속에 참된 옥 같은 눈 절로 사랑스러운데,
人間何處有氷霜	인간 세상 어느 곳에 얼음과 서리 있는가?
巡簷說盡心期事[7]	처마 찾아 마음속 기약한 일 모두 말하였더니,
肯醉佳人錦瑟傍[8]	기꺼이 고운 사람 비단 슬 옆에서 취하려네.

---

4 적력(的礫): "的歷" 또는 "的皪"이라고도 하며, '빛나는 모양, 선명한 모양'을 나타내는 첩운(疊韻) 연면(聯緜) 의태어.

5 미월황혼(微月黃昏): 미월(微月)은 눈썹달, 곧 초승달을 말한다. 진(晉)나라 부현(傅玄)의 「잡시(雜詩)」에 "맑은 바람 얼마나 불어오는가? 눈썹달 서쪽에 떠오르네(淸風何飄颻, 微月出西方)"라는 구절이 있다. 송나라 임포(林逋)의 「산속 동산의 작은 매화(山園小梅)」 두 수 중 첫째 시에 "성긴 그림자 비스듬히 얕고 맑은 물에 걸쳐 있고, 그윽한 향기는 달 있는 황혼에 떠서 움직이네(疏影橫斜水淸淺, 暗香浮動月黃昏)"라는 구절이 있다.

6 흉차(胸次): 가슴속, 마음을 말한다. 『장자·전자방(田子方)』에 "희로애락이 가슴속에 들지 않는다(喜怒哀樂不入於胸次)"라는 말이 있다.

7 순첨(巡簷): 당나라 두보의 「아우인 관이 남전으로 가서 처자를 데리고 강릉에 이름에 기뻐서 부침(舍弟觀赴藍田取妻子到江陵, 喜寄)」 두 번째 시에 "집 처마 찾아 매화와 함께 웃음 구하니, 차가운 꽃술 성긴 가지 반은 금치 못하네(巡簷索共梅花笑, 冷蕊疏枝半不禁)"라는 구절이 있다.

8 금슬(錦瑟): 당나라 두보(杜甫)의 「곡강에서 비를 마주하다(曲江對雨)」에 "어느 때 이곳에 금전회를 조명(詔命)하셨던가? 잠깐 가인 비단 슬 곁에 있음에 취하네(何時詔此金錢會, 暫醉佳人錦瑟傍)"라는 구절이 있다.

유수야 어르신은 매화꽃을 몹시 사랑하신다. 그 중 붉은 꽃은 그냥 사랑스러워 할 정도로만 좋아하시고 흰 매화꽃은 정말 사랑하신다. 이런 늙으신 유씨 어르신은 정말 다정하시고 또 진중하시다. 다소 엉성해 보일 정도로 성글게 핀 꽃부리는 아주 또렷하게 술잔 속에 비친다. 초승달이 지려고 하는 저녁의 황혼 무렵이 되자 매화를 읊은 시구들이 떠오르고 매화는 그 시구들과 함께 더욱 더 향기를 뿜어내는 것 같다. 가슴속으로는 진짜 옥같이 아름답고 눈처럼 흰 매화가 절로 사랑스럽게만 느껴진다. 그러나 생각해 보니 사람 사는 세상의 어느 곳에 이렇게 얼음 같고 서리같이 깨끗한 모습이 있단 말인가? 처마를 돌면서 마음속에서 매화가 처음으로 꽃을 피우면 한번 뵙자고 기약한 일들을 모두 말하였다. 그리고 기꺼이 아름다운 사람이 매화 곁에서 비단 같은 비파를 연주하는 소리를 듣고 그 소리에 기꺼이 취할 의향이 있다.

31

정덕휘의 유연당에 적다
題鄭德輝悠然堂¹

高人結屋亂雲邊　　고아한 사람 집 지었네
　　　　　　　　　어지러운 구름 곁에,
直面群峰勢接連²　뭇 봉우리 짝 이루어 마주보고 있는데
　　　　　　　　　형세 연이어 있네.
車馬不來眞避俗³　수레며 말 오지 않으니
　　　　　　　　　실로 속세 피하였고,
簞瓢可樂便忘年⁴　대바구니 밥 표주박 물 즐길 만하니
　　　　　　　　　곧 나이 잊는다네.

1　정덕휘(鄭德輝)는 누구인지 미상이다.
2　치면(直面): '直'는 '値'의 뜻으로 쓰였으며, 곧 대치(對値)를 말한다. 대치(對値)는 "짝, 배우자"라는 뜻이다.
3　거마불래(車馬不來): 진나라 도연명의 「술을 마시며(飮酒)」 다섯 번째 시에 "띠집 이어 사람들 사는 곳에 있으나, 수레나 말 달리는 시끄러움 없네(結廬在人境, 而無車馬喧)"라는 구절이 있다. 도연명은 사람들이 사는 경계에 집을 지었지만, 정덕휘의 유연당은 실제 사람 사는 곳을 벗어났다는 것을 말한다.
4　단표가락(簞瓢可樂): 『논어·옹야(雍也)』에서 나온 말로, 안회가 가난한 가운데서도 그 삶을 즐기는 것을 말한다. "공자께서 말씀하셨다. '어질도다, 안회여! 한 대밥그릇의 밥과 한 표주박의 마실 물로 누추한 골목에 있음을 남들은 그 시름을 이겨내지 못하거늘, 안회는 그 즐거움을 고치지 않으니, 어질도다, 안회는!'(子曰, 賢哉, 回也! 一簞食, 一瓢飮, 在陋巷, 人不堪其憂, 回也不改其樂. 賢哉, 回也!)" 삼국 위(魏)나라 조식(曹植)의 「간취제국십식표(諫取諸國十息表)」에 "쑥대 지게문과 띠를 엮은 창은 원헌의 집이요, 누추한 골목의 대바구니 도시락과 표주박은 안자의 사는 모습이다(蓬戶茅牖, 原憲之宅也, 陋巷簞瓢, 顔子之居也)"라는 말이 있다.

移筇綠幄成三徑[5]	지팡이 푸른 장막으로 옮기니
回首黃塵自一川[6]	세 오솔길 이루고,
	누런 먼지 고개 돌리니
	절로 한 내 이루네.
認得淵明千古意[7]	도연명이 말한
	천고의 뜻 알았으니,
南山經雨更蒼然	남산에 비 지나가
	더욱 푸르다네.

5 이공(移筇): 공(筇)은 대나무의 이름으로 지팡이를 만들 수 있다. 한나라 때 장건(張騫)이 대완(大宛)에 사신으로 갔다가 얻어왔다. 여기서는 그냥 지팡이라는 뜻으로 쓰였다.
　녹악(綠幄): 취악(翠幄), 엽악(葉幄)이라는 말과 같다. 진나라 육기(陸機)의 「은사를 부르다(招隱)」에 "가벼운 가지는 구름 얽어놓은 것 같고, 빽빽한 잎은 비취빛 장막에 이어졌네(輕條象雲構,密葉承翠幄)"라는 말이 있다. 송나라 황정견(黃庭堅)의 「이씨네 여섯째 아우의 제남군의 성의 다리에 있는 정자의 시와 같은 각운자를 써서 부치다(次韻寄李六弟濟南郡城橋亭之詩)」에 "비취빛 잎은 해 가리는 장막 펼치고, 붉은 꽃잎은 땅 옷으로 덮네(翠葉張日幄,紅英鋪地衣)"라는 구절이 있다.
　삼경(三徑): 은사의 거처를 말함. 위 28번 시의 주 4)를 보라.

6 회수황진(回首黃塵): 송나라 왕안석(王安石)의 「왕탁주부에게 보임(示王鐸主簿)」에 "동문에서 20년 전 일 떠올리니, 누런 먼지 한 꿈 사이에서 고개 돌렸다네(夷門二十年前事,回首黃塵一夢間)"라는 구절이 있다.
　일천(一川): 『시경·주송·아아(噫嘻)』의 "만 사람 동원하기를(十千維耦)"이란 구절에 대하여 한나라의 정현은 "온 내 사이에 만부가 있으므로 만 명이 있는 것이다(一川之間萬夫,故有萬耦)"라 하였다.

7 연명천고의(淵明千古意): 진나라 도연명의 「술을 마시며(飲酒)」 다섯 째 시에 "동쪽 울타리 아래서 국화 따노라니, 한가로이 남쪽 산 눈에 드네(採菊東籬下,悠然見南山)"라는 구절이 있다. 이 구절은 집 이름을 유연당(悠然堂)이라고 지은 유래를 말한 것이다.

고상한 사람이 집을 지었다기에 한번 찾아보았다. 그곳은 구름이 어지러이 마구 피어나는 산기슭이다. 앞을 바라보니 바로 정면에 여러 봉우리들이 바라다 보인다. 그 형세가 맞닿아 줄줄이 서로 이어져 있다. 도연명은 사람 사는 곳에 숨어 살았지만, 이곳은 정말 속세를 피하여 집을 지었다. 사람들이 왕래하는 수레와 말이 이곳까지는 이르지 않을 정도다. 식사 때는 안회처럼 대바구니의 밥과 표주박의 물을 즐겁게 먹는다. 실로 가난한 삶을 즐기는 것이라 나이 따위는 잊게 된다. 푸른 장막을 친 듯한 산 속으로 옮겨와 지팡이를 짚고 이곳저곳을 산책하니, 옛날의 은자들이 즐겨 산책했던 세 갈래 오솔길이 절로 생겨났다. 그동안 몸을 붙여서 살고 있던 누런 먼지 피어오르는 속세에서 고개를 돌려 관심을 끊고 보니 저절로 냇물 한 줄기가 보인다. 실로 도연명이 "한가로이(悠然) 남산이 보인다" 한 천고의 뜻을 이곳에 살면서 비로소 알게 되었다. 마침 도연명이 남산이라고 한 여산(廬山)에 비가 한 차례 지나가니 흙먼지가 씻겨나가고 나무들도 물기를 빨아들여 더욱 푸르러 보인다.

32

분수포의 벽에 조중진이 지어 남긴 20자의 시를 읽고 장난삼아 그 뒤에 붙임

分水鋪舖壁間讀趙仲縉留題二十字, 戲續其後[1]

水流無彼此　물 흐름 이것저것 없는데,
地勢有西東　땅의 형세는 동서의 구별 있다네.
若識分時異　만약 나뉘는 때 다름을 안다면,
方知合處同[2]　바야흐로 합치는 곳이 같음도 안다네.

觀者請下一轉語[3]　보는 사람은 밑에서 한번 깨달아가는
　　　　　　　　말을 청한다.

1　분수포(分水鋪): 분수령(分水嶺)에 있다. 『팔민통지(八閩通志)』에 의하면 분수령은 강·민(江·閩: 江西省과 福建省)을 경계 짓는 산으로 팔민(八閩)의 첫 번째 산이다. 두 강이 그 아래에서 발원하는데 하나는 강서의 경계로 유입되고, 하나는 복건의 경계로 유입된다고 하였다.

2　약식~합처동(若識~合處同): 물의 지류는 비록 다르지만 그 근원은 서로 같다는 것을 말한다. 곧 학술의 갈래가 많으니 견해가 일치하는 점은 취하고 다른 부분은 잠시 보류하라는 것을 비유한 것이다.

3　하일전어(下一轉語): 원래 불교용어로, 선종(禪宗)에서 이르는 마음의 기능을 다스리어 전환시켜 마음으로 하여금 멍하게 크게 깨닫게끔 하는 날카로운 말을 말한다. 『경덕전등록(景德傳燈錄)』 권 15에 "여기서는 밑에서 한번 깨닫는 말을 얻음과 부합한다(遮裏合下得一轉語)"라는 말이 있다. 이 시는 수련에서는 대체로 천하의 이치가 본래는 하나인데 나누어지면 달라진다는 것을 말하였다. 다음 연에서는 이치를 보는 사람은 모름지기 그 다른 까닭을 이해한 연후라야 그것이 하나로 같다는 것을 이해할 수 있음을 말하였다. 『퇴계집』 권 37의 「유희범에게 답함(答柳希范)」에 "황이 망령됨을 헤아리지 않고 말하기를 '기로 말미암아 만 가지로 나누어졌지만 원리는 같지 않음이 없다'고 하였습니다(滉不揆妄下語云, 由氣而有萬別, 原理則無不同)"라는 말이 있다.

물은 나는 이리 흐르고 나는 저리 흐르겠다, 라는 선택적 구분이 없다. 한결같이 높은 데서 낮은 데로 흐를 뿐이다. 그러나 땅의 형세는 높낮이가 있어서 결국 거기에 따라 물이 동쪽으로도 흐르게 하고 서쪽으로도 흐르게 하여 그 흐름을 갈라놓게 된다. 학문이라는 것도 결국 물과 같다. 갈래를 달리하여 나누어지는 때를 알 수만 있다면, 바야흐로 그 근원이 같으면 언젠가는 합류하게 되는 곳이 같게 되듯이 견해가 같은 것을 취해야 할 것이다.

감회

※ 感懷[1] ※

經濟夙所尙[2]	경세제민은 내 일찍이 바라던 바,
隱淪非素期[3]	은거하여 숨음 원래부터 생각지도 않았다네.
幾年霜露感[4]	몇 년간 풍상 느껴,
白髮忽已垂[5]	백발 모르는 사이에 이미 드리웠네.
鑿井北山阯[6]	북쪽 산기슭에 우물 파고,
耕田南潤湄[7]	남쪽 기름진 물가에 밭 조금 일구네.

1 이 시의 제목은 판본에 따라 "부처의 자취가 있는 벽에 적다(題佛跡壁)"로 된 것도 있다.
2 경제(經濟): 경국제민(經國濟民), 또는 경세제민(經世濟民).
  숙(夙): 평소(平素)와 같은 뜻. 『고이』에서는 '근본 본(本)'으로 된 판본도 있다고 하였다.
3 은륜(隱淪): 은거(隱居)하는 것을 말한다. 『진서·곽박전(郭璞傳)』에 "엄군평(嚴君平: 嚴遵)은 속세의 가게에 파묻혀 숨었고, 매자진(梅子眞: 梅福)은 저자의 졸개로 몸을 숨겼다(嚴平澄漠於塵肆, 梅眞隱淪乎市卒)"라는 말이 있다. 나아가 은사(隱士) 또는 선인(仙人)을 가리킨다. 남조(南朝)시대 송(宋)나라 사령운(謝靈運)의 「화자풍 시마원 세 번째 골짜기에 듦(入華子風是麻源第三谷)」에 "이미 숨어 사는 나그네이니, 또한 지내며 세상 등진 현인 돕네(旣往隱淪客, 亦棲肥遯賢)"라는 구절이 있다.
4 상(霜): 『고이』에서는 '바람 풍(風)'자로 된 판본도 있다고 하였다.
5 홀(忽): 『고이』에서는 '이제 금(今)'자로 된 판본도 있다고 하였다.
6 착정(鑿井): 우물을 파다. 송나라 소식의 「백학산에서 새로 거처하며 우물을 40여 자 파내려 가다가 반석을 만났는데 돌이 다하자 이에 샘을 얻었다(白鶴山新居, 鑿井四十尺, 遇盤石, 石盡, 乃得泉)」에 "새벽에 병만 한 웅덩이에서 눈같이 뿌연 젖 같은 물 얻었는데, 저녁 되자 물동이 만한 웅덩이에 얼음 같은 여울 머무르네(晨瓶得雪乳, 暮甕停冰湍)"라는 구절이 있다.
  지(阯): 『고이』에서는 '그칠 지(止)'자로 된 판본도 있다고 하였다.
7 미(湄): 수초와 서로 이어진 물가 언덕.

乾坤極浩蕩[8]　이 천지간은 끝없이 넓은데,
歲晩將何之　해 저물어가니 장차 어디로 가나?

나라를 경영하는 데 참여하고 백성을 구제하는 것은 내가 옛날부터 숭상하고 바라던 바였다. 평소에 그런 마음을 품고 있던 터였다. 이 세상에서 몸을 숨겨 은거하는 것 따위는 평소에 전혀 생각지도 않았다. 그러나 최근 몇 년간 세간에서 갖가지 풍상을 겪고 이에 대해 가만히 생각을 해보게 되었다. 어느덧 나도 나이가 들어 몸을 살펴보니 백발이 잔뜩 나 머리에 드리워져 있다. 이제는 경세제민에의 꿈도 미련 없이 모두 버렸다. 은거랄 것은 없지만, 북쪽 산기슭에 우물을 파서 물을 길어 먹고, 남쪽의 기름진 물가에다 조그만 밭뙈기를 하나 마련하여 틈날 때마다 부쳐서 갈아먹을 따름이다. 가만히 생각해 보니 하늘과 땅 사이의 인간들이 사는 곳은 끝없이 넓기만 하다. 하지만 나이만 자꾸 먹어서 해로 치면 한 해도 거의 끝나가는 시점이다. 이 몸은 지금 어디로 가야 할 지 모르겠다.

8　호탕(浩蕩): 당나라 두보의「받들어 상서좌승이신 위제 어르신께 44구로 지어 바침(奉贈韋左丞丈二十二韻)」에 "흰 갈매기 호탕하게 들어가니, 만 리에 누가 길들일 수 있으리?(白鷗沒浩蕩, 萬里誰能馴)"라는 구절이 있다.

34

서재에 거처하자니 느낌이 일어

☒ 齋居感興[1] ☒

| 昆侖大無外 | 둥글고 흐릿하여 큰 하늘은 끝이 없고,
| 旁薄下深廣[2] | 까마득한 땅은 아래로 끝없이 넓네.
| 陰陽無停機[3] | 음양의 변화는 잠시도 쉬지 않고,

1 「재거감흥」시는 모두 20수인데, 여기서는 1수만(첫째 시) 수록하였다. 이 시에는 다음과 같은 긴 서문이 달려 있다. "내가 일찍이 (당나라) 진자앙의 「감우시」를 읽어보고는 그 시어의 뜻이 그윽하고 깊으며 음절이 호탕함을 사랑하였는데, 당세의 시인들이 미칠 바가 아니었다. 단사와 맑은 하늘(같은 단약의 재료), 금 기름과 푸른 물(같은 선약)과 같아 비록 근래에 세상에 쓰임은 적었지만 실로 물외의 자연의 기이한 보물을 얻기가 힘들었다. 십 수 편을 본떠서 짓고자 하였으나 내 생각이 이름이 평범하고 필력이 쇠약하여 마침내 이룰 수 없었다. 그러나 또한 그 이치에 정밀하지 못함과 또 스스로 도교와 불교에 기탁함을 높이 여기는 것을 한탄한다. 서재에 거처하자니 별일이 없어 우연히 소견을 써 스무 편을 얻었는데, 비록 미묘한 뜻을 탐색하고 전대의 말을 추적할 수는 없었지만 모두 일용해가는 실상에 맞아떨어져 말 또한 가깝고 쉽게 알 수 있다. 이에 스스로 경계로 삼고 또한 여러 동지에게 주어 말한다(余讀陳子昂感寓詩, 愛其詞旨幽邃音節豪宕, 非當世詞人所及. 如丹砂空青金膏水碧. 雖近乏世用, 而實物外難得自然之奇寶. 欲效其體作十數篇, 顧以思致平凡筆力萎弱, 竟不能就然, 亦恨其不精於理, 而自託於儒佛之間, 以爲高也. 齋居無事偶書所見得二十篇, 雖不能探索微眇追迹前言, 然皆切於日用之實, 故言亦近而易知, 旣以自警, 且以貽諸同志云)."

2 혼륜~방박(昆侖~旁薄): '昆'은 '흐릴 혼(渾)'자와 통하여 쓰며, 광대하여 끝이 없는 모양이다. '薄'은 '널리 덮을 박(礴)'자와도 통하여 쓴다. 한나라 양웅(揚雄)의 『태현경·현문(太玄經·玄文)』에 "혹자가 묻기를 '혼륜방박은 무엇을 이릅니까?'라 하였다(或曰昆侖旁薄幽何爲也)"는 말이 있는데, 주석서인 명나라 섭자기(葉子奇)의 『태현본지(太玄本旨)』에서는 "혼륜은 둥글고 흐릿한 모양으로 하늘의 형태이다. 방박은 넓은 모양으로 땅의 형태이다"라 하였다. 여기서 혼륜은 하늘을 말하였고, 방박은 땅을 말한 것이다.
대무외(大無外): 커서 끝이 없음을 말한다.
하심광(下深廣): 낮으며 깊고 넓은 것, 곧 땅을 말한 것이다.

寒暑互來往[4]	한서는 서로 번갈아 오가네.
皇羲古神聖[5]	복희씨는 옛날의 신령스런 성인으로,
妙契一俯仰[6]	신묘한 계합 한번 우러르고 숙임에 이루어졌네.
不待窺馬圖[7]	그리하여 용마의 그림 살핌을 기다리지 않고도,
人文已宣朗[8]	이에 사람의 무늬 밝게 퍼졌네.
渾然一理貫[9]	혼연히 한 가지 이치 관통하니,
昭晰非象罔[10]	밝고도 분명하여 흐릿하지 않네.
珍重無極翁[11]	진중하도다 무극옹이시여,

---

3 음양무정기(陰陽無停機): 음양은 기(氣)를 말한다. 무정기는 『주역』(「繫辭」 상)에서 이른바 일음일양(一陰一陽)과 같다.

4 한서호래왕(寒暑互來往): 한서는 기(氣)가 드러난 것을 말한다. 『주역·계사(繫辭) 하』에 "추위가 가면 더위가 오고 더위가 가면 추위가 와서, 추위와 더위는 서로 미루어서 해를 이룬다(寒往則暑來, 暑往則寒來, 寒暑相推而歲成焉)"라는 말이 있다.
이상 네 구절은 천지의 사이를 채우고 있는 것은 달리 사물이 없고 하나의 음과 하나의 양이 그 사이에서 운행하는데 실로 천지의 공용이요 품휘(品彙)의 근저임을 말하였다.

5 황희(皇羲): 중국 고대의 삼황(三皇)의 하나인 복희씨(伏羲氏)를 말함.
신성(神聖): 『주역·계사(繫辭) 상』에 "음양을 헤아릴 수 없는 것을 신이라고 한다(陰陽不測之謂神)"라는 말이 있다. 채모(蔡模)는 "커서 변화시키는 것을 성(聖)이라 하고, 성스러워서 알 수 없는 것을 신(神)이라고 한다"라 하였다.

6 부앙(俯仰): 전설에 의하면 복희가 위로는 천문을 우러르고 아래로는 지리를 살펴 처음으로 팔괘를 그어 『주역』을 지었다는데, 이를 말하였다. 『주역계몽익전(周易啓蒙翼傳)·상편』에 "『역대전』에서 말하기를 '옛날에 포희씨(곧 복희)가 천하를 다스릴 때 우러러 하늘에서 상을 관찰하였고, 숙여서 땅에서 법을 관찰하였다'라 하였다(易大傳曰, 古者包羲氏之王天下也, 仰則觀象於天, 俯則觀法於地)"는 말이 있다.

7 마도(馬圖): 하도(河圖)를 말한다. 『예기·예운(禮運)』에 "하수에서 마도가 나왔다(河出馬圖)"는 말이 있는데, 한나라 정현(鄭玄) "용마가 그림을 등에 지고 나온 것을 말한다(謂龍馬負圖而出)"라 하였다.

爲我重指掌[12]　나를 위해 거듭 손바닥 가리키시네.

8　인문(人文): 『주역』「비괘(賁卦)」의 단사(彖辭)에 "무늬가 밝아서 머무니 사람의 무늬다 …… 인문을 관찰하여 천하를 화하게 한다(文明以止, 人文也 …… 觀乎人文以化成天下)"라는 말이 있다.
　　황희~선랑(皇羲~宣朗): 채모는 "인문은 무릇 강유(剛柔)의 왕래, 상하의 교착이 미미하지만 천리의 절문(節文)은 드러나고 예악과 법도가 빛나는 것이 모두 이것이다. '선랑'은 '소명(昭明)'과 같다. 복희씨가 신성하고 특이한 자태를 품부하여 이 이치가 한번 고개를 숙였다가 쳐드는 사이에 묘하게 합쳐져 신마가 지고 온 그림을 엿보지 않아도 된다는 말이다. 인문이 이미 흉중에서 찬연하게 밝게 퍼졌다. 바로 소옹(邵雍)이 그리기 전에 원래 『역』의 뜻이 있었다"라 하였다.
9　혼연일리관(渾然一理貫): 채모는 이 구절이 실로 이 시의 키워드[錧錄]라고 하였다.
10 소석(昭晳): 밝게 빛나는 것이다.
　　상망(象罔): 망상(罔象)이라고도 하며, 분명하지 않아 형상이 뚜렷하지 않은 것, 무심(無心)한 것을 말한다. 『장자·천지(天地)』에 "황제가 적수 북쪽에서 놀다가 곤륜산에 올라 남쪽을 바라보고 돌아왔는데 현주를 잃어버렸다. 지에게 찾게 하였으나 찾지 못하였고, 이주에게 찾게 하였으나 찾지 못하였으며, 끽후에게 찾게 하였어도 찾지 못하였다. 이에 상망을 시켰더니 상망은 찾아내었다. 황제가 말하기를 '이상도 하구나! 상망이 그것을 찾을 수 있다니!'(皇帝遊乎赤水之北, 登乎崑崙之丘, 而南望還歸, 遺其玄珠. 使知索之而不得, 使離朱索之而不得, 使喫詬索之而不得也. 乃使象罔, 象罔得之. 皇帝曰, 異哉! 象罔乃可以得之乎!)"라는 말이 있다.
　　이상 여섯 구절은 복희씨가 상을 살피고 괘를 말하여 사물을 열고 일을 이루어 사람의 극진한 공을 세웠음을 말하였다.
11 무극옹(無極翁): 염계(濂溪) 주돈이(周敦頤)를 가리킨다. 주돈이는 일찍이 「태극의 그림과 해설(太極圖說)」을 지은 적이 있는데, 그 첫 마디가 "무극이면서 태극이다(無極而太極)"로 시작되므로 그렇게 부른다.
12 중지장(重指掌): 『논어·팔일(八佾)』에 "어떤 사람이 체 제사에 대하여 물었다. 이에 공자께서는 '알지 못하겠다. 그 내용을 아는 자는 천하를 다스림에 있어 여기에다 올려놓고 보는 것과 같을 것이다'라 하시고는 그 손바닥을 가리키셨다(或問禘之說. 子曰, 不知也, 知其說者之於天下也, 其如示諸斯乎! 指其掌)"라는 말이 있다. 이에 대해 주자는 "분명하고도 쉬움을 말한 것이다(言其明且易也)"라 하였다. 채모는 "복희씨가 괘를 그린 후에 또한 주돈이가 다시 태극도를 그려서 그 뜻을 밝힘이 손바닥에서 거듭 가리키듯 매우 밝음을 말한다"라 하였다.
　　이상 두 구절은 주자(周子)가 그림을 그리고 책을 지어 『역』의 도를 펴서 밝히고 다시 사람의 극진한 공을 열었음을 말하였다.

둥글고 흐릿한 하늘은 얼마나 큰지 그 끝이 보이지 않는다. 그 아래로 땅은 까마득하게 펼쳐져 있어 깊고도 넓어 끝닿은 곳을 모르겠다. 이 끝없이 맞닿아 펼쳐져 있는 하늘과 땅에 음과 양은 변화하여 잠시도 쉼이 없이 조화를 부린다. 그 영향으로 겨울과 여름이 갈마들면서 추위와 더위가 서로 번갈아 하나가 오면 하나가 가고 하기를 반복한다. 삼황의 하나인 복희씨는 옛날의 성인이다. 워낙 성스러워서 우리 같은 무리들은 전혀 알 수가 없는데, 『주역』의 팔괘와 같은 신묘한 계합이 그저 한번 하늘을 우러르고 땅을 숙여 보는 순간에 이루어졌다. 황하에서 용마가 등에 지고 나왔다는 그림 따위는 구태여 살피기를 기다리지 않았더라도, 복희씨가 이때 이미 사람의 무늬를 환하게 펴서 밝혔다. 온통 한데 섞여 있는 한 가지 이치가 이것으로 모두 관통하고 있다. 얼마나 환하게 밝고 분명한지 형상이 흐리멍덩하여 뚜렷하지 않은 모습과는 전혀 다르다. 얼마나 진중한가! 무극이 태극이라고 밝힌 염계의 늙은이 주돈이는, 나를 위해 마치 모르는 물체를 손바닥 위에 올려놓고 손가락으로 일일이 가리켜 가면서 가르쳐주는 것 같다.

35

살 곳을 정하다
卜居¹

卜居屛山下²　　병산 아래쪽에 살 곳 정한 지가,
俯仰三十秋³　　그럭저럭 삼십 년이라네.

1　이 시의 제목은 「무이산에 정한 거처에서 짓다(題武夷卜居)」로 된 판본도 있다.
　주자는 14세 되던 소흥(紹興) 계해년(1143, 남송 고종 13년)에 모부인을 모시고 오부리(五夫里)의 병산(屛山)으로 옮겨 와 살았다. 32년이 흐른 순희(淳熙) 을미년(1175, 남송 효종 13년)에 노봉(蘆峯)의 운곡(雲谷)에 새로운 거처인 회암(晦庵)을 지었다. 을미년과 계해년이 약 30년의 차이가 있고, 이 시에서 "그럭저럭 30년(俯仰三十秋)"이라고 읊은 것을 보면 이때는 아마 회암을 지었을 때일 것으로 생각된다. 송나라 황진(黃震)의 『황씨일초(黃氏日抄)』 권 34에 이 시에 대한 언급이 있는데, "'복거'는 운곡이 이루어진 것을 기뻐한 것이다(卜居喜雲谷之成)"라 하였다.

2　병산(屛山): 우암 송시열(宋時烈)은 『차의』에서 "숭안(崇安) 동남쪽에 있으며 유자우(劉子羽)가 그 아래에서 대로 거처하였다. 처음에 위재(韋齋: 주자의 부친 朱松) 공이 휘주(徽州)에서 민중(閩中)의 정화(政和)로 벼슬살이를 하다가 마침내 그곳에 머물러 죽었는데, 선생의 나이 14세였으며 부친의 유명으로 어머니를 모시고 유 공(유자우)을 따라 거처하였으니, 이것이 곧 이른바 오부리(五夫里)의 자양서당(紫陽書堂)이다. 순희 을미년(1175)에 회암(晦庵)을 짓고 옮겨 살면서 글을 지어 기록해두었는데 곧 이 살 곳을 정한 것이다"라 하였다.
　복거(卜居): 거처를 정하다. 당나라 두보의 「가래나무가 비바람에 뽑혀 탄식하다(楠樹爲風雨所拔歎)」에 "띠풀 잘라 이것 엮어 집 지으니, 5월인데도 쓰르라미 소리 들리는 듯하네(誅茅卜居總爲此, 五月髣髴聞寒蟬)"라는 구절이 있다.

3　부앙(俯仰): 몸을 굽혔다가 또 우러르다, 곧 세상을 살아간다는 뜻으로 쓰였다. 송나라 소옹(邵雍)의 「자주 병에 걸려 읊음(病亟吟)」에 "태평스런 세상에 태어나, 태평스런 세상에서 자랐네. 태평스런 세상에서 늙어, 태평스런 세상에서 죽네. 손이 묻기를 나이 얼마인가? 예순 하고도 일곱 살이라네. 하늘과 땅 사이에서 숙이고 우러르니, 마음 넓어 부끄러운 것 없네(生于太平世, 長于太平世. 老于太平世, 死于太平世. 客問年幾何, 六十有七歲. 俯仰天地間, 浩然無所愧)"라 하였다.

終然村墟近⁴	마침내 마을 가까워서,
未愜心期幽	그윽한 기약 마음에 차지 않았다네.
近聞西山西⁵	요즈음 듣건대 서산 서쪽은,
深谷開平疇	깊은 계곡이 평평한 밭 되었다네.
茆茨十數家⁶	띠집이 십여 채에,
淸川可行舟⁷	맑은 시내에는 배 띄울 수 있다네.
風俗頗淳朴	풍속 자못 순박하여,
曠土非難求	넓은 땅 구하기 어렵지 않다네.
誓捐三徑資⁸	세 오솔길 닦을 경비 마련코자 맹세하여,
往遂一壑謀⁹	가서 마침내 한 골짜기에서 살 계획 세웠네.

4 연(然): "근심 수"(愁)자로 되어 있는 판본도 있다.
5 서산서(西山西): 서산(西山)은 '무이(武夷)'로 되어 있는 판본도 있다. 주희의 「운곡기(雲谷記)」에 "운곡은 건양현 서북쪽 70리 노산의 꼭대기에 있으며 …… 우리 집에서 서남쪽으로 오면 그래도 80여 리가 된다(雲谷在建陽縣西北七十里蘆山之顚 …… 自予家西南來, 猶八十餘里)"라는 말이 있다. 이곳은 곧 채원정(蔡元定: 자는 季通이며 주자의 제자인 蔡沈의 부친)이 사는 곳으로 건양 서쪽 숭태리(崇泰里)에 있다.
6 모자십수가(茆茨十數家): 모자(茆茨)는 '茅茨'와 같으며 띠집이라는 뜻. 당나라 백거이(白居易)의 「도잠의 시체를 본따서 짓다(效陶潛體詩)」 아홉 번째 시에 "느릅나무 버드나무가 백여 그루이고, 띠집이 십여 칸이라네(楡柳百餘樹, 茅茨十數間)"라는 구절이 있다.
7 청천가행주(淸川可行舟): '可'자는 '통할 통(通)'자로 되어 있는 판본도 있다. 당나라 두보의 「진주에서 출발하다(發秦州)」에 "빽빽한 대밭에는 겨울에 다시 죽순 나고, 맑은 못에서는 뱃놀이 할 만하다네(密竹復冬笋, 淸池可方舟)"라는 구절이 있다.
8 삼경자(三徑資): 삼경(三徑)은 삼경(三逕)이라고도 하며, 원래 서한(西漢) 때 장후가 쓴 말로 은사의 거처를 말한다. 위 28번 시의 주 4)에 보인다. 『남사·도잠전(陶潛傳)』에 "나중에 진군, 건위참군이 되어 절친한 친구에게 말하기를 '애오라지 현령이 되어 은퇴 후의 생계로 삼고자 하는데 될 법한가?'라 하였다(後爲鎭軍建威參軍謂親朋曰, 聊欲絃歌, 以爲三徑之資, 可乎?)"라는 말이 있다. 도연명의 「귀거래사(歸去來辭)」에 "세 지름길은 황폐하여졌으나, 소나무와 국화(오솔길)는 오히려 그냥 남아 있네(三徑就荒, 松菊猶存)"라는 구절이 있다.

伐木南山巓[10]　남산 꼭대기에서 나무를 베어서,
結廬北山頭　　북산 어귀에 오두막 얽었다네.
耕田東溪岸　　동쪽 시내 언덕 위에 밭을 갈고,
濯足西溪流[11]　서쪽 시내 물에 발 씻는다네.
朋來卽共懽[12]　친구 오면 함께 기쁨 나누고,
客去成孤遊[13]　벗 가고 나면 혼자서 노닐게 되네.

9　일학모(一壑謀): 『한서·서전(敍傳) 상』에 "저〔班固〕는 말합니다. '한 골짜기에서 고기를 낚는 것은 천하의 만물이 그 뜻을 침범하지 않고, 한 언덕에 물러나 쉬는 것은 천하라도 그 즐거움을 바꿀 수 없습니다'(班固曰, 漁釣於一壑, 則萬物不奸其志, 棲遲於一丘, 則天下不易其樂)"라는 말이 있다. 여기에서 '일학'은 이로부터 은퇴하여 재야에 파묻혀 지내면서 산수와 자연을 맘대로 즐기는 것을 비유하는 말이 되었다. 남조 송나라 유의경(劉義慶)의 『세설신어·품조(品藻)』에 "명제가 사곤에게 물었다. '그대 스스로 말한다면 유량과 견주어 어떻다고 보는가?' 답하여 말했다. '종묘에서 예복을 단정히 입고 백관을 법도에 맞게 부리는 것은 신이 유량보다 못하나 언덕이나 골짜기에서 마음먹은 대로 하는 것은 제 스스로 낫다고 생각합니다'(明帝問謝鯤, 君自謂何如庾良? 答曰, 端委廟堂, 使百僚準則, 臣不如良, 一丘一壑, 自謂過之)"라는 말이 있다.

10　남산전(南山巓): 당나라 신안(新安) 사람인 허선평(許宣平)의 "암자의 벽에 시를 지어서 적다(庵壁題詩)"에 "숨어산 지 스무 해 만에, 남산 꼭대기에 석실 지었다네(隱居二十載, 石室南山巓)"라는 구절이 있다.

11　탁족(濯足): 발을 씻다. 발을 씻는다는 것(濯足)은 곧 세속에서 초탈함을 말함. 『초사·어부(漁父)』에 "창랑의 물이 맑거든 나의 갓끈을 씻을 만하고, 창랑의 물이 흐리거든 나의 발을 씻을 만하다(滄浪之水清兮, 可以濯吾纓, 滄浪之水濁兮, 可以濯吾足)"는 구절이 있다. 탁영이나 탁족은 세상의 추이와 함께 한다는 뜻이며, 이 문장은 『맹자·이루(離婁) 상』에도 인용되어 있다. 진나라 좌사(左思)의 「역사를 읊음(詠史詩)」 다섯째 시에 "천 길이나 되는 언덕에서 옷 떨고, 만 리나 흐르는 물에서 발 씻네(振衣千仞岡, 濯足萬里流)"라는 구절이 있다. 주자는 이 "탁족만리류(濯足萬里流)"라는 구절을 제목 삼아 시를 짓기도 하였는데, 『주문공집』 권 1에 보인다.

12　붕래즉공환(朋來卽共懽): "客來聊共懽"으로 되어 있는 판본도 있는데, "손님 오면 애오라지 함께 즐긴다네"라는 뜻이 된다.

13　성(成): '인할 잉(仍)' 자로 되어 있는 판본도 있다.

靜有山水樂[14]	고요하여 자연의 즐거움은 있어도,
而無身世憂[15]	신세의 근심 없다네.
著書俟來哲	책 지어 후세의 현자 기다리고,
補過希前脩[16]	잘못 보완하여 전현 바라리.
玆焉畢暮景	이곳에서 죽을 때까지 지내리니,
何必營菟裘[17]	어찌 반드시 은퇴할 곳 경영하리오.

아버지가 돌아가시고 유지에 따라 오부리로 왔다. 병산 아래에 터를 잡고 산 지가 그럭저럭 올해로 이미 서른 해를 넘겼다. 그러나 그곳의 거처는 결국 사람들이 모여 사는 마을이 가까이 있어서 그윽하게 살고자 기약했던 것과는 달리 마음에 꼭 들지가 않았다. 그래서 새로 거처를 구하던 중 요즈

---

14 정유산수락(靜有山水樂): 『주문공집』 권 2에 「매천계당에 지어 부침(寄題梅川溪堂)」이란 시가 있는데 "고요하게 산수의 즐거움 있으나, 수레와 말의 시끄러움 없다네(靜有山水樂, 而無車馬喧)"라는 구절이 있다.

15 신세우(身世憂): 당나라 왕적(王績)의 「만년에 뜻을 써서 탁처사에게 보임(晩年叙志示翟處士)」에 "절로 거처하는 상락 있으니, 누가 신세 근심 알리오?(自有居常樂, 誰知身世憂)"라는 구절이 있다.

16 전수(前脩): "脩"는 "修"와도 통하여 쓴다. 덕을 닦은 전대의 어진 이, 군자. 초나라 굴원의 『초사·슬픔을 만남(離騷)』에 "아 내 전현들을 본받으려 함이여, 세속사람들이 행하는 바 아니라네(謇吾法夫前脩兮, 非世俗之所服)"라는 구절이 있는데, 주자는 "전대의 덕을 닦은 사람들을 이른다(謂前代修德之人)"라 하였다.

17 토구(菟裘): 노나라의 지명인데, 주로 늙어서 사직하고 은거하는 곳의 뜻으로 쓰인다. 『좌전·은공(隱公) 11년』에서 나온 말로 "(羽公이 말하였다.) 토구에 집을 지어, 내 장차 그곳에서 늙으려 하오(使營菟裘, 吾將老焉)"라 하였다. 이에 대해 진나라 두예(杜預)는 "토구는 노나라의 고을로 태산 양보현 남쪽에 있다(菟裘魯邑, 在泰山梁父縣南)"라 하였다.

음 서산의 서쪽에 대해서 듣게 되었다. 그곳은 깊은 계곡이 다 메워져 평탄하고 넓은 밭두둑이 되었다고 한다. 인가도 그리 많지 않아서 소박하게 띠로 지붕을 이은 집이 겨우 십여 채 정도 있다고 한다. 앞쪽에는 맑은 시냇물이 흐르는데 수량도 많고 제법 깊어서 배를 띄우고 놀 수도 있다고 한다. 또한 풍속도 자못 순박하여 내 성미에도 알맞겠단다. 땅도 그리 비싸지 않아 집을 짓기에 충분한 넓은 땅을 구하기가 어렵지 않다고 한다. 이에 옛날 장후가 숨어살면서 그랬던 것처럼 세 오솔길을 갖춘 집을 지을 경비를 마련하고자 다짐하였다. 그곳으로 가서 골짜기를 하나 차지하고 정착하여 오래도록 살 계획을 세운 것이다. 집터의 남쪽에 있는 산꼭대기에서 나무를 베어 와서 북산의 어귀에다 오두막을 하나 지었다. 동쪽에 있는 시내의 기슭에다가 텃밭을 하나 마련하여 농사를 짓기도 한다. 틈틈이 서쪽의 시냇물에 가서는 이따금 세속에 얽매이지 않고 발을 씻기도 한다. 가끔씩 벗들이 멀리 이곳까지 찾아주기도 한다. 그럴 때면 이곳에서의 즐거운 일상을 함께 나누다가, 벗들이 돌아가면 또 나름대로 혼자 외로운 나들이를 즐기기도 한다. 사방을 돌아보아도 조용한 것이 산수를 즐길 일은 많이 있어도 신세타령 같은 속세의 근심 따위는 전혀 없다. 조용히 지내면서 틈나는 대로 책이나 지으면서 잘못된 부분을 고쳐 줄 현자를 기다리기도 한다. 앞으로 올 현자가 그간 이 몸에 쌓였던 잘못이나 허물을 바로 잡아서 내 앞에 있었던 성인들처럼 될 수 있기를 바라기도 한다. 이제 늘그막으로 접어든 내 처지라 이곳에서 생애를 마칠 것을 각오하고 지내려한다. 그러니 굳이 달리 은퇴하여 살 곳을 찾느라 걱정할 필요가 있겠는가?

36

아호사에서 육자수에게 화답하다
鵝湖寺和陸子壽[1]

德義風流夙所欽	덕의와 풍류
	일찍부터 흠모했더니,
別離三載更關心[2]	이별한 지 3년 만에

1 원나라 방회(方回)의 『영규율수(瀛奎律髓)』 권 42 「기증류(寄贈類)」에 본 시가 수록되어 있는데, 거기서는 다음과 같이 말하였다. "『연보』 순희 2년 을미년(1175)년 여름 5월에 의하면 '동래 여공이 내방하여 한천정사에서 강학하며 열흘을 머물렀다. 동래를 아호까지 전별하면서 육구령과 육구연, 유청지가 모임에 와서 함께 그들이 들은 것을 이야기하였다. 두 육씨가 모두 자신의 견해를 고집하여 합의를 보지 못하고 끝났다.'라 하였다. ○ 또한 말하기를 '아호사에서의 변론은 지금은 고찰할 길이 없다'고 하였다. 이때 육구령이 시를 지어 운운하였고, 문공은 화답하여 운운하였으며, 자정도 화답하여 운운하였다. 시를 가지고 살펴보면 학문의 다름을 또한 볼 수 있다. 그후 육구령은 그 잘못을 자못 뉘우쳤으나 육구연은 죽을 때까지 그의 설을 지켜 변치 않았다(按年譜淳熙二年乙未夏五月, 東萊呂公來訪, 講學於寒泉精舍, 留止旬日, 餞東萊至鵝湖, 陸九齡子壽·九淵子靜·劉淸之子澄來會, 相與講其所聞. 二陸俱執己見, 不合而罷. ○ 又曰, 鵝湖辨論, 今無所考. 按是時子壽有詩云云, 文公和云云, 子靜和云云. 以詩規之, 則學之同異亦可見矣. 其後子壽頗悔其非, 而子靜則終身守其說不變)." 『영규율수』에는 이때 세 사람이 화차운한 시가 모두 함께 수록되어 있다.
육자수(陸子壽): 육구령(陸九齡: 1132~1180)의 자. 호는 복재(復齋)이며, 금계(金溪) 사람이다. 육구연의 다섯째 형이다. 건도(乾道) 5년(1169)에 진사가 되어 공(贛)땅에서 강학하였으며 당시 사람들이 이 둘을 이륙(二陸)이라고 병칭하였다. 순희 2년 이들이 아호사에서 벌인 학술적 논쟁을 일러 아호지회(鵝湖之會)라고 한다. 이때 육자수는 교수(教授)로 있었다.
육상산의 연보에 의하면 이 시는 아호사의 논쟁 당시 지은 것이 아니고 이로부터 3년 뒤에 추차(追次)한 것이다. 아호사는 신주(信州) 연산현(鉛山縣) 남쪽 10리 지점에 있다. 옛날에 공(龔)씨가 산방에 거처하면서 거위를 길렀으므로 절의 이름을 아호라고 하였다.
이 시는 고금에 마땅함을 다르게 여겨, 오늘 강학(講學)함에 공자의 무언(無言)과 같은 의미를 얻지 못하고, 육자수가 믿지 않음을 안타까워한 것을 말하고 있다.

	그 마음 더욱 끌린다네.
偶扶藜杖出寒谷³	우연히 청려장 짚고
	차가운 계곡을 나섰더니,
又枉籃輿度遠岑⁴	그대 또한 가마타고
	먼 봉우리 넘어 오셨다네.
舊學商量加邃密	지난 학문 의논함에
	더욱 깊고 정밀하셨고,
新知培養轉深沈	새로운 지식 북돋아 기름에
	깊은 뜻 더했다네.
却愁說到無言處⁵	다만 근심스럽기는 그의 학설
	무언의 경지에 이르러,
不信人間有古今⁶	이 세상에 고금이 있음을
	믿지 아니함이라네.

---

2 갱(更): 『고이』에서는 '구를 전(轉)' 자로 된 판본도 있다고 하였다.
3 출한곡(出寒谷): 출(出)은 『고이』에서는 어떤 판본에는 '부칠 기(寄)'로 되어 있고, 또 어떤 판본에는 '지날 과(過)' 자로 되어 있다고 하였다. 이 구절은 주희가 자신을 일러 말한 것이다. 한곡은 한천정사를 가리키는 것 같다.
4 남여도원잠(籃輿度遠岑): 육자수를 가리켜 말한 것이다.
5 무언(無言): 『논어·양화(陽貨)』편에 "공자께서 말씀하셨다. '나는 말을 하지 않으련다.' 자공이 말하였다. '선생님께서 말씀을 하지 않으시면 저희들이 어떻게 도를 전하겠습니까?' 공자께서 말씀하셨다. '하늘이 무슨 말씀을 하시던가? 사철이 운행되고, 만물이 생장하는데 하늘이 무슨 말씀을 하시던가?'(子曰, 予欲無言. 子貢曰, 子如不言, 則小子何述焉? 子曰, 天何言哉? 四時行焉, 百物生焉, 天何言哉?)"라는 말이 있다.
6 각수~유고금(却愁~有古今): '却'은 『고이』에서 '다만 지(祇)' 자로 된 판본도 있다고 하였다. 각수(却愁)의 뜻은 여기까지 미친다. 이는 육씨 형제는 오로지 마음에 두는 것을 주로 하여 독서로 고금의 역사에 통달하는 것을 힘쓰지 않았음으로 이른 것이다. 각수(却愁)는 선생이 오히려 근심한 것이며, 불신(不信)은 육씨 형제가 믿지 않은 것을 말한다.

육자수 그대의 덕의와 풍류는 이미 오래전부터 익히 들어왔소. 내가 아호사에서 그대를 만나기 훨씬 전부터 들어온지라 오래전부터 흠모해 왔었다오. 이제 아호사에서 만났다 헤어진 지 3년이 지나고 보니 그 흠모하는 마음이 더욱 끌린다오. 당시 우리가 만나던 정황이 생각납니다. 그때 나는 청려장을 짚어가며 한천정사를 나서서 아호사로 갔었지요. 그랬는데 마침 그대 또한 대나무로 엮은 수레를 타고 먼 봉우리를 넘어 아호사로 왕림하셨더랬지요. 그대의 학문은 지난 옛 학문을 의논해 보고 그 방면에 있어서 더욱 깊고 정밀하다는 것을 깨닫게 되었습니다. 또한 거기에 그치지 않고 새로운 지식의 연마에도 힘써 이를 북돋고 길러서 갈수록 깊이 침잠하셨습니다. 다만 제가 그대를 보고 한 가지 근심스럽게 생각되었던 점은 학설이 심학에 힘을 써서 무언의 경지에 이른 것이었습니다. 그리하여 그대는 이 인간 세상에 예와 지금의 이치가 두루 있음을 전혀 믿지 않으셨다는 것이랍니다.

37

다시 앞의 각운자를 써서 기중을 이별함
復用前韻敬別機仲[1]

君家道素幾葉傳[2]　그대 가문 순박한 도
　　　　　　　　　몇 대나 전해 왔는가?
只今用舍懸諸天[3]　이제 와서 씀과 버려짐

1　기중(機仲): 원추(袁樞: 1131~1205)의 자이다. 송나라 건안(建安) 사람이고, 융흥(隆興) 원년(1163) 예부사부시(禮部詞賦試)에서 장원으로 급제하여 태학록(太學錄)에 임명되었다. 사마광의 『자치통감』에 정통하여 『통감기사본말』을 지었다. 관직은 지강릉부(知江陵府)에까지 이르렀으며, 『역전해의(易傳解義)』 및 『변이(辯異)』, 『동자문(童子問)』 등의 책을 지었다. 이때 관직은 종정(宗正)이었다.

2　도소(道素): 순박한 도를 말하며, 유소(儒素) 곧 유교(儒敎)의 도를 가리킨다. 남조 진(晉)나라 때의 원앙(袁昂)과 원질(袁質) 등 원씨(袁氏) 가문이 대대로 유교의 순박한 도[道素]를 전하였는데, 여기서는 기중(機仲)의 성씨가 원(袁)이므로 그들의 후손으로 여겨 그렇게 말한 것이다. 『진서·원괴전(袁瓌傳)』에 "원질의 자는 도화이다. 원환에서 원질까지 5대는 모두 순박한 도를 업으로 이었으며 그의 부친 원탐만은 웅호함으로 알려졌다. 원질에 이르러 또한 효행으로까지 일컬어졌다. 관직은 낭야내사·동양태수를 역임하였다. 원질의 아들은 원담이다(質字道和. 自瓌至質五世, 並以道素繼業, 惟其父耽以雄豪著. 及質, 又以孝行稱. 官歷瑯邪內史·東陽太守. 質子湛)"라는 말이 있다. 『남사·원담전(袁湛傳)』에서는 "그때 황제[蕭衍]가 예주자사 이원리에게 동쪽 땅을 순무하게 하고, 이원리에게 조칙을 내려 말하기를 '원앙은 순박한 도를 이어온 가문으로 대대로 충절이 있었다'라 하였다(時帝使豫州刺史李元履巡撫東土, 敕元履曰, 袁昂道素之門, 世有忠節)"라 하였다. 홍의영의 『차의익증』에서는 "『강목』의 주에서 말하기를 도소는 도의가 있으면서 결백한 것(有道義而潔白)이라 하였다. 원추가 혹 원앙(袁昂)의 먼 후손이나 아닌가 하였으므로 이렇게 말한 것이 아닐까"라 하였다.
　기엽(幾葉): 기대(幾代), 곧 '몇 대'라는 말과 같다.

3　용사(用舍): 용행사장(用行舍藏)의 준말. 『논어·술이(述而)』에 "공자가 안연에게 말씀하셨다. '쓰이면 행하고 쓰이지 않으면 숨는 것은 오직 나와 너뿐이로구나!'(子謂顔淵曰, 用之則行, 舍之則藏, 唯我與爾有是夫!)"라는 말이 있다.

	하늘에 달려 있네.
屹然砥柱戰河曲⁴	우뚝하니 숫돌 바위처럼
	하곡서 싸우다가,
肯似落葉隨風旋	기꺼이 떨어지는 잎처럼
	바람 따라 돌리라.
奮髥忽作蝟毛磔⁵	성난 구레나룻 불현듯 세우면
	고슴도치 털 편 것 같았고,
浩氣勃若霄中烟⁶	뻗어나는 기운은 불끈

  현저천(懸諸天): 저(諸)자는 '之乎' 또는 '之於'의 축약어이다. 한나라 양웅(揚雄)의 『법언·오자(法言·吾子)』에 "만물이 어지러이 섞이면 하늘에 달려 있고, 뭇사람들의 말이 뒤섞어 어지럽게 되면 성인에 의해 귀결된다(萬物紛錯則懸諸天, 衆言淆亂則折諸聖)"라는 말이 있다.

4 지주전하곡(砥柱戰河曲): 지주(砥柱)는 하남성 삼문협(三門峽)의 황하(黃河) 가운데 있는 산 이름이다. 강물 한가운데 기둥처럼 우뚝 서 있어서 지주라고 불리게 되었다. 하곡(河曲)은 하동(河東) 포판현(蒲坂縣: 지금의 山西省 永濟縣 남쪽)에 있으며, 춘추시대 때 진(晉)나라의 땅이다. 이곳에 이른바 숫돌바위[砥柱]라는 것이 있는데 물이 이곳에 이르러 동쪽으로 꺾여 하나의 구비를 이루므로 하곡이라 부른다. 홀로 우뚝 서서 물과 싸우므로 난세에 처하여 의연히 절개를 지키며 싸우는 것을 비유한다. 『춘추·문공(文公) 12년』에 "진나라 사람과 진나라 사람이 하곡에서 싸웠다(晉人·秦人戰于河曲)"라는 말이 있다. 이 구절은 숫돌바위가 황하를 가로막는 기세를 빌려서 말한 것이다. 곧 원추가 시류에 맞서 싸운 것을 가리키는 말이다.

5 위모책(蝟毛磔): 위(蝟)는 고슴도치. 고슴도치는 사물이 다가가면 바늘 같은 털을 곤두세운다. 책(磔)은 편다는 뜻으로 쓰였다. 『진서·환온전(桓溫傳)』에 "젊어서 패국의 유담과 친하였는데 유담이 일찍이 환온을 일컬어 말하기를 '눈은 자석과 같이 파랬고, 수염은 쭈뼛 서서 고슴도치가 털을 편 것 같다'고 하였다(少與沛國劉惔善, 惔嘗稱之曰, 溫眼如紫石棱, 鬚作蝟毛磔)"라는 말이 있다. 당나라 내곡(來鵠)의 「귀곡자를 읽고(讀鬼谷子)」에 "나는 지금 털이 쭈뼛 서는 것도 감담이 서늘해지는 것도 느끼지 못한다(吾今不覺毛磔膽寒)"라는 말이 있다.

6 발약소중연(勃若霄中烟): 송나라 장군방(張君房)의 『운급칠첨(雲笈七籤)』 권 47 「비요결법(祕要訣法)」에 "주절궁은 천제의 새벽을 표시하고, 양사궁은 층진 언덕에 지었는데, 뜨겁기가 하늘의 구름 같고 불끈 솟은 것이 햇빛에 반짝이는 꽃과 같았다(紂絶標帝晨, 諒事構重阿, 炎如霄中烟, 勃若景耀華)"라는 말이 있다.

	하늘의 연기처럼 피어오르네.
隱憂尙喜遺直在[7]	남모르는 근심 오히려
	강직함 있음을 기뻐하니,
壯烈未許前人專[8]	장렬함은 옛 사람이
	오로지함을 허용치 않네.
武夷連日聽奇語	무이산에서 날마다
	색다른 말 들으니,
令我兩腋風泠然[9]	나 양 겨드랑이에
	바람 일어 가뿐하다네.
初如茫茫出太極	처음에는 아득히
	태극을 벗어나는 듯하더니,
稍似冉冉隨群仙[10]	조금씩 하늘하늘
	뭇 신선들 따라 노는 것 같다네.

---

7 은우(隱憂): 깊은 근심을 말한다.
  유직(遺直): 『좌전·소공(昭公) 14년』에 "중니가 말하기를 '숙상은 옛날의 강직한 유풍이 있는 사람이다'라고 하였다(仲尼曰, 叔向, 古之遺直也)"라는 말이 있는데, 진나라 두예(杜預)는 "숙상의 강직함에는 고인의 유풍이 있다는 말이다(言叔向之直, 有古人遺風)"라 하였다.

8 전인(前人): 숙상(叔向)을 가리킨다.

9 양액풍령연(兩腋風泠然): 『장자·소요유(逍遙遊)』에 "저 열어구(列禦寇)라는 사람은 바람을 몰고 다니는데 가뿐하게 잘 한다(夫列子御風而行, 泠然善也)"라는 말이 있는데, 진나라 곽상(郭象)은 영연을 "경묘(輕妙)한 모양"이라고 하였다. 당나라 노동(盧仝)의 「붓을 갈겨 간의대부 맹간이 새 차를 보내 준 데 대해 감사함(走筆謝孟諫議新茶)」에 "일곱째 잔은 마실 것도 없이, 또한 오로지 느껴진다네, 두 겨드랑이에 맑은 바람 솔솔 일어남이(七碗喫不得, 也唯覺兩腋習習淸風生)"라는 구절이 있다.

10 염염수군선(冉冉隨群仙): 당나라 두보의 「이고가 사마제에게 청한 산수도를 보고 짓다(觀李固請司馬弟山水圖)」에 "뭇 신선들 근심스런 생각 않고, 하늘하늘 봉래와 방호로 내려오네(羣仙不愁思, 冉冉下蓬壺)"라는 구절이 있다.

安能局促夜起舞[11]	어찌 밤에 일어나 움츠리고 춤을 추면서,
下與祖逖爭雄鞭[12]	아래로 조적과 억센 채찍을 다툴 것인가?
終憐賢屈惜往日[13]	어진 굴원「석왕일」편 지음 끝내 안타깝고,
亦念聖孔悲徂川[14]	또한 성스러운 공자 흘러가는 물 서러워함을 생각한다네.
願君盡此一杯酒	원컨대 그대 이 술 한 잔 다 들이켜,

11 국촉(局促): '局促'은 '局趣(국촉)'이라고도 하며, 어떤 일로 움츠러들어 위축된 것을 말한다.
12 기무~웅편(起舞~雄鞭): 조적(266~321)은 진나라 때 사람으로 뜻이 높았으며 자가 사치(士稚)이다. 진(晉)나라 범양(范陽) 주현(遒縣) 사람으로 유곤(劉琨)과 명성이 나란하였다.『진서·조적전(晉書·祖狄傳)』에 "(조적은) 사공(재상)인 유곤과 함께 모두 사주주부를 지낸 일이 있는데 뜻이 잘 맞아 이부자리를 함께하고 같이 잤다. 한밤중에 때 아닌 닭울음소리가 들려 곤을 발로 차서 깨우고는 말하기를, '이것은 나쁜 소리가 아니다'라 하면서 곧 일어나 춤을 추었다(與司空劉琨俱爲司州主簿, 情好綢繆, 共被同寢, 中夜聞荒鷄鳴, 蹴琨覺曰, 此非惡聲也. 因起舞)"라는 말이 있다.『진서·유곤전(劉琨傳)』에 "범양의 조적과 친구가 되었는데 조적이 선임되었다는 말을 듣자 친구에게 편지를 써서 말하기를, '나는 창을 베고 아침을 기다리며 역도들을 효수할 뜻을 지니고 있었는데 늘 조생이 나보다 먼저 채찍을 잡을까 두려워했다'라고 하였다(與范陽祖逖爲友, 聞逖被用, 與親故書曰, 吾枕戈待旦, 志梟逆虜, 常恐祖生先吾著鞭)"라는 말이 있다. 이 두 구절은 주자 자신이 원추에게 크게 못 미친다는 뜻을 나타내는 겸양적인 표현이다.
13 석왕일(惜往日): 초나라 굴원(屈原)의『초사·구장(楚辭·九章)』의 제7장이다. 첫 구절이 "지난날 일찍이 신임 받았던 것을 애석히 여기니, 임금의 명 받아 세상 밝게 했다네(惜往日之曾信兮, 受命詔以昭時)"로 시작된다. 내용은 굴원이 자신의 일생을 종합적으로 서술하고 참소를 받아 이상이 꺾여 실현되지 못한 것을 서술하였다.
14 성공비조천(聖孔悲徂川):『논어·자한(子罕)』에 "공자가 시내 위에 서서 말했다. '간다는 것이 이와 같구나! 밤낮을 쉬지 않는도다'(子在川上曰, 逝者如斯夫! 不舍晝夜)"라는 말이 있다.

預澆舌本如懸泉[15]	벼랑에 걸린 샘물처럼 혀뿌리 적시게나.
沃心澤物吾有望[16]	마음 살찌우고 만물 기름지게 함이 나의 바람이니,
勒移忍繼鍾山篇[17]	이문 새긴다면 차마 「종산편」이어 쓰려네.

그대의 가문은 『진서』에 벌써 5대나 순박한 도를 이었다는 기록이 나와 있

---

15 설본(舌本): 『진서·은중감전(晉書·殷仲堪傳)』에 "은중감은 진군 사람이다 …… 은중감은 청담에 능하였으며 글을 잘 지었는데, 매번 말하기를 사흘만 「도덕론」을 읽지 않으면 혀뿌리 사이가 뻣뻣해짐을 느낀다고 하였다(殷仲堪, 陳郡人也 …… 仲堪能淸言, 善屬文, 每云三日不讀道德論, 便覺舌本間强)"라는 말이 있다.

16 옥심택물(沃心澤物): 임금의 마음을 기름지게 하고 만민들을 윤택하게 하는 것을 말함. 『서경·열명(說命) 상』에 "그대의 마음을 열어 짐의 마음을 윤택하게 해주오(啓乃心, 沃朕心)"라는 말이 있는데, 당나라 공영달(孔穎達)은 이에 대해 "(鄭玄의) 『정의』에서는 말하기를 '마땅히 네 마음속에 가지고 있는 것을 열어 내 마음에 물을 주어 기름지게 하여야 하니, 저 사람이 본 것을 가지고 내가 모르는 것을 가르치게 하고자 함이다'라 하였다(正義曰, 當開汝心所有, 以灌沃我心, 欲令以彼所見敎己未知故也)"라 하였다. 나중에는 신하가 임금에게 안건을 건의하는 빗대어 옥심(沃心)이라고 하게 되었다.

17 늑이~종산편(勒移~鍾山篇): 늑이(勒移)는 이문을 새기는 것을 말한다. 이문(移文)은 옛날의 공문을 말하며 곧 북제(北齊)의 공치규(孔稚圭)가 지은 「북산이문(北山移文)」을 말한다. 가짜 은자인 주옹(周顒)이 북산인 종산(鍾山)에 숨어 공부를 하다가 나중에 조정의 부름에 응하여 나가 해염(海鹽) 고을의 수령이 되었는데, 파직된 후에 다시 이 산에 들어오려 하자 공치규가 북산의 산신에게 다시는 주옹을 들이지 말도록 요청하는 이문을 지어 그를 쫓아내었다. 「북산이문(北山移文)」에 "종산의 정령과 초당의 신령이 노하여 안개를 역로로 치달려 종산의 등성이에 이문을 새기게 하였다(鍾山之英, 草堂之靈, 馳煙驛路, 勒移山庭)"라는 말이 있다. 종산은 남경의 동북쪽에 있는 산인데, 부성(府城)의 동북쪽에 있으므로 북산이라 하였다.

을 정도이니, 그대에 이르러 도대체 몇 대나 전하여 온 것인지요? 가문의 내력으로 보면 그대도 중용됨이 마땅하오. 그럼에도 한직에 있는 것을 보니, 꼭 공자가 말한 "쓰이면 행하고 쓰이지 않으면 숨는 것"과 같아 쓰이고 쓰이지 않음이 실로 하늘에 달려 있음을 알겠소. 그대가 시류에 홀로 맞서 싸움은 마치 숫돌바위가 황하의 구비에 있는 하곡에 우뚝 솟아 거센 물결을 있는 대로 다 받아 싸우는 것 같소. 그러면서도 세상에 처함은 마치 가을이 되어 떨어지는 나뭇잎이 제 몸을 그냥 바람에 맡겨두어 빙빙 돌면서 떨어지는 것과 같소. 그대가 분연히 성을 내면 구레나룻이 불현듯 꼿꼿이 서서 마치 고슴도치가 가시로 된 털을 바짝 세우는 것과 같소. 또한 내면의 기운은 호탕하여 한번 표출되면 불끈하는 것이 마치 하늘로 뻗어 오르는 연기와 같소. 남모를 깊은 근심 속에는 오히려 옛 사람의 강직한 유풍이 있음을 기뻐합니다. 또한 장렬함은 숙상 같은 사람이 독차지 하는 것을 용납지 않았지요. 그대가 책을 지으면서 날마다 기묘하고 색다른 말을 구사할 때마다 이곳 무이산에서 저도 날마다 듣게 됩니다. 그럴 때면 저로 하여금 마치 양쪽 겨드랑이에서 날개가 돋아나 신선이 되어 하늘로 오를 때 시원한 바람이 생겨나는 듯 가뿐하오. 그 기운을 타고 훨훨 날아 처음에는 인간 세상을 떠나 아득히 태극을 벗어나는 것 같았다오. 그러다가 조금씩 너풀너풀 날아 마침내 신선 세계에까지 이르러 뭇 신선들을 따라 노니는 것 같았소. 내게 어찌 때 아닌 닭이 한밤중에 우는 것을 보고 일어나 나쁜 조짐이 아니라는 것을 알고 춤출 능력이 있겠소? 또한 범양처럼 조적과 더불어 적을 효수할 뜻을 지니고 먼저 채찍 잡기를 다툴 능력이 있겠소? 초나라의 현명한 충신 굴원이 지난날 신임을 받았던 내용을 지은 것과 같은 일이 그대에게 일어남이 끝내 안타깝기만 하오. 또한 성인인 공자가 세월 흘러감이 냇물 흘러가듯 잠시도 쉬지 않아 슬퍼하였음을 생각하게 된다오. 내가 그대에게 원하는 것은 다만 이 세상 근심일랑 모두 싹 잊어버리라는 것이오. 그리곤 이 술잔의 술을 쭉 다 들이켜, 벼랑에 걸린 샘물을 끌어다가 뻣뻣해진 혀뿌리까지 시원하게 깊이 적시기를 바라는 것이라오. 나에게 바람이 있다면 위로는 임금의 마음을 기름지게 하고 아래로는 백성과 만물을 윤택하게 해주는 것이라오. 그리하여 빗돌에 공문 새길 기회가 있다면 공치규의 「종산편」이나 이어 써서 가짜 은자들이 발을 붙이지 못하게 할까 합니다.

38

장위공의 묘소를 참배하다
拜張魏公墓下¹

衡山何巍巍²　　형산 얼마나 우뚝한가?
湘流亦湯湯³　　상강 또한 넘실넘실 흐르네.
我公獨何往　　우리 장공 어디로 가고,

1　장위공(張魏公)은 장준(張浚: 1097~1164)의 봉호이다. 장준은 자가 덕원(德遠)이며, 한주(漢州) 면죽(綿竹: 지금의 四川省) 사람으로, 남헌(南軒) 장식(張栻)의 부친이다. 남송 중흥 명신의 하나로 재상의 지위까지 올랐으며, 효종 때 위국공에 봉하여졌다. 주희의 문집 권 95에 「행장」이 있다. 「행장」에 의하면 "(餘干에 이르러 임종을 앞두고 두 아들에게) '내 일찍이 국가의 재상을 지냈는데, 중원을 회복하고 조종의 치욕을 다 갚지 못하였으니, 선인의 무덤 곁에 돌아가 장사를 지내고 싶지 않다. 죽거든 나를 형산의 기슭에 장사지내도록 하라' …… 장식 등이 감히 공의 뜻을 어기지 못하고 (영구를) 붙들어 보호하여 담주로 돌아갔다. 이 해 11월 신해년에 형산현 남악의 남쪽 풍림향 용당의 언덕에 장사지냈다(吾嘗相國家, 不能恢復中原, 盡雪祖宗之恥, 不欲歸葬先人墓左, 卽死, 葬我衡山足矣 …… 栻等不敢違公志, 扶護還潭州. 以是歲十一月辛亥葬于衡山縣南嶽之陰豊林鄉龍塘之原)"라 하였다. 주희는 일생을 통틀어 두 번 호남에 간 적이 있는데, 한번은 건도(乾道) 3년(1167) 가을과 겨울 사이에 담주(潭州)로 장식을 방문한 것이고, 한번은 소희 5년 여름과 가을 사이의 일로 지담주형호남로안무사(知潭州荊湖南路安撫使)로 부임한 것이다. 이 시는 첫 번째 방문시인 건도 3년에 지어진 것이다. 장준의 묘소는 형산현 남악의 남쪽에 있는데, 장식의 「남악창수집(南嶽唱酬集)」 서문에 의하면, 주희 일행은 이 해 겨울 11월 6일 담성(潭城)을 떠나 남악인 형산을 오른 후 같은 달 10일 남악을 떠나 남악의 아래에 이르렀다 하였으니, 주희가 장준의 묘소를 참배한 것이 바로 이때의 일이다. 『별집』 권 1 「유공보에게 주다(與劉共甫)」 두 번째 편지에서도 "나는 지난 달 6일에야 비로소 장사를 떠날 수 있었는데, 경부(곧 張栻)와 함께 위공의 묘를 배알하고 마침내 축융봉의 꼭대기에 올랐다(某去月六日始得離長沙, 與敬夫同行, 謁魏公墓下, 遂登祝融絶頂)"라 하였다.

2　형산(衡山): 형주(衡州) 형현(衡縣) 서쪽에 있으며, 곧 5악 가운데 하나로 남악이다. 72봉우리와 10개의 동굴, 15개의 바위, 38개의 샘, 25줄기의 시내, 9개의 못과 9개의 물웅덩이, 9개의 우물이 있으며, 8백 리를 두르고 있다.

劍履在此堂⁴　칼과 신발만 사당에 남았는가.
念昔中興初⁵　옛날 중흥의 초기를 생각해 보니,
孼竪倒冠裳⁶　비천한 녀석들이 관과 옷 바꾸어 입었네.
公時首建義⁷　공께서 당시 처음으로 의를 세우시어,

3 상류(湘流): 상강(湘江)을 말하며, 호남 일대에서 가장 큰 강이다. 형주부 성의 동쪽에 있으며, 광서(廣西) 흥안현(興安縣) 양덕산(陽德山)에서 발원하여 분수령 북쪽에 이르러 상수가 된다. 또 북으로 흘러 장사(長沙)의 경계로 유입된다.
  상상(湯湯): 큰 물이 급하게 흐르는 모양. 『상서·요전(尙書·堯典)』에 "임금이 말하기를 '아아! 사악이여! 넘실거리는 홍수가 널리 해를 끼치고, 질펀한 물이 산을 삼키고 언덕을 잠기게 하오'라 하였다(帝曰, 咨四岳, 湯湯洪水方割, 蕩蕩懷山襄陵)"는 말이 있다.
4 검리(劍履): 『고이』에서는 '신 리(履)'자가 '안석 궤(几)'자로 된 판본도 있다고 하였다. 검리는 옛날에 왕이 가까이 두고 신임하는 대신에게 내리던 특혜를 말한다. 이 특혜를 받은 사람은 칼을 차고 신발을 신은 채 대전으로 가서 황제를 뵐 수 있었다. 『후한서·동탁전(董卓傳)』에 "얼마 후 동탁을 상국으로 승진시켰는데 입조를 하여서도 종종걸음을 하지 않았으며 칼을 차고 신발을 신은 채 전각에 올랐다(尋進卓爲相國, 入朝不趨, 劍履上殿)"는 말이 있다. 이 구절은 장준의 신분을 나타내며, 또한 장준의 유품을 두루 가리키고 있다. 송시열의 『차의』에서는 "장공의 무덤 아래에 암당(菴堂)이 있으며, 그 가운데 남긴 검과 신발이 보존되어 있음을 말한다. 어떤 사람들은 칼과 신발이 유당(幽堂)에 소장되어 있다고 한다"라 하였다.
5 중흥(中興): 금나라가 정강(靖康)의 변(1126)을 일으켜 송나라의 수도인 변경(汴京)을 함락시키고 흠종(欽宗)을 끌고 북쪽으로 간 후 고종(高宗)이 건염(建炎) 원년(1127) 남경인 임안(臨安: 지금의 杭州)에서 즉위하여 남송이 시작된 것을 말한다.
6 얼수(孼竪): 반란을 모반하는 사악한 소인배들을 가리킨다. 묘부(苗傅)와 유정언(劉正彦)을 말한다. 묘부와 유정언이 군신간의 도리를 뒤엎고 임금을 범하여 난리를 일으킨 것을 말한 것이다. 묘부와 유정언은 무장(武將)이다. 건염(建炎) 3년(1129) 봄, 금나라가 쳐들어왔을 때 고종이 전당(錢塘)으로 도망간 것을 틈타 고종을 협박하여 태자에게 양위하게 한 "묘류의 변(苗劉之變)" 혹은 "명수의 변(明受之變)"이라 불리는 난을 일으켰으나, 곧 장준과 한세충(韓世忠) 등에 의해서 진압되었다.
  도관상(倒冠裳): 복식(復飾)이 뒤바뀐 것을 비유하는 말로, 조정 관원의 상하 등급의 질서가 문란해진 것을 가리킨 것이다.
7 건의(建義): 묘부와 유정언의 변 때 장준은 평강(平江)에서 병사를 일으켜 이들을 토벌하였으며, 이 일은 「행장」에 상세히 보인다.

自此扶三綱[8]	이로부터 세 강령 부지하였네.
精忠貫宸極[9]	순수한 충심 북극성 꿰뚫었고,
孤憤摩穹蒼[10]	외로운 분개는 푸른 하늘 할퀴었네.
元戎二十萬[11]	이십 만 대군 이끌고,
一旦先啓行	하루아침에 먼저 길 여셨네.
西征奠梁益[12]	서쪽으로는 양주와 익주 정벌하여 안정시키고,
南轅撫江湘[13]	남쪽으로는 강주와 상주 무마하셨네.
士心旣豫附[14]	병사들 마음으로 이미 기꺼이 따르니,
國威亦張皇[15]	나라의 위세 또한 크게 펼쳤네.
縞素哭新宮[16]	흰 상복 입고 임금의 능에서 곡하시니,

8　삼강(三綱): 군신(君臣)과 부자(父子), 부부(夫婦)의 도리를 말한다. 한나라 때 동중서(董仲舒)가 제기하여 봉건 통치계급을 통하여 이념화되고 체계화되었다.
9　충(忠):『고이』에서는 '정성 성(誠)'자로 된 판본도 있다고 하였다.
　　신극(宸極): 북극성을 말함.
10　고(孤):『고이』에서는 '충성 충(忠)'자로 된 판본도 있다고 하였다.
　　이상 두 구절은 모두 장준의 충성스런 의기가 하늘을 꿰뚫고 북극성까지 이르렀다는 것을 말함.
11　원융(元戎): 융은 융거(戎車), 곧 병거이다. 원융은 큰 병거를 말한다.『시경·소아·유월(小雅·六月)』에 "큰 병거 열 대가, 부대에 앞장서 가네(元戎十乘, 以先啓行)"라는 구절이 있는데, 주희는 주석 "원은 큰 것이고, 융은 병거이다(元, 大也. 戎, 戎車也)"라 하였다. 여기서는 군대, 특히 왕의 군대[王師]를 가리키는 말로 쓰였다.
12　서정(西征):『차의』에 의하면 "공은 중흥을 이루려면 반드시 관(關)·섬(陝)에서 시작되어야 한다고 생각하여 마침내 강개한 마음으로 이의 실행을 주청하였다. 이에 공을 천섬선무처치사(川陝宣撫處置使)로 명한다는 조칙이 내렸다"라 하였다.
　　전(奠): 안정시키다.『서경·하서·우공(夏書·禹貢)』에 "우는 땅을 다스리시고 산에 이르면 나무를 베어 젖히고, 높은 산과 큰 강을 안정시켰다(禹敷土, 隨山刊木, 奠高山大川)"라는 말이 있는데, 당나라 공영달(孔穎達)은 "전은 안정시키는 것이다(奠, 定也)"라 하였다.
　　양익(梁益): 양주와 익주. 모두 지명으로 양주는 주로 지금의 섬서성 남부 일대이고, 익주는 사천성 경내에 있다. 여기서는 촉(蜀) 지방을 가리키는 말로 쓰였다.

哀聲連萬方　슬픈 소리 만방에 이어졌네.
點虜聞褫魄[17]　교활한 적들 명성 듣고 혼비백산하여,
經營久彷徨　경영하는데 오래도록 방황하였다네.

13 남원(南轅): 『차의』에서는 "공은 오랑캐의 세력이 꺾이지 않았으며, 유예(劉豫) 또한 다시 중원에 의거하고 있다고 생각하고, 소흥 6년(1136) 6월 공이 병사들을 회수(淮水) 상류로 이동시키니 여러 장수들이 중원을 도모하였다"라 하였다. 홍의영의 『차의익증』에서는 "소흥 4년(1134) 한세충(韓世忠)이 왕유(王愈)를 파견하여 올출(兀朮)을 찾아보고 전쟁할 날을 약속하고 아울러 장추밀이 이미 진강(鎭江)에 있다고 말하게 하였다. 올출이 말했다. '장추밀은 영남(嶺南)에 폄적되어 있는데 어떻게 여기에 이를 수 있단 말이오?' 왕유가 장준이 쓴 글을 꺼내어 그에게 보여 주니 올출은 안색이 변하였고 저녁이 되자 달아나버렸다"라 하였다. 강상(江湘): 강주(江州)와 상주(湘州)의 두 유역을 가리킨다. 강주는 지금의 강서성 구강(九江) 일대이며, 상수는 지금의 호남성 장사(長沙) 일대이다.

14 사심(士心): 인심(人心)과 같은 말이다.
예부(豫附): 마음 속으로 기뻐하며 충심으로 기꺼이 따라 붙음을 말한다. 『한서·육가전(陸賈傳)』에 "장수와 재상이 화합하면 병사들이 충심으로 따를 것이며, 병사들이 충심으로 따른다면 천하에 변란이 있더라도 권력은 갈라지지 않는다(將相和, 則士豫附; 士豫附, 天下雖有變, 則權不分)"라는 말이 있다.

15 위(威): 『고이』에서는 '기세 세(勢)' 자로 된 판본도 있다고 하였다.
장황(張皇): 『서경·주서·강왕지고(周書·康王之誥)』에 "여섯 군대를 크게 떨치시어, 우리의 높은 할아버지들의 얻기 힘든 명을 깨뜨리지 말게 하십시오(張皇六師, 無壞我高祖寡命)"라는 말이 있는데, 당나라 공영달은 "여섯 군대의 군가를 크게 펼침을 말한다(言當張大六師之衆)"라 하였다.

16 호소(縞素): 흰색의 상복을 말한다.
곡신궁(哭新宮): 새로 지은 궁실(宮室)이나 사당을 이른다. 여기서는 사당이란 뜻으로 쓰였다. 『춘추·성공(成公) 3년』에 "갑자일에 (宣公을 모신 사당인) 신궁에 화재가 나서 사흘간 곡했다(甲子, 新宮災, 三日哭)"라는 말이 있는데, 진(晉)나라의 두예(杜預)는 "삼년상이 끝나고 선공의 신주를 새로 사당에 들였으므로 신궁이라 하였다(三年喪畢, 宣公神主新入廟, 故謂之新宮)"라 하였다. 『차의』에서는 "소흥 7년(1137) 휘종과 태후 정씨(鄭氏)의 부고 소식이 금에서 이르니, 공은 여러 대장들에게 삼군을 이끌고 애도를 표하고 성복을 할 것을 명하도록 청했다"라 하였다. 여기서는 흠종(欽宗)이 막 죽어 종묘에 그의 신위가 새로 마련된 것을 가리킨다. 장준은 전군을 이끌고 휘종(徽宗)과 흠종을 위해 발상(發喪)을 하였다.

17 치백(褫魄): 혼백을 빼앗다.

玉帛驟往來[18]	구슬과 비단 수차례나 나아가니,
士馬且伏藏[19]	병사와 말 또한 엎드려 숨어버렸네.
公謀適不用[20]	장공의 모의 마침 쓰이지 않아,
拱手遷南荒[21]	팔짱 끼고 황폐한 남방으로 쫓겨나셨네.
白首復來歸[22]	흰 머리에 다시 돌아오시니,
髮短丹心長[23]	머리는 빠졌으나 충성된 마음 더욱 길어졌네.
拳拳冀感格[24]	정성껏 임금 감화시키기를 바라시어,
汲汲勤修攘[25]	바삐 닦고 물리칠 정책 부지런히 하셨네.

18 옥백(玉帛): 서옥(瑞玉)과 비단. 옛날의 제사나 회맹(會盟)을 할 때 쓰던 진귀한 예물이었다. 나중에 인신되어 두 나라가 강화를 맺는다는 뜻으로 쓰이게 되었다. 여기서는 소흥(紹興) 8년 (1138) 송나라와 금나라가 화친을 맺은 것을 말한다.

19 사마(士馬): 금나라에 맞서 대항하는 장사병을 말한다.
복장(伏藏):『익증』에서는 "『한서』에 '묵특은 그 정예병을 숨기고 있었다'라는 말이 나온다(漢書, 冒頓伏藏其精銳)" 하였는데,『한서』는 미상이다.
이상의 두 구절은 주화파가 득세를 하고 주전파는 압제를 당함을 읊은 것이다.

20 공모적불용(公謀適不用):『좌전·문공(文公) 13년』에 "(秦의 士會가 秦에서 돌아오자) 요조가 사회에게 말채찍을 선사하면서 말했다. '그대는 우리 秦나라에 인물이 없다고 말하지 마시오. 나는 당신네 나라의 계책을 알고 있지만 나의 계책이 마침 쓰이지 않고 있을 따름이오'(謀適不用也)"라는 말이 있다.『차의』에서는 "진회(秦檜)가 화의를 결의함에 장공이 극력 시사를 논하니 진회가 크게 노했다"라 하였다.

21 천남황(遷南荒): 남황은 남방의 편벽된 곳을 말한다. 곧 장준이 진회 등의 화의에 반대하다가 영주(永州)로 귀양 간 것을 말한다.『차의』에서는 "소흥 26년(1156) 공은 관문전대학사(觀文殿大學士) 및 판홍주(判洪州)였는데, 이때 모친상을 당하여 장례의 일로 귀향하려다가 마침 별자리가 이상하여 직언을 구하였다. 공은 오랑캐들이 수년 동안 형세가 반드시 틈을 타 전쟁을 일으키려 하는데, 우리는 바야흐로 안일함에 빠져 오랑캐는 믿을 만하다, 하고는 거기에 대해 방비하지 않는 것을 염려하였다. 이에 상소문을 올려 극언하였다. 심핵(沈劾)과 만사설(萬俟卨)·탕사퇴(湯思退)가 이르기를 적에게는 틈이 없는데 장준은 전화가 수년 내에 있을 것 같이 말한다 하고 모두들 그를 미쳤다고 비웃었다. 대간 탕붕거(湯鵬擧)와 능철(凌哲) 등이 장준의 죄를 논하여 명부에 올리고 다른 의견을 제창하여 국시를 움직이니 다시 영주로 안치되었다"라 하였다.

133

天命竟難諶	하늘의 명운 결국 믿기 어렵고,
人事亦靡常²⁶	사람의 일 또한 일정치 않다네.
悠然謝台鼎²⁷	홀연히 삼공의 지위 그만두시고,
騎龍白雲鄕²⁸	용 타고서 하늘나라로 가셨네.
坐令此空山	이에 이 빈 산으로 하여금,
名與日月彰	명성 해와 달 더불어 빛나게 하였다네.

22 백수부래귀(白首復來歸): 소흥 말에 장준이 조정으로 돌아와 추밀사(樞密使), 재상(宰相) 등에 임명된 것을 말한다. 『차의』에서는 "소흥 31년(1161) 9월에 금의 안완량(顏完亮)이 크게 군사를 일으켜 쳐들어왔다. 11월에 시어사인 진준경(陳俊卿)이 상소하여 장준이 충성을 다하였다고 극언하자 황제가 깨닫고 이에 관직을 회복시켜 판건강부(判建康府)에 임명하는 조서를 내렸다"라 하였다.

23 발단심장(髮短心長): 『좌전·소공(昭公) 3년』에 "제나라 후작이 거땅에서 사냥을 했는데 그때 노포별이 제후를 찾아보고 울면서 애원하며 말했다. '저는 머리털이 이렇게 엉성하고 짧게 되었습니다. 제가 앞으로 무슨 짓을 할 수 있겠습니까?' 그러자 제나라 후작이 말했다. '알았다. 내 돌아가 (공자 雅와 尾) 두 사람에게 말해 보겠다.' 군주가 도읍으로 돌아가 두 사람에게 말하자, 공자 미는 그를 복귀시키고자 하였으나, 공자 아는 안 된다며 이렇게 말했다. '그가 늙어서 머리털이 짧아졌다고는 하나 그의 마음에는 복수심이 매우 커가고 있습니다'(齊侯田於莒, 盧蒲嫳見, 泣且請曰, 余髮如此種種. 余奚能爲? 公曰, 諾. 吾告二子, 歸而告之, 子尾欲復之, 子雅不可曰, 彼其髮短, 而心甚長)"라는 말이 있다.

24 감격(感格): 감동이 전하여지다. 하늘을 감동시켜 복록과 도움을 내려줌을 말함. 이 구절은 장준이 모함을 받아 배척을 당하기는 하였지만, 인내심을 가지고 조정에서 그의 정성에 감화되어 자신에 대한 올바른 이해를 해주기를 바란다는 것을 가리킨다.

25 수양(修攘): 내정을 다스리고 외적으로부터의 모욕을 막음을 말한다.

26 천난심~미상(天難諶~靡常): 심(諶)은 "믿는다"는 뜻. 『서경·함유일덕(咸有一德)』에 "아아, 하늘은 믿을 수가 없고 명은 일정치가 않구나!(嗚呼. 天難諶, 命靡常)"라는 말이 있는데, 당나라 공영달(孔穎達)은 "그 일정치 못함 때문에 믿지 못하는 것이다(以其無常, 故難信)"라 하였다.

27 태정(台鼎): 삼공(三公)의 지위를 말한다. 하늘의 별자리에 삼태성(三台星)이 있듯이 정(鼎)에는 세 발이 있기 때문에 이렇게 말한다. 한나라 채옹(蔡邕)의 「태위 여남 이공의 비문(太尉汝南李公碑)」에 "하늘에서는 삼태성 드리우고, 땅에서는 오악 세웠다네. 우리 밝은 이 이 세상에 나셨으니, 솥의 세 솥발에 응하리(天垂三台, 地建五岳. 降生我哲, 應鼎之足)"라는 말이 있다.

千秋定軍壘²⁹　천추토록 정군산의 보루,
岌嶪遙相望³⁰　까마득히 멀리 서로 바라보네.
賤子來歲陰³¹　이 몸 세밑에 오니,
烈風振高岡　　매서운 바람 높은 언덕 떨치네.
下馬九頓首³²　말에서 내려 아홉 번 머리 조아리고,
撫膺淚淋浪　　가슴 어루만지며 줄줄 눈물 흘린다네.
山頹今幾年³³　산 무너진 지 지금 몇 해나 되었는가?
志士日慘傷　　뜻 있는 선비들 날로 비통해 하네.
中原尙腥羶³⁴　중원 지방은 아직도 비린내 나는 적 치하,

28 기룡백운향(騎龍白雲鄕): 백운향은 신선이 사는 곳을 말한다. 『장자·천지(天地)』에 "저 구름을 타고 천제의 이상향에 이릅니다(乘彼白雲, 至于帝鄕)"라는 말이 있다. 송나라 소식(蘇軾)의 「조주에 있는 문공 한유의 사당의 비문(潮州韓文公廟碑)」에 "한문공 옛날에 용 타고서 하늘나라로 가시고, 손으로 은하수 들추어 하늘의 문장(紋章) 나누었네(公昔騎龍白雲鄕, 手抉雲漢分天章)"라는 말이 있다. 용을 탄다는 말은 곧 은둔하거나 죽었음을 나타내는 말로 쓰임.
29 정군루(定軍壘): 곧 정군산(定軍山)을 말한다. 지금의 섬서성 면현(沔縣) 서남쪽에 있다. 제갈량의 팔진도(八陣圖)가 그 아래에 있다. 제갈량은 항상 이곳에서 군사를 감독하였으며, 지금은 독군단(督軍壇)이 있다. 장준이 촉(蜀) 지방 사람으로 승상이 되었으므로 제갈량에 비겨서 말한 것이다.
30 급업(岌嶪): 높고 크며 험준한 모양을 나타내는 의태어.
　요상망(遙相望): 장준이 이룬 공업이 제갈량과 서로 비견됨을 말한 것이다.
31 천자(賤子): 주희가 자기 자신을 가리키는 겸사(謙辭)이다.
　세음(歲陰): 12지(支), 세성(歲星) 곧 목성을 가리키기도 하는데, 여기서는 세모를 가리키는 말로 쓰였다. 북주(北周) 유신(庾信)의 「세밑에 횡문을 나서다(歲晚出橫門)」에 "세월 세밑에 바뀌고, 나그네 높이 올라 내려다봄 기뻐하네(年華改歲陰, 遊客喜登臨)"라는 구절이 있다.
32 구돈수(九頓首): 『좌전·정공(定公) 4년』에 "(楚나라의) 신포서가 진나라로 가서 군사를 요청하였는데 …… 궁정의 담에 기대어 서서 울면서 주야로 우는 소리를 그치지 않고, 물 한 모금 마시지 않고 이레를 버텼다. 이에 진나라 애공이 「무의편」의 시를 노래하니 그는 아홉 번 머리를 땅에 조아리고 앉았다(申包胥如秦, 乞師 …… 立依於庭墙而哭, 日夜不絶聲, 勺飮不入口七日. 秦哀公爲之賦無衣, 九頓首而坐)"라는 말이 있다.

人類幾豺狼³⁵	사람들은 거의 오랑캐 되었네.
公還浩無期	공 돌아오기 기다리나 아득하니 기약 없고,
嗣德煒有光³⁶	이은 덕만 광채 빛내네.
恭惟宋社稷	공손히 기원하노니 송나라 사직이여,
永永垂無疆	길이길이 만수무강하소서!

장공이 묻혀 있는 5악 중의 남악인 이 형산 얼마나 우뚝하게 솟아 있는가? 그 아래로는 상강의 물결이 넘실넘실 흐르고 있다. 형산과 상강은 이렇듯 여전한데 우리 장공만 저세상으로 돌아가셨다. 그리하여 지금 남아 있는 것이라고는 임금이 내리신 검과 신발뿐이다. 그것만이 이곳의 사당에 덩그러니 남아 있을 뿐이다.

 옛날 우리 송나라가 북경인 변경을 금나라에 내주고 남경인 임안에서

---

33 산퇴(山頹): 위인(偉人)이 세상을 떠나는 것을 말한다. 『예기·단궁(檀弓) 상』의 "공자가 어느 날 일찍 일어나 한 손은 뒷짐을 지고 지팡이를 끌고 문에서 천천히 거닐면서 노래를 하였다. '태산이 무너지는구나, 대들보가 쓰러지는구나, 철인이 시드는구나.' …… 이리하여 공자는 이레 동안 병들어 누웠다가 몰하였다(孔子蚤作, 負手曳杖, 消搖於門, 歌曰, 泰山其頹乎! 梁木其壞乎! 哲人其萎乎! 蓋寢疾七日而沒)"라 한 말에서 나왔다. 여기서는 주자가 장준의 죽음을 가리켜 말한 것이다.

34 성전(腥羶): 오랑캐가 유목민족으로 비린내와 누린내가 나는 소와 양고기를 먹으므로 이렇게 말하였다. 이 구절은 중원이 여전히 금나라 병사들에게 점령을 당하였음을 말하고 있다.

35 인류기시랑(人類幾豺狼): 중원은 아직도 금나라 사람들의 치하에 있어서 백성들이 거의 오랑캐로 변할 위험에 처해 있음을 말한다.

36 사덕(嗣德): 미덕을 이어받는다는 뜻인데, 후사를 잇는 아들을 말한다. 곧 장준의 아들 남헌 장식을 가리켜 말한 것이다.

중흥하였던 초창기를 생각해 보니, 우리 장공 같은 분이 누려야 할 조정의 중요한 지위를 비천한 얼뜨기 같은 간신들이 다 차지해 버렸었다. 이에 공께서 분연히 일어나시어 처음으로 의를 세우시어 간신들을 모두 토벌하셨다. 그로부터 나를 다스리는 기틀인 군신과 부자, 부부 간의 삼강의 도리를 굳건하게 부지하셨다. 공의 조정에 대한 순수한 충심은 하늘 높이까지 솟구쳐 모든 별의 중심축이 되는 북극성까지 꿰뚫으셨다. 외로이 분개하는 마음도 저 둥글고 푸른 하늘까지 닿았다. 실지 회복에도 앞장서시어 20만이나 되는 대군을 직접 거느리고 출정하여, 하루아침에 누구보다도 먼저 북정의 길을 트셨다.

또한 이에 그치지 않으시고 서쪽으로도 정벌 길에 올라 옛날의 양주와 익주인 촉지방도 안정을 시키셨다. 다시 남쪽으로 방향을 돌리시어 강주와 상주까지 평정하시어 무마시키셨다. 공을 따르는 병사들은 겉으로만 명령에 복종하지 않고 마음속으로부터 충심으로 기꺼이 따르니, 이에 나라의 위세 또한 전에 없이 크게 떨치게 되었다. 그러던 중에 정강의 변 때 북으로 끌려가신 임금이 승하하셨다는 소식을 듣고, 전군에 흰 상복을 입게 하고 능을 향하여 곡을 하셨다. 이때의 애절한 곡소리가 온 나라의 만방에 이어지게 되었다. 약아빠지고 교활한 적들이 마구 날뛰다가도 공이 이르면, 그 명성만 듣고도 혼비백산하였다.

그러나 나라를 경영함에 신하들은 오히려 결단을 내리지 못하고 갈팡질팡하기만 하였다. 결국 주화파의 주장이 득세하여 화친을 위한 예물인 구슬과 비단이 수차례나 금나라를 향해 나갔다. 공을 위시한 금나라와 싸우던 장사병들은 활약을 펼칠 터전이 사라져 몸을 엎드려 숨을 수밖에 없었다. 화친을 주장하던 당시 조정의 의론에서 장공이 주전론을 폈으나, 공의 모의는 결국 쓰이지 않고 말았다. 이에 공의 입장에서는 아무것도 할 것이 없었다. 그저 팔짱을 끼고 멀리 황폐한 남방인 영주까지 귀양을 가시게 되었다. 귀양이 풀려서 조정으로 돌아오게 되었으나, 이미 한창 때의 검던 머리는 모두 백발로 변하고 말았다. 백발에다가 남아 있던 머리카락마저 다 빠지고 짧아졌지만, 그에 반비례해서 충성된 마음은 더욱 깊어졌다. 전전긍긍 정성을 다하여 나라를 위한 충정의 감정이 임금께 전해지기를 바라는 마음에, 조정에서는 올바른 정치를 닦고 밖으로는 부지런히 외적을 물리치는 일에만 급급하셨다. 그러나 하늘이 정하여 내려준 운명도 끝내 믿기 어렵고, 사람이 하는 일도 또한 항상 같은 것이 없어 일정치가 않았다. 연로하신 몸이라 홀연히 삼공의 지위를 그만두셨는데, 그로부터 오래지 않아 돌아가셨다. 그 후 신선으로 화하시어 용을 타고 신선의 나라인 하늘의 백운향으로 가셨다.

공은 돌아가신 뒤에 선산에 묻히지 못하고 유언으로 이곳 형산의 빈 곳에 묻히셨다. 공의 충정 때문에 공이 묻히신 이 산은 그 명성이 해와 달처럼 환히 빛을 발하게 되었다. 이곳은 삼국시대 촉나라의 승상인 제갈량이 묻힌 정군산이 바로 앞에 있다. 하여 언제까지나 그곳을 바라보며 그 공이 제갈량에 비견될 것이다. 오래전부터 공의 무덤을 참배하고자 하였으나 천한 이 몸은 한 해가 다 간 시점인 지금에야 이곳에 오게 되었다. 철이 철인지라 매서운 바람이 높은 언덕에서 불어와 사물에 떨친다. 말에서 내려 공의 충정을 생각하며 공손하게 머리를 아홉 번 조아리며 참배를 하노라니, 가슴속에 맺힌 것이 있어서 손으로 어루만지며 다만 눈물만 줄줄 흘릴 따름이다.

산이 무너지듯 공같이 훌륭하신 분이 돌아가신 지 지금 몇 해나 되었던가! 공의 우국충정을 지지하던 뜻있는 선비들은 공을 생각할 때마다 날로 비통해 한다. 지난날 오랑캐에게 짓밟힌 중원 지역은 아직도 오랑캐의 치하에 있고, 그곳의 유민들은 어느덧 그 풍속에 시나브로 동화되어 거의 오랑캐나 다름없는 사람들이 되었다. 공같이 우국충정을 다하여 오랑캐를 물리치고 실지를 회복할 사람을 기다렸으나 까마득하기만 하다. 온다는 기약이 없는데 공의 아름다운 덕을 이어받은 아드님만 밝게 빛을 내고 있다. 공경을 다하여 공께 기대어 기원한다. 우리 송나라의 사직이 공 같은 충성스런 분들 덕분이 길이길이 오래도록 만수무강하기를 바랄 뿐이다.

정왕의 누대에 오르다

登定王臺[1]

寂寬番君後[2]　쓸쓸하도다 번군의 후예여,
光華帝子來[3]　빛나도다 천자의 아들 오셨다네.
千年與故國　천년 옛 나라 함께 하였으나,

1　정왕대(定王臺): 명나라 이현(李賢)의 『일통지(一統志)』 권 63 「장사부·정왕대(長沙府·定王臺)」에 의하면 "장사부의 동북쪽에 있다. 한나라 장사의 정왕 유발(劉發)은 곧 경제(景帝)의 열 번째 아들이다. (장안에서) 그 나라로 간 후에 이곳에 대를 쌓아 어머니 당희(唐姬)의 묘가 있는 쪽을 바라보았다"라 하였다. 전하는 바에 의하면, 이 대를 쌓을 때 장안에서 가져간 흙을 가지고 쌓았다고 한다. 『일통지』에는 이 시의 첫 네 구절도 함께 수록하고 있다.
　　원나라 방회(方回)의 『영규율수(瀛奎律髓)』 권 1 「등람류(登覽類)」에도 이 시가 수록되어 있는데, 제목 다음에 "사당이 있다(有廟)"라는 주석을 달았다. 한편 방회는 이 시를 평하여 "주문공의 시는 진사도(陳師道)의 시풍에 매우 근접하였으며, 이 시의 미구는 진사도의 것이라고 하더라도 또한 다만 이렇게 지었을 것이다. 건도 2년(3년의 오자인 것 같다) 정해년(1167)에 문공이 장사로 장남헌을 찾아보았을 때 지은 것이다. 용사(用事)와 생각, 규격과 글자의 배치가 모두 율격의 법칙에 맞아 두보와 진사도의 문집에 섞어놓아도 될 것이다"라 하였다.
　　이 시는 정왕이 지은 누대에 올라 풍광을 보고 일어난 탄식을 빌려, 천고의 흥망성쇠라는 무한한 감개를 표현해내고 있다.
2　번군(番君): 번은 진(秦)나라 때 번양현(番陽縣)으로 지금의 강서성(江西省) 번안현(番安縣)이다. 번군은 장사왕에 봉해졌던 오예(吳芮)를 가리킨다. 『한서』 권 34 「오예전」에 의하면 "오예는 진나라 때 번양령이었다. 강(江)·호(湖) 사이에서는 크게 민심을 얻어 번군이라 일컬어졌다. 천하에서 막 진(秦)나라에 반기를 들었는데 …… 항적(項籍)이 죽자 임금이 (부하장수인) 매현(梅鋗)이 공로가 있고 무관(武關)으로 입성하였으므로, 오예를 덕이 있다고 여겨 장사왕으로 옮겨 임상(臨湘)을 다스리게 하였다. 그런데 일 년 만에 죽었으며 시호를 문왕(文王)이라 하였다"라 하였다.
3　광화(光華): 광채가 빛나다.
　　제자(帝子): 제왕의 자녀를 가리며 말한다. 이를테면 『초사·구가·상부인(九歌·湘夫人)』에서

萬事只空臺	만사 다만 빈 누대뿐이라네.
日月東西見	해와 달 동쪽과 서쪽에 나타나고,
湖山表裏開[4]	호수와 산은 안팎으로 열려 있네.
從知爽鳩樂[5]	상구씨의 즐거움 알게 되거들랑,
莫作雍門哀[6]	옹문의 슬픔 일으키지 말게나!

오예는 이곳에서 크게 민심을 얻어 번군이라 일컬어지고 장사왕에 봉해졌다. 오예의 후손들이 쓸쓸해졌을 때, 경제의 아들인 유발이 정왕에 봉해져

요임금의 두 딸인 아황(娥皇)과 여영(女英)을 "제왕의 따님 내려옴이여 북쪽 물가라네(帝子降兮北渚)"라 하였고, 당나라 왕발(王勃)은 「등왕각(藤王閣)」시에서 등왕각을 지은 당나라 고조(高祖)의 아들인 등왕 이원영(李元嬰)을 읊어 "누각에 있던 황제의 아들 지금 어디 있는가?(閣中帝子今何在)"라 하였다. 여기서는 정왕 유발(劉發)이 경제(景帝)의 아들이므로 이렇게 말하였다.

4 호산표리(湖山表裏): 『좌전·희공(僖公) 28년』에 "자범이 말했다. '싸워야 합니다. 싸워서 이기면 반드시 제후들을 복종시킬 수 있을 것입니다. 만약에 이기지 못하더라도 안팎으로 산과 황하가 막고 있사오니 반드시 해될 것은 없습니다'(子犯曰, 戰也! 戰而捷, 必得諸侯. 若其不捷, 表裏山河, 必無害也)"라는 말이 있다.

5 상구락(爽鳩樂): 상구는 곧 상구씨(爽鳩氏)로 옛 관직 이름이며, 형옥(刑獄)을 관장하였다. 전하는 바에 따르면 소호(少皞)씨 때 백성을 다스리는 것을 관장하는 다섯 관직 중의 하나였다고 한다. 『좌전·소공(昭公) 20년』에 "제나라 후작이 사냥에서 돌아오는 길에 안자기 천대에서 곁에서 모시고 있었다. …… 제나라 후작이 술을 마시며 즐거워하고 말하기를 '옛날부터 죽는다는 일이 없으면 얼마나 즐거울까?'라 하니 이에 안자가 대답하였다. '…… 옛날에 상구씨가 처음으로 이 땅을 차지하고 살았었는데 …… 옛날부터 죽는 일이 없었더라면 오늘날까지의 즐거움은 다 상구씨가 향유하는 즐거움으로 군주께옵서는 바랄 일이 못되옵니다'(齊侯至自田, 晏子侍於遄臺 …… 公飲酒樂. 公曰, 古而無死, 其樂若何? 晏子對曰 …… 昔爽鳩氏始居此地 …… 古若無死, 爽鳩氏之樂, 非君所願也)"라는 말이 있다. 여기서는 나라가 오래도록 전해지고 천하가 영원히 보존됨을 가리켜 말하였다.

서 광채를 빛내며 이곳으로 오게 되었다. 번군 오예와 정왕 유발은 지금부터 천 년 전에 있었던 옛 나라를 함께 하였지만, 그간 인간 세상의 모든 일이 다 변하였다. 지금 이 세상에 남은 그들의 자취라고는 다만 빈 누대만이 이렇게 덩그러니 남아 있을 뿐이다. 이제 정왕이 남긴 누대에 올라와 보니, 해와 달이 이쪽의 동쪽과 서쪽에 떠 있는 것이 보인다. 또 가까이는 호수가 펼쳐져 있다. 멀리는 산이 이 정자를 향해 펼쳐져 있는 것처럼 보여 경치가 매우 훌륭하다. 죽는 일이 없다면 상구씨처럼 누대를 지은 정왕이 아직까지 살아 언제까지나 즐거워할 것임을 알 것이다. 우리도 그런 마음을 가지고 지금 이 순간을 즐겨보자. 옹문주가 죽은 후 오랜 세월이 지나면 모두 잊힐 것이라고 하여 맹상군을 슬프게 했던 일 같은 것은 생각하지 말도록 하자.

---

6 옹문애(雍門哀): 한나라 유향(劉向)의 『설원·선세(說苑·善說)』에 "옹문주가 거문고를 가지고 맹상군을 뵈었다. 맹상군이 말하였다. '선생께서 거문고를 타시면 또한 나를 슬프게 할 수 있겠습니까?' 이에 옹문주가 말했다. '신이 어찌 능히 족하를 슬프게 할 수 있겠습니까! …… 그러나 신이 족하를 슬프게 한 것은 한 가지입니다. 천추 만세 후에는 종묘는 반드시 희생 제사를 드리지 않을 것입니다. 높은 누대는 이미 허물어졌을 것이며, 곡지는 이미 해자가 되어 있을 것입니다. 분묘는 이미 평평해졌을 것입니다. 아이와 더벅머리 나무를 하는 사람들이 그 발을 주춤거리며 그 위에서 말하기를 "대체로 맹상군이 존귀한 것이 바로 이러했구나!" 할 것입니다.' 이에 맹상군은 눈물을 흘리며 고개를 떨어뜨렸다. 옹문주가 거문고를 끌어당겨 타는데, 천천히 궁조과 치조의 음조로 시작하다가 우조와 각조의 음조로 올리니 맹상군은 눈물을 줄줄 흘리며 슬픔을 더하였다. 내려가 그에게 다가가 말하기를 '선생께서 거문고를 타는 것을 들으니, 나라가 망하고 고을이 망한 사람이 서 있는 것 같소이다!'라 하였다(雍門周以琴見孟嘗君. 孟嘗君曰. 先生鼓琴亦能令我悲乎? 周曰, 臣烏能令足下悲哉! …… 然臣所爲足下悲者一也, 千秋萬歲之後, 宗廟必不血食, 高臺旣已壞, 曲池旣已塹, 墳墓旣已平. 嬰兒豎子採樵者, 躑躅其足而歌其上曰, 夫以孟嘗君尊貴, 乃若是乎! 於是孟嘗君泣爲垂臉. 周引琴而鼓之, 徐動宮徵, 拂羽角. 孟嘗君涕泣增哀, 下而就之曰, 聞先生鼓琴, 立若破國亡邑之人也)"라는 말이 있다. 곧 나라가 망하는 것을 가리킨다.

40

석름봉에서, 경부가 지은 시의 각운자를 쓰다

石廩峰次敬夫韻[1]

七十二峰都挿天[2]　일흔두 봉우리
　　　　　　　　　모두 하늘에 꽂혔는데,
一峰石廩舊名傳　　석름이란 한 봉우리
　　　　　　　　　예로부터 이름 전하네.
家家有廩高如許　　집집마다 곳집 있는데
　　　　　　　　　얼마나 높은지,

1　석름봉은 형산의 동쪽에 있다. 명나라 이현(李賢)의 『일통지(一統志)』 권64 「형주부·석름봉(衡州府·石廩峯)」에서는 "형산에 있으며 형태가 곳집(倉廩)을 닮았다. 문이 두 개 있는데 하나가 열리면 하나는 닫힌다. 『상중기(湘中記)』에서는 '열리면 흉년이 들고 닫히면 풍년이 든다'라 하였다"라 하였다. 당나라 한유는 형산을 읊은 「형악묘를 참배하고, 마침내 형악의 절에 묵으면서 문루에 지어 남기다(謁衡嶽廟, 遂宿嶽寺題門樓)」에서 "자개봉은 연이어 뻗쳐 천주봉까지 이어져 있고, 석름봉은 훌쩍 던져져 축융봉과 겹쳐 있네(紫蓋連延接天柱, 石廩騰擲堆祝融)"라 하였다. 남헌(南軒) 장식(張栻)의 「남악창수집의 서문」에서는 "절(高臺寺)을 나서서 고목과 벌거벗은 등나무 속을 걸어갔다. 응달진 낭떠러지에는 눈이 쌓였으며 두께가 거의 여러 자는 됨직하였다. 석름봉을 바라보니 마치 흰 병풍 같았다"라 하였다.

2　칠십이봉(七十二峰): 칠십이봉은 곧 남악(南嶽)인 형산(荊山)을 가리킨다. 형산의 봉우리가 모두 72개이기 때문에 이렇게 말하였다. 『산당사고(山堂肆考)』 권19에 인용된 『환우기(寰宇記)』에 의하면 "형산은 8백 리에 걸쳐 빙 둘러 있으며 72개의 봉우리와 10개의 골짜기, 15개의 바위, 38개의 샘, 25개의 시내, 9개의 연못과 9개의 못 그리고 9개의 우물이 있고, 봉우리 가운데 가장 큰 것은 5개로 축융(祝融), 자개(紫蓋), 부용(芙蓉), 석름(石廩), 천주봉(天柱峯)이라 하며 축융봉이 가장 높다"고 하였다. 남헌 장식의 「말 위에서 읊조리다(馬上口占)」에 "일흔 두 봉우리 모두 옥처럼 서 있는데, 우뚝하니 축융봉 높음 더욱 느껴지네(七十二峯俱玉立, 巍然更覺祝融尊)"라는 구절이 있다. 장식의 이 시는 『남악창수집』에도 수록되어 있다.

大好人間快活年³　　인간세상 쾌활하게
　　　　　　　　　　한 해 보냄 얼마나 좋은지.

남악 형산의 일흔두 봉우리는 모두 우뚝하게 솟아 마치 하늘에 꽂혀 있는 듯 높다랗다. 그 가운데 이름난 봉우리들이 실로 많이 있지만, 그 중에서도 특히 석름이란 한 봉우리의 명성이 예로부터 전해지고 있다. 집집마다 쌀 넣어두는 곳집이 다 갖추어져 있지만, 이곳의 돌로 만든 곳집은 정말 높은 곳에 위치하고 있다. 이곳 형산의 돌로 만든 창고가 풍년이 들어 꽉 차서 인간 세상이 쾌활하게 한 해를 보낼 수 있다면 그 얼마나 좋겠는가?

3　마지막 두 구절은 『고이』에 "사람들 오래도록 풍년 들기 바란다면, 즐거운 성인 만억년인들 거리끼리오?(教人鑛作豐年願, 樂聖何妨萬億年)"라고 되어 있는 판본도 있다고 하였다.

41

취하여 축융봉에서 내려오며 짓다
醉下祝融峯作

我來萬里駕長風¹	내 만 리 길 달려와
	긴 바람 타니,
絶壑層雲許盪胸²	깊은 골짝 층층의 구름에
	가슴 시원하네.
濁酒三杯豪氣發	탁주 석 잔에
	호탕한 기운 솟아나니,
朗吟飛下祝融峯³	명랑하게 시 읊으며 나는 듯
	축융봉 내려오네.

1 장풍(長風): 『송서·종각전(宋書·宗慤傳)』에 "숙부인 종소문(宗少文)은 고상하여 벼슬길에 나서지 않았다. 종각이 나이가 어릴 때, 그 뜻하고 있는 바를 물으니, 종각은 '긴 바람을 타고 만 리 물결을 헤치고 싶습니다(願乘長風破萬里浪)'라 대답하였다"라는 말이 있다. 당나라 이백(李白)의 「세상을 살아가는 어려움(行路難)」에 "긴 바람 큰 물결도 마침 때 있으니, 곧장 구름 돛 걸어 푸른 바다 건너네(長風波浪會有時, 直挂雲帆濟滄海)"라는 구절이 있다.

2 허탕흉(許盪胸): 허(許)자는 '여차(如此)', 곧 "이렇게"라는 뜻. 당나라 두보의 「동악을 바라보다(望嶽)」에 "뭉게구름 피어나니 가슴 확 터지고, 깃드는 새 가물가물 눈시울이 갈라지네(盪胸生曾雲, 決眥入歸鳥)"라는 구절이 있다.

3 낭음비하(朗吟飛下): 당나라 여암(呂巖, 자는 洞賓)의 「절구(絶句)」에 "세 번 악양루에 들었으나 사람들 알지 못하여, 명랑하게 읊조리며 동정호 나는 듯 지나가네(三入岳陽人不識, 朗吟飛過洞庭湖)"라는 구절이 있다.

내가 살던 건양에서 족히 만 리는 됨직한 이곳에 와서 형산의 축융봉을 오르자니 마치 신선이라도 된 듯 긴 바람을 타고 있는 것같이 느껴진다. 더 깊은 골짜기로 접어드니 겹겹이 포개어져 층진 구름이 가슴을 다 시원하게 해준다. 뜻이 맞는 친구들과 축융봉 꼭대기까지 와서 탁주를 석 잔 마셨더니 절로 호탕한 기운이 샘솟는다. 이에 높은 산에서 내려 올 때의 겁 같은 것이 어느덧 사라졌다. 밝은 음조로 절로 시를 읊조리며 내려오자니 발걸음이 가볍기가 마치 날아서 내려오는 듯 가뿐하다.

42

삼가 경부가 보내온 말에 대답하고
아울러 이별을 노래함

奉酬敬夫贈言, 幷以爲別[1]

昔我抱氷炭[2] 지난날 내가 얼음과 숯 같은 모순 가졌을 때,

---

1 증언(贈言): 이별할 즈음에 헤어지는 사람에게 말을 해주는 것을 말한다. 『순자·대략(荀子·大略)』에 "증자가 길을 가는데 안자가 교외에까지 따라 나와서 말하기를 '제가 듣건대 군자는 남들에게 말을 해주고, 소인은 남들에게 재물을 준다고 합니다'라 하였다(曾子行, 晏子從於郊. 曰, 嬰聞之, 君子贈人以言, 小人贈人以財)"라는 말이 있고, 『공자가어』 권 5 「자로초견(子路初見)」에도 "자로가 떠나려하면서 공자에게 작별을 고했다. 공자가 말하기를 '너에게 수레를 주랴? 너에게 말을 해주랴?'라 했더니 자로가 말하기를 '청컨대 말을 해주십시오'라 하였다(子路將行, 辭於孔子. 子曰, 贈汝以車乎? 贈汝以言乎? 子路曰, 請以言)"라는 말이 있다.
주희의 「남악을 유람한 후에 지은 기문(南嶽遊山後記)」에서는 "병술일(23일)에 지주에 이르러 나와 범백숭, 임택지는 동쪽으로 돌아가는 길을 잡았으며 경부는 여기서 서쪽 장사로 돌아갔다 …… 경부가 시를 지어줌에 우리 세 사람도 각기 답하여 지어 뜻을 드러내었다(丙戌, 至橺州, 熹與伯崇擇之取道東歸, 而敬夫自此西還長沙矣 …… 敬夫以詩贈, 吾三人亦各答賦以見意)"라 하였다.
이 시는 두 수로 되어 있는데 여기서는 두 번째 시 한 수만 수록하였다.

2 포빙탄(抱氷炭): 얼음과 숯 덩어리는 서로 용납할 수 없는 것으로 대립하여 모순됨을 비유한다. 진나라 도연명(陶淵明)의 「잡시(雜詩)」 네 번째 시에 "누가 당세의 선비들처럼, 얼음과 숯 온 가슴 한가득 안고 있겠는가?(孰若當世士, 冰炭滿懷抱)"라는 구절이 있다. 당나라 한유(韓愈)의 「영스님이 거문고 타는 것을 듣다(聽穎師彈琴)」에 "영스님 그대는 실로 할 수 있으리! 얼음과 숯 내 마음에 두지 않게끔(穎乎爾誠能, 無以冰炭置我腸)"이라는 구절이 있다. 『동아당창려집주(東雅堂昌黎集註)』에서 인용한 곽상(郭象)의 『장자주(莊子註)』에 "기쁨과 두려움이 가슴속에서 싸워 굳어져 오장에서 이미 얼음과 숯으로 맺혀진 것이다(喜懼戰於胸中, 固已結氷炭於五臟矣)"라는 말이 있다. 남조 송(宋)나라 하승천(何承天)의 요가(鐃歌) "꿩새끼가 들판의 늪에서 놀다(雉子遊原澤篇)"에 "공명 어찌 아름답지 않은가? 총애와 수치 또한 서로 찾는다네. 얼음과 숯 육부에 맺히고, 근심과 걱정 가슴속에 얽힌다네(功名豈不美, 寵辱亦相尋. 冰

從君識乾坤³	그대를 좇아 건곤의 이치를 알았네.
始知太極蘊⁴	처음으로 태극의 깊은 뜻 알았느니,
要眇難名論⁵	오묘함을 말로 하기 어려웠다네.
謂有寧有跡⁶	있다 하나 어찌 자취가 있을 것이며,
謂無復何存⁷	없다 하나 어찌 다시 존재하리오?

炭結六府, 憂虞纏胸襟"라는 구절이 있다. 또 각고하여 스스로 힘쓴다는 뜻도 가지고 있다. 『오월춘추·구천귀국외전(勾踐歸國外傳)』에서 나온 말. "월왕이 오나라에 원수를 갚으려고 생각한 것은 하루아침의 일이 아니었다. 몸을 괴롭히고 마음을 수고롭게 하기를 밤낮을 이어서 했다. 졸리면 어찌로 다스리고, 발이 추우면 물에 담갔다. 겨울에는 항상 얼음을 안고 있었고 여름에는 도리어 불을 잡고 있었다(冬常抱氷, 夏還握火). 수심에 잠기고 뜻이 괴로우면 문에다 쓸개를 걸어놓고 드나들며 그것을 맛보았다."
이 두 구절의 뜻은 주희가 일찍이 석로(釋老)의 학문에 들어서 머뭇거리다가 비로소 장식을 만나 유가의 학문을 알게 되었다는 겸양적인 표현이다.

3 식건곤(識乾坤): 송나라 장재(張載)의 「역설 하·계사 상(易說下·繫辭上)」에 "천지와 건곤은 『주역』의 문호이다(天地乾坤, 易之門戶也)"라는 말이 있다. 이는 비로소 건곤의 이치를 알았다는 것을 말한 것이다.

4 시지태극온(始知太極蘊): 남헌 장식의 「시로 원회 존형을 송별하다(詩送元晦尊兄)」에 "초연히 태극을 만나니, 눈 아래 온전한 소 없네(超然會太極, 眼底無全牛)"라는 구절이 있다. 이는 그 당시 서로 더불어 강론하고 깊이 뜻에 맞는 것은 바로 태극의 뜻이었다는 것을 말한다.

5 요묘(要眇): '眇'자는 『고이』에 '妙'자로 되어 있는 판본도 있다고 하였다. '요묘'는 정미롭고 미묘함을 말한다. 『노자』 제27장에 "그 스승을 귀하게 여기지 않고 그 거울을 아끼지 아니하면, 지혜롭다할지라도 크게 미혹될 것이다. 이것을 일컬어 현묘한 요체라 한다(不貴其師, 不愛其資, 雖智大迷, 是謂要妙)"는 말이 있다.

6 위유녕유적(謂有寧有跡): 태극에는 형체는 물론 방향과 처소도 없다는 것을 말한다.

7 위유~하존(謂有~何存): 밀암(密庵) 이재(李栽)의 『주전집람(朱全集覽)』에서는 이 구절에 대해 "무극이면서도 태극이다(無極而太極也)"라 하였다.
송시열의 『차의』에서는 "퇴계가 이덕홍에게 대답하여 말했다. '이는 도체의 형용이다. 비록 그것이 있다고 말은 하나 가리킬 자취가 없는 것이고, 비록 그것이 없다고 말은 하나 어찌 이와 같은 실체가 있겠는가? ○ 내 생각에 시의 본의는 대체로 만약 태극에 이것이 있다고 한다면 어찌 가리킬 만한 자취가 있을 것이며, 만약 태극에 이것이 없다고 한다면 어떤 것이 존재하면서 음양과 만물의 근저가 되겠는가 하는 것이다'(退溪答李德弘日, 此形容道體. 雖日有之

惟應酬酢處[8]	오직 술잔을 주고받으며 응대하는 곳에서는,
特達見本根[9]	지극히 통달하여 근본 드러내야 하네.
萬化自此流[10]	온갖 조화가 여기에서 생겨나나니,
千聖同玆源	모든 성인이 이 근원을 함께 하였음이네.
曠然遠莫禦[11]	너무나 넓고 멀어 막을 수 없고,

而無迹可指, 雖曰無之而安有若此之實體乎? ○ 愚謂詩之本意, 盖謂若以太極爲有底物, 則寧有形迹之可指乎? 若以太極謂無底物, 則何者能存, 而爲陰陽萬物之根柢乎)"라 하였다. 퇴계가 이덕홍에게 대답한 말은 간재(艮齋) 이덕홍의 『간재집』 권 5 「계산기선록(溪山記善錄) 상」에 보인다.

8 수작(酬酢): 수작(酬酌)이라고도 한다. 주인이 손님에게 술을 따라주는 것을 헌(獻)이라 하며, 손님이 주인에게 답례로 따라주는 것을 작(酢), 주인이 다시 답례로 따라주는 것을 수(酬)라고 한다. 원래는 조정에서 향응하는 예법에 쓰였으나, 나중에는 또한 친구들 사이에 교왕하고 응수(應酬)하는 것을 가리키는 데 쓰이기도 하였다. 『주역·계사전(繫辭傳) 상』에 "도를 나타내고 덕행을 신기롭게 하기 때문에 함께 응대할 수 있어 함께 신을 도울 수 있다(顯道神德行, 是故可與酬酢, 可與祐神矣)"라는 말이 있다. 동진(東晉)의 한강백(韓康伯: 이름은 伯인데 자로 알려짐)은 "수작은 응대와 같다(酬酢, 猶應對也)"고 주석을 달았다.

9 특달(特達): 본래 빙례(聘禮)에서 폐물을 보낼 때 규장은 다른 속백(束帛)을 보태지 않고도 단독으로 보낼 수 있었다는 말에서 나왔다. 『예기·빙의(聘義)』에 "규장이 특히 통하는 것은 덕이다(圭璋特達, 德也)"라는 말이 있는데, 당나라 공영달(孔穎達)은 "빙향의 예에는 규와 장, 벽과 종이 있다. 벽과 종은 속백을 더해야 통하였다고 할 수 있는데, 규와 장은 속백을 쓰지 않기 때문에 특달이라고 한 것이다(聘享之禮, 有圭璋璧琮. 璧琮則有束帛加之乃得達, 圭璋則不用束帛, 故云特達)"라 하였다. 이로 인해 나중에는 특출하다는 뜻으로 쓰이게 되었다. 남조 송나라 유의경(劉義慶)의 『세설신어·언어(世說新語·言語)』에서 "이 사람은 [인품이] 규장(옥으로 만든 귀중한 기물)처럼 특출하고, 번뜩이는 기지 속에 예리함이 있다(此子珪璋特達, 機警有鋒)"라는 말이 있다.

유응~본근(惟應~本根): 송시열의 『차의』에서는 "태극은 비록 형체나 흔적이 없지만 가리킬 수 있으며 그것을 유행하는 것에게 보여 주면 그 근본을 볼 수 있는데 태극을 이름이다. 수작은 곧 유행의 뜻인데, 태극의 동정이 서로 근거를 두고 만물을 생성하는데, 오히려 인심의 수작은 만변하는 까닭에 이른 것이다. 특달은 대살(大煞)의 뜻이다"라 하였다.

10 만화자차류(萬化自此流): 우주의 본체는 태극이며 태극에서 만물이 변화하고 생성하기까지는 다만 하나의 음양이 점점 변화하여가는 이치[理]일 뿐이라는 것이다.

惕若初不煩[12]	두려워 조심하면 시작이 번거롭지 않네.
云何學力微	왜 공부가 부족하다 하는가?
未勝物欲昏[13]	물욕의 어두움 이기지 못했기 때문이라네.
涓涓始欲達[14]	졸졸 흐르는 냇물 비로소 이르려는데,
已被黃流吞[15]	마침내 누런 물결 속에 삼켜졌네.
豈知一寸膠[16]	어찌 알리오 한 치의 아교가,

11 막어(莫禦): 그치게 할 것이 없음을 말한다. 곧 한계가 없어 있지 않은 곳이 없고 포함하지 않는 것이 없음을 말한다. 『주역·계사전 상』에 "대체로 역은 넓고도 크도다! 그것을 가지고 먼 미래를 말한다면 막히는 것이 없다(夫易廣矣大矣! 以言乎遠則不禦)"라는 구절이 있는데, 당나라 공영달(孔穎達)은 "어는 그치게 할 것이 없는 것을 말한다(禦, 謂無所止息也)"라 하였다.

12 척약(惕若): 두려워하다, 경계하다. 『주역·건괘(乾卦)』의 밑에서 셋째 양효(九三)의 효사에 "군자가 종일토록 씩씩한 모습으로 저녁까지 근심하면 위태롭기는 하나 허물은 없을 것이다(君子終日乾乾, 夕惕若, 厲无咎)"라는 구절이 있다.

불번(不煩): 번잡하지 않음, 쉬움. 『상서·열명(說命)』 중에 "예의가 번다하면 어지럽고, 귀신을 섬기면 어렵게 될 것이다(禮煩則亂, 事神則難)"라는 말이 있다.

13 운하~물욕혼(云何~物欲昏): 이 구절은 주희의 태극에 대한 인식이 이제 막 본격화되기 시작하였으며 아직 정점에 이르지 않았기 때문에 이렇게 말한 것이다.

14 연연(涓涓): 가는 물줄기. 주로 맑고 깨끗한 샘물을 가리킴. 진나라 도연명의 「돌아가자꾸나(歸去來辭)」에 "나무는 쑥쑥 잘도 자라고, 샘물은 졸졸 비로소 흐르네(木欣欣以向榮, 泉涓涓而始流)"라는 구절이 있다. 여기서는 얕고 알량한 얼마간의 체득을 비유하였음.

15 황류(黃流): 원래는 황하의 물을 가리키며, 또한 더럽고 흐린 물결을 두루 가리키는 데 쓰이기도 한다.

이 두 구절은 수신(修身)과 양성(養性)이 바야흐로 조금씩 발전이 있으려던 차에 장식과 헤어지게 됨으로써 다시 각종 세속적인 인욕의 탁류 및 이단의 사설에 빠져버리게 되었다는 표현이다.

16 '알 지(知)'자는 『고이』에 '없을 무(無)'자로 된 판본도 있다고 하였다.

촌교(寸膠): 진(晉)나라 갈홍(葛洪)의 『포박자·외편·가둔(抱朴子·外篇·嘉遯)』에 "한 치 아교로는 황하의 흐림을 다스리기에 부족하며, 한 자 되는 물로는 소구섬의 불을 끌 수 없다(寸膠不能治黃河之濁, 尺水不能却蕭丘之熱)"라는 말이 있다. 『퇴계언행록·논지경(退溪言行錄·論持敬)』에 "이덕홍이 묻기를 '"한 치 갖풀"로 이 천 길이나 되는 혼탁함을 구함을 어찌 알겠습

救此千丈渾[17]　천 길의 혼탁함 구하는 것을.
勉哉共無斁[18]　힘쓰세, 함께 싫증내지 말고,
此語期相敦[19]　이 말로 우리 함께 돈독함을 기약해 보세.

　지난날 나의 학문은 유가에다가 석로의 것까지 뒤섞여 마치 얼음과 숯을 한꺼번에 안고 있듯이 모순투성이였소. 그대를 만나 종유하고 난 다음부터 비로소 『주역』의 문호인 천지 건곤의 이치를 알게 되었소. 그동안 겉으

니까?'라 하니, 선생이 말씀하셨다. '"한 치 갖풀"이라는 것은 이른바 아현의 갖풀(阿膠)이다. 『서경·우공(禹貢)』편에 제수는 성질이 무거워 황하를 가로질러 아현에 이르면 땅속으로 흐른다. 따라서 아현 사람들이 우물을 파서 그 물을 얻어 갖풀을 끓이는데 그 아교는 힘이 중하여 흐린 물에 던지면 맑아진다. 따라서 중원의 사람들은 아교를 차고 다니면서 흐린 곳에 던지면 맑은 물을 얻을 수 있었다. 이를테면 마음이 물욕에 의해 흐려졌는데 공경함을 지닌 즉 마음이 잠깐 만에 경계하여 깨달을 것이다. 그러므로 전대의 선비들은 공경을 "한 치의 아교"에 비유하였다'(德弘問, 豈知一寸膠救此千丈渾. 先生曰, 一寸膠, 卽所謂阿膠. 書經禹貢, 濟水性斤重, 橫絶黃河以流至阿縣, 則伏流地中, 故阿人穿井, 得其水煮膠, 而其膠心力重, 投濁流卽淸, 故中原人佩阿膠投濁, 而得淸. 譬如心爲物欲之渾, 持之以敬, 則心忽惺惺也. 故先儒以敬譬寸膠也)" 라 하였다. 송나라 소식의 「노원한 소경이 지위주로 부임함에 송별하다(送魯元翰少卿知衛州)」에 "반짝반짝 천 길이나 맑아도, 한 자 흐린 물만 못하네(皎皎千丈淸, 不如尺水渾)"라는 구절이 있다. 이 두 구절의 요지는 갖풀(膠)은 경(敬)에 비하였고, 천장혼(千丈渾)은 욕(欲)에 비한 것이다.

17 이 두 구절은 장식이 이별할 즈음에 주희에게 깨우쳐준 말이 자신의 고질병을 구할 수 있다는 표현이다.
18 무역(無斁): 싫어하지 않다, 그만두지 않다. 『시경·주남·칡덩굴(周南·葛覃)』에 "고운 칡 베 굵은 칡 베로, 옷 지으니 싫증나지 않네(爲絺爲綌, 服之無斁)"라는 구절이 있는데, 주자는 "역은 싫어함이다(斁, 厭也)"라 하였다.
19 면재~기상돈(勉哉~期相敦): 남헌 장식의 「시로 원회 존형을 송별하다(詩送元晦尊兄)」에 "힘쓰세 함께 싫증내지 말고, 옛 훌륭함 쫓는 일 아득하다네(勉哉共無斁, 邈矣追前脩)"라는 구절이 있다.

로만 알고 있었던 태극의 뜻을 그대를 통해 얼마나 깊은 뜻을 함유하고 있는지 알게 되었소. 그 정밀하고 미묘한 뜻을 깨닫는 순간, 이를 정말 말로는 무엇이라고 표현해내야 할지 몰랐답니다. 선현이 태극은 있다고 말하는 것을 들었지만, 어찌 형체나 방위 같은 자취가 있을 것이며, 또 태극은 없다고 하는 것도 들었으니 어찌 그 실체가 다시 존재할 수 있겠습니까? 오직 술잔을 주고받으면서 말을 주고받듯 학문의 이치에 대해 웅대하는 곳에서는, 그 이치에 지극히 통달하여 학문의 근본이 환하게 드러나야 하는 것 아니겠소. 이 세상을 운행하는 모든 이치가 다 이것 곧 이치에서 생겨나 흘러나옵니다. 이는 아마 모든 성인들이 이 이치의 근원이 여기에서 나오는 것이라는 것을 함께 알아서일 것입니다. 그러나 그 이치는 너무나 널리 끝닿은 곳이 없는 데까지 퍼져서 그 뻗어나감을 제어할 수가 없습니다. 그래도 우리 같은 사람이 두려워하며 조심스럽게 다가서기만 한다면, 그 학문을 시작함이 그리 번거롭지는 않을 것입니다. 다른 많은 사람들처럼 제가 무엇 때문에 공부하는 힘이 부족하다고 말하였을까요? 이는 아마 태극에 대한 인식이 이제야 겨우 알 만한 정도가 되어 그동안 물욕의 어두움을 아직 이기지 못해서가 아닐까요? 그대를 만나 학문을 깨침을 냇물에 비유해 보면 이렇습니다. 이제 물이 어느 정도 모여 겨우 졸졸 흘러 이르러 하던 차에, 그대와 헤어지자마자 다시 세상의 누런 이단의 격랑 속에 빠져버린 것과 같은 형세랍니다. 어찌 알았겠소? 헤어질 때 그대가 내게 깨우쳐준 한 마디 말이 마치 한 치의 아 지방의 갓풀이, 흐린 물을 정수하듯 내 마음속에 쌓인 천 길은 됨직한 혼탁함을 말끔히 가라앉혀 깨끗하게 해주었다는 것을. 그대가 보낸 시구에 "우리 함께 열심히 이 일에 종사하여 혹여 싫증이 나는 일이 없이 서로 격려합시다"라는 말이 있습디다. 그대의 이 말로 서로 학문이 돈독해지도록 기약함이 어떨는지요!

43

매계의 호씨네 객관에 묵으면서 벽에 적어놓은 시를 보고 스스로 경계하노라

❲ 宿梅溪胡氏客館, 觀壁間題詩自警[1] ❳

十年湖海一身輕[2]	십 년을 호수와 바다 떠돌았으니 이 한 몸 가벼운데,
歸對黎渦却有情[3]	돌아오며 여천의 보조개 대하니 오히려 정 있다네.
世路無如人欲險	세상살이 인욕의 위험함만 한 것 없는데,

---

1 호씨(胡氏): 호씨는 담암(澹菴) 호전(胡銓: 1102~1180)을 말한다. 여릉(廬陵) 사람으로 자는 방형(邦衡)이다. 추밀원편수관(樞密院編修官)으로 있을 때 대금(對金) 주화파의 우두머리인 진회(榛會)의 심기를 건드려 멀리 영남(嶺南)으로 폄적되었다가 진회가 죽고 난 뒤에야 돌아올 수 있었다. 효종(孝宗)이 즉위하자 관직에 복귀했으며, 부문각직학사봉사(敷文閣直學士奉祠)로 귀향했다. 시호는 충간(忠簡)이다.
   매계의 호씨 객관은 곧 상담(湘潭)의 호씨원(胡氏園)으로 호전이 이곳에 거처한 바 있다.
   이 시는 두 수인데 여기서는 두 번째 시만 수록하였다.
2 이 구절의 '호수 호(湖)'자는 '뜰 부(浮)'자로 된 판본도 있다.
3 여와(黎渦): 송나라 나대경(羅大經)의 『학림옥로(鶴林玉露)』 권 12에서는 "호담암은 10년간 해외(영남을 가리킴)에 폄적되었는데, 북쪽으로 돌아오던 날 상담의 호씨네 동산에서 술을 마시며 시를 지어 말하기를 '임금님 은혜 베풀어 돌아오도록 하시어 이날 한번 취하였는데, 곁에 배 같은 뺨에 얕은 보조개 있네'(君恩許歸此一醉, 傍有梨頰生微渦)"라 하였다. 곁에서 모시던 기녀 여천(黎倩)을 이른 것이었다. 그 후에 주문공이 그것을 보고 "절구를 지어 말하였다"라 하였으며, 바로 이 시를 들었다. 송나라 소식의 「백보홍(百步洪)」 두 번째 시에 "시 속에서 무슨 말을 하는지 알지는 못하겠으나, 다만 두 뺨에 가벼운 보조개 생겨남 느낀다네(不知詩中道何語, 但覺兩頰生微渦)"라는 구절이 있다.

幾人到此誤平生　　몇 사람이나 여기에 이르러
평생을 그르쳤던가?

담암 호공은 주화파의 비위를 거슬러 중앙 관직에서 쫓겨나 10년이나 영남의 호수와 바다를 이리저리 떠돌아다니다 보니 몸이 홀가분해졌을 것이다. 임금이 은전을 베풀어 몸이 풀려나 다시 중앙으로 돌아가는 길에 이곳에 들러 동산에서 술판을 벌여 한 잔 하면서 기생 여천의 뺨에 팬 보조개를 보니 오히려 정이 느껴졌었지. 세상을 살아가는 데 위험한 것으로 치자면 아마 사람의 욕심보다 더한 것은 없을 것이다. 호공 같은 분도 기생인 여천에게 마음이 빼앗겨 더 훌륭한 업적을 남길 수 있었음에도 그러지 못하였으니, 다른 사람들은 몇 사람이나 이런 상황에 이르러 평생을 그르쳤을까?

44

다시 임용중에게 답하다
再答擇之¹

兢惕如君不自輕	조심하고 두려워함 그대처럼 스스로 가볍지 않은데,
世紛何處得關情	세상 어지러우니 어느 곳에서 정 걸림 있겠는가?
也應妙敬無窮意²	또한 경 정묘하여 뜻 끝이 없으니,
雪未消時草已生³	눈 채 녹지 않았을 때 풀 이미 돋아난다네.

매사에 조심조심 두려워하는 마음을 가지고 접근함이 그대와 같이 스스로 생각하기에 결코 가볍지 않다네. 그러나 세상일이 분분하여 어지러우니 아무리 조심을 한다 하여도 어디에서 정이 걸릴지는 아무도 모르는 것이라

---

1 택지(擇之): 임용중(林用中: ? ~ ?)의 자이며, 달리 자를 경중(敬仲)이라고도 하였다. 호는 초당(草堂) 또는 동병(東屛)이라 하였으며, 복주(福州) 고전현(古田縣, 지금의 福建) 사람이다. 처음에는 임광조(林光朝)에게서 배웠으며, 나중에 주자의 문하로 들어왔는데 주자가 늘 외우(畏友)라 일컬었고 건양(建陽)의 채원정(蔡元定)과 함께 나란히 명성을 떨쳤다.
2 '공경 경(敬)'자는 '취할 취(取)'자로 된 판본도 있다.

네. 또한 성문聖門에서 전하여 온 경敬의 뜻이 정묘하여 거기에 담긴 뜻은 끝이 없다네. 그러니 눈이 아직 다 녹지 않아서 겉으로 보기에는 아무런 변화가 없어 보이지만, 그 속에서는 이미 풀이 돋아나듯이 사람의 욕심은 겉으로는 드러나지 않는 가운데서도 은연중에 일어나는 것임을 경계하게나.

3 설미~이생(雪未~已生):『퇴계집』권 16 「기대승에게 답함(答奇高峰)」의 별지(別紙)에 "인욕의 위험함은 곧 천지를 떠받치고 해와 달을 꿰뚫을 만한 기절로도 하루아침에 한 요물의 볼 위의 보조개에 꺾이고 빠지게 됩니다. 욕을 취하는 것이 이에 이르게 되면, 호공처럼 천하의 비웃음거리가 되는 것입니다. 이처럼 두려운 것이기 때문에 주부자께서도 오히려 '호랑이 꼬리와 봄날의 얼음에 이 삶 맡겼다네(寄一生於虎尾春氷)'라 하였고, 항상 '눈 채 녹지 않았을 때 풀 이미 돋아난다네(雪未消草已生)'라는 경계하는 마음을 지녔으니 우리 같은 사람들에 있어서야 어떻겠습니까?"라는 말이 있다. 『주전집람』에서는 "퇴계가 기명언[고봉 기대승]에게 답한 편지에서는 이 말을 인용하여 경계하는 마음을 지니는 뜻이라고 하였는데, 이는 꼭 '들불이 미처 다 타지도 못했는데, 봄바람 부니 또 싹 돋아나네(野火燒不盡, 春風吹又生)'라 한 비유와 같다. 혹자는 이르기를 이와 같다면 윗 구절에서 '묘경'이라 한 것과는 상응하지 않게 된다. 눈을 인용에 견주고 풀을 천리에 비유한 것으로 (주자의) 「재거감흥시」의 제8장에서 '양기의 덕 땅 깊은 곳에서 이미 밝았네(陽德昭重泉)'라 한 뜻과 같게 본 것이다. 지금 둘 다 남겨두어 참고로 갖추어둔다"라 하였다. 인용된 시는 당나라 백거이의 「고원의 풀을 읊어서 얻어 송별함(賦得古原草送別)」이다. 『주자대전차의』에서는 "생각건대 이것을 금하여 경계하는 말로 생각한다면 위 구절 '묘경'의 뜻과는 상응하지 않게 된다. 내 생각에는 눈을 인욕에 견주었고 풀을 천리에 비유하였다. 음기가 다한 바닥에서 양기가 이미 생겨난다는 뜻을 이른다면 「감흥시」 제8장 또한 대체로 이 시의 뜻이니 퇴계가 비추어 헤아림이 타당함을 잃었을 것이다"라 하였다.

45

삼가 임용중의 시 네 수에 답하다. 뜻이 이르는 대로
써서 같은 각운자를 써서 짓지는 못하다

奉答擇之四詩, 意到卽書不及次韻[1]

東頭不見西頭是	동쪽 어귀에서는 서쪽 어귀 옳음 보지 못하고,
南畔唯嫌北畔非[2]	남쪽 두둑에서는 오직 북쪽 두둑 그름 싫어한다네.
多謝聖門傳大學	성인의 문하에서 『대학』 전함 정말로 고마우니,
直將絜矩露天機[3]	곧장 혈구 가지고서 하늘의 기밀 드러낸다네.

자기가 있는 동쪽의 한쪽 끝에서는 자신만이 옳다고 생각하여 거기에 반론을 펴는 서쪽 어귀에 있는 사람의 주장이 옳다고 하더라도 그렇게 보지를 않는다. 마찬가지로 남쪽 두둑에서도 자신만의 주관적 견해가 옳다고

---

1 이 시는 모두 네 수로 되어 있는데 여기서는 그 가운데 세 번째 시만 수록하였다.
2 동두~북반비(東頭~北畔非): 이 구절의 뜻은 옳고 그름이 공정하지 못하고, 다만 한 개인의 사사로움만 주창함을 말한 것이다.

주장하여 북쪽 두둑에서 주장하는 것을 옳지 않다고 하여 싫어한다. 예로부터 이런 일은 죽 있어 왔다. 이에 성인인 공자의 문하에서 『대학』을 지어 이에 대한 정확한 판단을 내릴 수 있도록 전하여 온 것을 정말로 고맙게 생각한다. 『대학』에서는 바로 자기의 마음을 가지고 다른 사람의 마음을 헤아리는 혈구지도를 가지고 하늘의 기밀을 드러내었으니, 그 가르침은 영원히 옳을 것이다.

---

3 혈구(絜矩): 자기의 마음을 가지고 타인의 마음을 헤아리는 것을 말한다. 『대학』에 "윗사람에게 싫었던 것으로 아랫사람을 부리지 말며, 아랫사람에게서 싫었던 것으로 윗사람을 섬기지 말며, 앞사람에게서 싫었던 것으로 뒷사람에게 가하지 말며, 뒷사람에게서 싫었던 것으로 앞사람에게 따르지 말며, 오른쪽에서 싫었던 것으로써 왼쪽에게 사귀지 말며, 왼쪽에서 싫었던 것으로써 오른쪽에 사귀지 마는 것을 일러 곱자로 재는 도라고 하는 것이다(所惡於上, 毋以使下. 所惡於下, 毋以事上. 所惡於前, 毋以先後. 所惡於後, 毋以從前. 所惡於右, 毋以交於左. 所惡於左, 毋以交於右. 此之謂絜矩之道)"라는 말이 있는데, 주희는 "혈은 헤아리는 것이다. 구는 네모난 것을 만드는 도구이다 …… 이 때문에 군자가 반드시 마땅히 그 같은 바를 인하여 미루어 남을 헤아려서 피아의 사이로 하여금 각기 분수와 소원을 얻게 하니, 이렇게만 한다면 상하와 사방이 모두 고르고 방정해져 천하가 태평하게 될 것이다(絜, 度也. 矩, 所以爲方也 …… 是以君子必當因其所同, 推以度物, 使彼我之間各得分願, 則上下四旁均齊方正, 而天下平矣)"라고 주석을 달았다.

천기(天機): 『근사록』 권 12 「경계류(警戒類)」에 "명도선생이 말하기를 '천리에 어두운 사람은 즐겨 좋아하는 마음이 그의 지각을 어지럽히기 때문이다. 장자는 "즐겨 좋아하는 마음이 깊으면 천리를 아는 것이 얕은 것이다"라고 하였는데, 이 말은 가장 옳은 말이다'라고 하였다(明道先生曰, 人於天理昏者, 是只爲嗜欲亂著他. 莊子言其嗜欲深者, 其天機淺. 此言却最是)." 강영(江永)은 "천기는 천리가 발동하는 기틀이다(天機, 天理發動之機也)"라 하였다. 장자의 말은 『장자·대종사(大宗師)』편에 보인다.

신유의 서쪽

新喩西境[1]

北嶺蒼茫雨欲來	북쪽 산머리 어둑어둑 비 오려는데,
南山騰躑翠成堆[2]	남쪽 산 훌쩍 솟아 비취빛 더미 이루었네.
穉杉繞麓千旗卷	어린 삼나무 산기슭 두름 갖은 깃발 만 듯한데,
野水涵空一鑑開	들판의 물 하늘 머금고 거울 하나 열렸네.
客路情懷元倥偬[3]	나그네 길 마음 본래 바쁜 법인데,

---

1 신유(新喩): 지명으로 역 이름이다. 강서성(江西省) 임강부(臨江府)에 속한 현에 있다. 지금의 강서성 신여(新餘)이다. 분의(分宜)에서 동쪽으로 약 수십 리 떨어진 곳에 있다.
2 등척(騰躑): 당나라 한유(韓愈)의 「형악묘를 참배하고 마침내 형악의 절에 묵으면서 문루에 지어 남기다(謁衡嶽廟, 遂宿嶽寺題門樓)」에 "자개봉 연달아 이어져 천주봉에 접하여 있고, 석름봉 높이 던져졌고 축융봉은 쌓여 있네(紫蓋連延接天柱, 石廩騰躑堆祝融)"라는 구절이 있다. 『운회(韻會)』에서는 척(躑)은 척(蹢)자와도 서로 통하여 쓴다고 하였다. 『한문공집(韓文公集)』에는 '등척(登擲)'으로 되어 있다.
   퇴(堆): 흙이 모여서 쌓인 것이다.
3 공총(倥偬): 곤고(困苦)와 같은 뜻이다. 또는 일이 많아서 짬을 낼 겨를이 없는 것을 말하기도 한다.

今晨遊眺却徘徊	오늘 아침은 노닐고 둘러보며 오히려 배회하네.
自然觸目成佳句	자연스레 눈길 닿는 대로 좋은 시구 이루어지니,
雲錦無勞更剪裁⁴	구름 비단 다시 잘라 마름질할 수고 않겠네.

신유 역의 서쪽 경계에 도착해서 바라보니 북쪽 재에서는 구름이 일어 어둑해지는 것이 금방이라도 비가 오려는 것 같다. 반면에 남쪽에서는 산이 훌쩍 하늘 높이 솟아올라 있는데, 녹음이 우거져서 물총새의 깃털 같은 비취빛이 무더기를 이룬 것 같아 보인다. 어린 삼나무가 산의 기슭을 빙 둘러가며 자라나 있는데, 마치 천 개는 됨직한 많은 깃발을 말아놓은 것처럼 보

---

4 운금(雲錦): 송나라 소식(蘇軾)의 「조주에 있는 한문공의 사당의 비문(潮州韓文公廟碑)」에 "직녀 구름 수놓은 비단 하의 짜주자, 홀연히 바람 타고 천제의 곁으로 왔다네(天孫爲織雲錦裳, 飄然乘風來帝旁)"라는 말이 있다. 『남사(南史)』 권 59 「강엄전(江淹傳)」에 "강엄은 젊어서 문장으로 이름이 드러났는데 만년에 재사가 조금 쇠퇴해졌다. 말하기를 선성태수가 되었을 때 그만두고 돌아오다가 선령사의 물가에 정박을 하였다. 밤 꿈에 스스로를 장협(張協)이라고 하는 한 사람이 나타나 이르기를 '전에 비단 한 필을 보냈는데 이제는 돌려받았으면 한다'라 하였다. 강엄은 품속을 뒤져 여러 자를 꺼내 그에게 주었더니, 이 사람이 크게 화를 내면서 말하기를 '어찌하여 모두 잘라 토막을 낼 수 있느냐?'라 하며 구지를 돌아보고 말하였다. '남은 이 여러 자는 벌써 소용이 없어졌으니 그대에게 주겠다.' 이때부터 강엄의 문장은 곤경에 처하게 되었다(淹少以文章顯, 晩節才思微退, 云爲宣城太守時罷歸, 始泊禪靈寺渚, 夜夢一人自稱張景陽, 謂曰, 前以一匹錦相寄, 今可見還. 淹探懷中得數尺與之, 此人大恚曰, 那得割截都盡. 顧見丘遲謂曰, 餘此數尺旣無所用, 以遺君. 自爾淹文章蹇矣)"라는 이야기가 있다.

인다. 그 아래로는 너른 들에 호수가 하나 있다. 호수에는 하늘이 비쳐 마치 호수가 하늘을 머금고 있는 듯하며, 물이 얼마나 잔잔한지 커다란 거울을 펼쳐놓은 듯 풍경을 비추고 있다. 길을 가는 나그네는 항상 다음 목적지에 대한 여정 때문에 마음이 여유가 없고 바쁜 것이 정상이다. 그러나 심적인 여유가 없는 여행 중임에도 오늘 아침만은 이렇게 멋진 풍경을 만나 이리저리 노닐면서 관조하느라 오히려 이리저리 거닐어 본다. 보이는 것이 모두 멋진 광경이다. 자연스레 눈만 갖다 대면 저절로 입에서 나도 모르게 저절로 시구가 이루어진다. 이렇게 시를 지어놓고 보니, 옛날 강엄이 꿈에서 비단을 빼앗긴 후부터 문재가 평범하게 되어 없어졌다는 이야기처럼 아직은 시를 짓느라 일부러 애써 힘들이지 않아도 될 것 같다.

47

매화가 보이지 않아 다시 '올 래'자 운을 써서 짓다
不見梅再用來字韻[1]

舊歲將除新歲來[2]	묵은 해 지고 새해 오려는데,
梅花長是雪毱堆[3]	매화에 오래도록 눈발 펄펄 날리네.
如何此日三州路[4]	어찌하여 이날 세 고을의 길에는,
不見寒葩一樹開[5]	차가운 꽃 한 그루에도 피어 있음 보이지 않는가?
野水風煙迷慘澹	들의 물에 이는 바람과 안개 흐릿하여 참담하고,

---

1 이 시는 위 46번 시인 「新喩西境」 시와 같은 각운자를 써서 지었다.
2 구세·신세(舊歲·新歲): 송나라 소식의 「해를 보내다(別歲)」에 "묵은 해 보냄 탄식하지 말게나, 가다보면 새해와도 헤어진다네(勿嗟舊歲別, 行與新歲辭)"라는 구절이 있다.
3 배퇴(毱堆): 배시(毱毸)와 같은 뜻으로, 나부끼는 모양과 날며 춤추는 모양이라는 뜻이 있는데, 여기서는 복합적인 의미로 쓰인 것 같다. 송나라 왕안석(王安石)의 「설앙(薛昂)과 바둑을 두어 매화 내기를 하고 시 한 수를 보내다(與薛肇明奕棊賭梅詩輪一首)」에 "흰 머리에 봄 찾았더니 매화 만남 반가운데, 한 그루 길에 버텨 눈 펄펄 휘날리네(華髮尋春喜見梅, 一株臨路雪培堆)"라는 구절이 있다.
4 삼주(三州): 원나라 방회(方回)의 『영규율수(瀛奎律髓)』에서는 담주(潭州)와 형주(衡州), 그리고 원주(袁州, 臨江軍)라 하였다.
5 한파(寒葩): 추운 날에 피우는 꽃. 여기서는 곧 매화를 가리킨다.

故園霜月想徘徊	옛 동산의 서리 낀 달 생각하며 배회하네.
夜窓却恐勞幽夢	밤의 창 오히려 그윽한 꿈 수고롭힐까 걱정되어,
速把新詩取次裁[6]	빨리 새 시 잡고 되는 대로 다듬는다네.

이 한 해도 다 지나가 저물어 묵은 해 되려 하고 어느덧 새해가 눈앞에 바짝 다가와 있다. 추운 겨울이면 으레 꽃망울을 터뜨리는 매화나무에는 오래도록 눈발만 펄펄 날리고 있다. 어찌하여 오늘 내가 가고 있는 담주와 형주, 그리고 원주의 세 고을의 길에는 꽃핀 매화 한 그루 없는가? 추운 겨울이면 어김없이 꽃망울을 터뜨리는 매화꽃이 한 송이도 없는지 의아한 생각이 든다. 들판의 호수에 고인 물에서 바람이 일어 물안개를 흩뜨리니 풍경이 참담하게 느껴진다. 그리하여 고향의 동산에서 서리 내리던 날 뜬 달을 보던 일이 그리워 그 광경을 생각하며 이리저리 서성인다. 밤이 되면 창문 밖의 광경이 깊은 잠을 이룰 수 없게 하여 그윽한 꿈을 방해하지나 않을까 적이 걱정이 되었다. 이에 지금 새로 짓고 있는 이 시를 빨리 마무리 지으려고 이리저리 가다듬고 있는 중이다.

---

6 취차(取次): 초초(草草)와 같은 뜻임. 성급하게, 되는대로. 송나라 육유(陸游)의 「가을 더위에 밤에 일어나다(秋暑夜興)」에 "아이 불러 촛불 들고 등나무 종이 펴게 하여, 맑은 시 한 수 황망하게 이루네(呼童持燭開藤紙, 一首淸詩取次成)"라는 구절이 있다.

48

수선화를 읊다

賦水仙花[1]

隆冬凋百卉[2]	한겨울이라 온갖 꽃 다 시들었는데,
江梅厲孤芳[3]	강매만 엄숙하게 외로이 피어 있네.
如何蓬艾底[4]	어찌하여 쑥대 아래에도,

---

1 수선화는 물이 없으면 안 되기 때문에 수선화라 부른다. 수선화는 낮은 습지에서 떨기지어 나고[叢生] 뿌리가 마늘을 닮았기 때문에 육조 때는 아산(雅蒜)이라 불렀다. 겉은 옅은 적색이며, 겨울에 초록색을 띤 두터운 잎이 난다. 초봄에는 잎 가운데서 줄기가 하나 나서 꽃을 여러 개 피우는데, 큰 것은 비녀 끝만 하고 흰색을 띠고 있으며, 술잔과 같이 둥글다. 안에서 노란 꽃심을 떠받치고 있기 때문에 금잔은대(金盞銀臺)라고도 부른다. 천엽수선(千葉水仙)이란 것도 있는데, 꽃잎이 말리고 주름져 있으며, 아래쪽은 가벼운 노란색이고 위쪽은 옅은 흰색이다. 천엽수선을 사람들이 중시하여 진짜 수선이라고 생각하며, 달리 옥영롱(玉玲瓏)이라고도 한다. 여기서 읊은 것은 천엽수선인 것 같다. 송나라 양만리(楊萬里)의 「천엽수선화(千葉水仙花)」의 서문과 시에서는 "세상에서는 수선화를 금잔은대라고 하는데, 이는 아마 잎이 하나인 것은 그 가운데 진짜 술잔이 하나 있으며 짙은 노란색에 금색이기 때문일 것이다. 천엽수선은 그 가운데 꽃잎이 말리고 주름이 져 있으며, 하나의 꽃잎이 아래는 가볍고 위쪽은 옅은 흰색이다 …… 천엽이 진짜 수선이라고 한다 …… 반질반질한 옥 가볍게 주물러 금비녀 둘렀는데, 거위 누렇게 가벼이 물들여도 흰 깁 남아 있다네(世以水仙爲金琖銀臺, 蓋單葉者其中眞有一酒琖, 深黃而金色. 至千葉水仙, 其中花片捲皺密蹙, 一片之中, 下輕黃而上淡白 …… 千葉者乃眞水仙云 …… 薄傅肪玉圍金鈿, 淺染鵝黃剩素紗)"라 하였다. 송나라 황정견의 「왕충도가 수선화 50가지를 보냈는데 흔연히 맘에 들어 이 때문에 지어 읊는다(王充道送水仙花五十枝, 欣然會心, 爲之作詠)」에 "향기 머금고 몸 희어 성 기울일 만한데, 역화(瑒花)는 아우요 매화가 형이라네(含香體素欲傾城, 山礬是弟梅是兄)"라는 구절이 있다.

2 융동조백훼(隆冬凋百卉): 융동은 한겨울이라는 뜻이다. 송나라 곽인(郭印)의 수선화(水仙花) 두 번째 시에 "한겨울에 온갖 꽃 남으려는 듯한데, 홀로 얼음 같은 자태 마주하니 시름 풀리지 않네(隆冬百卉若爲留, 獨對冰姿不解愁)"라는 구절이 있다.

亦有春風香	또한 봄바람에 향기 풍기는가?
紛敷翠羽帔⁵	줄기 많은데 깃털 망토 푸르고,
溫艶白玉相⁶	따뜻하고 조용함은 흰 구슬의 자질일세.
黃冠表獨立⁷	도사의 황관 빼어나게 홀로 서 있고,

3 강매(江梅): 송나라 범성대(范成大)의 『범촌매보(范村梅譜)』에 "강매는 씨를 남기며 야생하여 심거나 접을 붙이지 않으며 또한 직각매라고도 하고 혹자는 야매라고도 한다. 무릇 산속이나 물가의 거칠고 차가우며 맑고 빼어난 정취는 모두 이 매화이다. 꽃은 조금 작고 성글게 야위었으며 운치와 향기가 가장 맑으며 열매는 작고 단단하다(江梅, 遺核野生, 不經栽接者. 又名直脚梅, 或謂之野梅. 凡山間水濱荒寒淸絶之趣, 皆此本也. 花稍小而疎瘦, 有韻香最淸, 實小而硬)"라는 말이 있다.
려고방(厲孤芳): 려(厲)는 "떨쳐 일어나다, 들날리다"의 뜻이다. 강매 혼자 오만해 보일 정도로 꿋꿋이 서 있으므로 이렇게 말하였다. 송나라 황정견의 「옛 시체로 두 수를 지어 소자첨에게 올리다(古詩二首上蘇子瞻)」 첫째 시에 "강매 좋은 열매 있는데, 뿌리 도리의 마당에 맡겼네 …… 외로운 향기 희고 깨끗함 꺼려, 차가운 눈만 공연히 절로 향기 풍기네(江梅有佳實, 託根桃李場 …… 孤芳忌皎潔, 氷雪空自香)"라는 구절이 있다.

4 봉애(蓬艾): 쑥대와 약쑥으로, 풀떨기를 두루 가리켜 말한 것이다. 『묵자·기치(墨子·旗幟)』에 "쑥대와 약쑥이 쌓여 있어야 한다(蓬艾有積)"라는 말이 있다.

5 분부(紛敷): 분피(紛披)와 같은 뜻으로 많은 모양을 나타낸다.
우피(羽帔): 깃털로 만든 어깨를 덮는 망토. 신선의 복색이다. 수선화 가지의 형태를 묘사한 것이다.

6 백옥상(白玉相): 『시경·대아·백유나무 떨기(大雅·棫樸)』에 "무늬 새기고 쪼는 데는 쇠와 구슬의 바탕을 따르네(追琢其章, 金玉其相)"라는 구절이 있는데, 주희는 "상은 바탕이다(相, 質也)"라 하였다. 곧 수선화의 흰 꽃을 가리켜 말한 것이다.

7 황관(黃冠): 황관은 원래 농부(野夫)들이 쓰는 관이었다. 『예기·교특생(郊特牲)』에 "누른 옷이니 누른 관을 쓰고 제사를 지내는 것은 (일이 없을 때) 쉬는 농부들이다. 농부들은 누른 관을 쓰니, 누른 관이라는 것은 풀로 만든 복장을 말한다(黃衣黃冠而祭, 息田夫也. 野夫黃冠, 黃冠草服也)"라는 말이 있다. 이후로는 주로 들판이나 산에 은거하는 도사들이 쓰는 관을 지칭하는 말로 쓰이게 되었다. 송나라 소식의 「도사인 이종고(李宗固)에게 드림(贈李道士)」에 "예로부터 대대로 누른 관 쓰게 하였으니, 베 양말에 짚신 신고 구름 같은 물에서 장난쳤다네(故敎世世作黃冠, 布襪靑鞋弄雲水)"라는 구절이 있다. 여기서는 수선화의 꽃심이 노란 것을 가리켜 말하였다.
표독립(表獨立): 『초사·구가·산귀(九歌·山鬼)』에 "산 위에 빼어나게 홀로 서 있음이여, 구름은 뭉게뭉게 아래쪽에 있도다(表獨立兮山之上, 雲容容兮而在下)"라는 구절이 있다.

淡然水仙糚	수선의 화장은 담담하기만 하네.
弱植愧蘭蓀[8]	약한 뿌리 난초와 창포 부끄럽게 하고,
高操摧氷霜	높은 지조는 얼음과 서리 꺾는다네.
湘君謝遺褋[9]	상군 속옷 주는 것 사절하고,
漢水羞捐瑵[10]	한수는 귀고리 줌을 부끄러이 여기네.
嗟彼世俗人	쯧쯧, 저 속세의 인간들,
欲火焚衷腸[11]	정욕의 불길 충정을 불태우네.
徒知慕佳冶[12]	한갓 아름다움 흠모할 줄만 알 뿐,
詎識懷貞剛	어찌 곧고 굳셈 품을 줄 알리오?
凄涼柏舟誓[13]	처량하구나「백주」의 맹세여,

8 약식(弱植):『좌전·양공(襄公) 30년』에 "진나라는 망할 나라이니 한 편이 될 수 없습니다. 많은 곡식을 모으고 성곽을 수리해 놓은 후 이 두 가지를 믿고 백성들을 사랑하지 않습니다. 그 나라의 임금은 약질이고, 공자들은 거만하며 태자는 무력하고 대부들은 오만합니다(陳, 亡國也, 不可與也. 聚禾粟, 繕城郭, 恃此二者, 而不撫其民. 其君弱植, 公子侈, 大子卑, 大夫敖)"라는 말이 있다. 당나라 유종원의「해석류를 새로 심다(新植海石榴)」에 "약한 뿌리 한 자도 되지 않는데, 먼 뜻은 봉래산과 영주에 머무르네(弱植不盈尺, 遠意駐蓬瀛)"라는 구절이 있다.
손(蓀): 향초의 이름으로 곧 창포(菖蒲)를 말함. 송나라 오인걸(吳仁傑)의『이소초목소(離騷草木疏)』권 1「손전(蓀荃)」에서 "도은거가 말하기를 낙간계 곁에 계손이라는 것이 있는데, 뿌리의 형태 및 기색이 돌 위의 창포와 매우 흡사하나, 잎은 마치 부들과 같은데 척추가 없고 속인들은 이를 석창포라 잘못 부르고 있다. 시에서 읊어 주로 난손이라 한 것이 바로 이것을 이른다(陶隱居乃云, 樂間溪側有名溪蓀者, 根形氣色極似石上菖蒲, 而葉正如蒲無脊, 俗人誤呼此爲石菖蒲. 詩詠多云蘭蓀正謂此也)"라 하였다.『초사·구가·상군(九歌·湘君)」에 "벽려로 만든 짧은 옷 혜초로 묶고, 창포 돛대어 난초 깃발 세웠다네(薜荔拍兮蕙綢, 蓀橈兮蘭旌)"라는 구절이 있는데, 주희는 "손은 향초이다(蓀香草也)"라고 주석을 달았다.
이 구절은 수선화가 한겨울에도 홀로 서 있어 난초와 창포를 부끄럽게 하였다는 것을 말한 것이다.

9 상군유접(湘君遺褋):『초사·구가·상부인(九歌·湘夫人)」에 "내 옷소매를 강물 속에 버리고, 짧은 옷은 풍포에 버리네(捐余袂兮江中, 遺余褋兮澧浦)"라는 구절이 있다.『운회』에서는 "남초에서는 선의를 접이라 한다(南楚謂禪衣曰褋)"고 하였다.

惻愴終風章[14]	슬프구나 「종풍」장이여.
卓然有遺烈	우뚝하니 충렬 남아 있으니,
千載不可忘	천년토록 잊을 수 없네.

10 한수연당(漢水捐璫): 삼국시대 위나라 조식(曹植)의 「낙신부(洛神賦)」에 "작은 정으로 사랑 나타내지 못함이여, 강남에서 난 밝은 구슬 귀고리 주고 싶네(無微情以效愛兮, 獻江南之明璫)"라는 구절이 있다. 한나라 유향(劉向)의 『열선전(列仙傳)』 권 상 「강비이녀(江妃二女)」에 "강비라는 두 여인은 어느 곳 사람인지 모른다. 한수 기슭에 놀러 나왔다가 정교보를 만났다 …… 마침내 손수 패옥을 풀어 정교보에게 주었다. 정교보는 기뻐하면서 그것을 받아 가슴 한 가운데 품었다. 수십 걸음을 급히 간 뒤에 패옥을 살펴보았더니 가슴이 빈 채 패옥은 없었으며, 두 여인을 돌아보았더니 금세 보이지 않았다(江妃二女者, 不知何所人也. 出遊於江漢之湄, 逢鄭交甫 …… 遂手解佩與交甫. 交甫悅受而懷之, 當心趣去數十步, 視佩空懷無佩, 顧二女忽然不見)"라는 말이 있다. 이는 아마 신녀가 패물을 벗어준 일을 가지고 말했을 것이다. 『주문공집』 권 6 「봄 눈. 한유의 운자를 써서 팽응지와 함께 짓다(春雪用韓昌黎韻同彭應之作)」에 "신녀 패옥 줌 부끄러워하네(神女羞捐佩)"라는 구절이 있다.

11 욕화(欲火): 마음 속의 욕심의 불꽃을 말한다. 『장자·재유(在宥)』에 "뜨거워지면 불길같이 타오르고, 차가워지면 얼음처럼 꽁꽁 뭉친다(其熱焦火, 其寒凝冰)"라는 구절이 있다. 욕랑(欲浪)이라는 말과 같다.

12 가야(佳冶): '冶'는 '妖'와 같은 뜻. 『순자·비상(非相)』에 "아름다워 예쁘고 요염하지 않음이 없다(莫不美麗姚冶)"라는 말이 있다. 『사기·이사열전(李斯列傳)』에 "아름답게 꾸민 얌전하고 고운 조나라의 여인도 세상의 풍속에 따라 고상하게 변화하여 대왕의 곁에 설 수 없을 것입니다(隨俗雅化佳冶窈窕趙女不立於側也)"라는 말이 있다.

13 백주(柏舟): 『시경·패풍(邶風)』의 편명으로, 공강(共姜)이 지었다고 한다. 주자의 『시집전(詩集傳)』에 의하면 "구설에 이르기를 '위나라 세자 공백이 일찍 죽자, 그의 아내 공강이 절개를 지키려 하였는데, 부모들이 그의 뜻을 빼앗아 개가시키려 하였다. 그러므로 공강이 이를 지어 스스로 맹세했다'라 하였다(舊說以爲衛世子共伯, 蚤死, 其妻共姜, 守義, 父母欲奪而嫁之. 故共姜作此以自誓)"고 하였다.

14 종풍(終風): 역시 「패풍(邶風)」의 편명으로, 장강(莊姜)이 지었다고 전해진다. 『시집전』에 의하면 "장공의 사람됨이 방탕하고 난폭하였는데, 장강이 차마 손가락질하여 말할 수 없었다 …… 장공은 흉포하고 오만하여 떳떳함이 없었는데, 장강은 올바름과 고요함을 스스로 지켰다(莊公之爲人, 狂蕩暴疾, 莊姜不忍斥言之 …… 莊公暴慢無常, 而莊姜正靜自守)"라 하였다.

이 두 구절은 수선화가 공강과 장강 같이 슬프고 원망을 가지고 있으면서도 부덕(婦德)을 잃지 않는 듯하다는 것을 읊었다.

때는 한겨울이라 모든 꽃들이 다 시들어지고 없는데, 겨울에 피는 강매만 꼿꼿하게 도도해 보일 정도로 외로이 꽃을 피우고 있다. 그런데 어찌 된 일인지 쑥대 같은 풀더미 아래에서도 봄바람이 불기 시작하니, 또한 향기가 솔솔 풍겨 날려 온다. 무엇인가 가만히 살펴보았다. 모양은 무수히 많은 줄기가 깃털로 만든 푸른 망토를 두르고 있는 듯한 형상이다. 따뜻하고 조용하게 가만히 있는 것이 마치 흰 구슬의 자질을 지닌 듯하다. 다시 좀 더 다가가 꽃을 살펴보았다. 꽃술이 노란 것이 마치 도사가 쓰는 황관을 쓴 듯 빼어나게 홀로 고고하게 서 있다. 수선화의 화려하지 않은 모습은 담담하게 화장을 한 것처럼 보인다. 약한 뿌리는 난초와 창포보다 가는데도 한겨울에 먼저 피어 그 두 식물을 부끄럽게 만들었다. 지조는 얼마나 높은지 모든 식물을 시들게 만드는 얼음과 서리마저 저리 가라 할 정도로 꺾어 버렸다. 신화에 나오는 상군 같은 사람도 속옷을 다른 사람에게 주었지만 수선화는 그마저도 사양하였다. 뿐만 아니라 한수에서 강비라는 두 여인이 귀고리를 준 일이 있는데 수선화는 그 일마저 부끄럽게 만드는 듯하다.

다시 고개를 돌려 세상을 생각해 본다. 아아! 저 속세의 인간들은 고고한 자태 같은 것은 아예 찾아볼 수가 없다. 다만 정욕의 불길로 마음속을 태우는 것밖에 할 줄 모르는 것 같다. 이런 세속의 인간들은 다만 겉모습이 아름다운 것을 흠모할 줄만 알 뿐이다. 수선화 같이 속으로 곧고 굳센 정절을 품어서 간직하는 일 따위야 어떻게 알 수 있겠는가? 부모들이 절개를 빼앗으려 하자 「백주」라는 시를 지어 맹세하였다는 공강도 수선화에 비하면 다만 처량하기만 하다. 그리고 난폭하고 방탕한 남편을 손가락질하여 비난하지 않고 다만 올바름과 고요함을 묵묵히 지킨 것을 읊은 『시경』의 「종풍」장도 수선화의 덕에 비하면 또한 슬프기만 할 따름이다. 수선화는 이렇듯 우뚝하니 굳센 절개와 충렬을 가지고 있다. 이런 정절은 비록 천년이 지난다 하더라도 결코 잊을 수 없을 것이다.

49

청강으로 가는 도중에 매화를 보다

淸江道中見梅[1]

今日淸江路	오늘 청강 가는 길에,
寒梅第一枝[2]	한매 첫 번째 가지 피었네.
不愁風嫋嫋[3]	바람에 산들산들 흔들림 시름겹지 않으나,
正奈雪垂垂[4]	마침 눈 펄펄 내림 어찌하겠는가?
暖熱惟須酒[5]	따뜻하게 데우는 데는 오로지 술 필요하고,

---

1 청강(淸江): 송나라 때 임안(臨安: 지금의 杭州)의 속현이었다. 청강은 원래 하천의 이름이었는데 그대로 현의 이름으로 삼았다. 임강은 임강군(臨江軍)의 치소(治所: 軍 所在地)로 지금의 강서성 장수시(樟樹市)이다.
원나라 방회(方回)는 『영규율수(瀛奎律髓)』 권 20 「매화류(梅花類)」에 이 시를 수록하고 "주문공이 건도(乾道) 3년 정해년(1167)에 장남헌을 방문하고 돌아와서 12월에 강서(江西)에서 지은 시이다. 서방(書坊)에서는 『전방비조(全芳備俎)』를 발간하였는데 수미를 잘라내고는 가운데 4구를 (北周) 유신(庾信)의 시라 하였으니 심히 잘못되었다"라 하였다.

2 한매제일지(寒梅第一枝): 송나라 왕정규(王庭珪)의 「갈덕유 주부와 헤어지다(別葛德裕主簿)」에 "멀리서 헤어진 뒤 봄바람 불 때 가까움을 알고는, 먼저 한매 첫째 가지 부쳤다네(懸知別後東風近,先寄寒梅第一枝)"라는 구절이 있다.

3 풍뇨뇨(風嫋嫋): 요뇨(嫋嫋)는 가늘고 약한 모양. 여기서는 곧 나무가 바람을 이기지 못하고 흔들리는 모양을 말한다. 굴원(屈原)의 「초사·구가·상부인(九歌·湘夫人)」에 "가을바람 하늘하늘함이여, 동정호의 물결에 나뭇잎 지는도다(嫋嫋兮秋風, 洞庭波兮木葉下)"라는 구절이 있다.

4 정내(正奈): 내(奈)는 곧 내(耐)와 같은 뜻으로 쓰였다. 이 두 자는 서로 통용한다.
설수수(雪垂垂): 당나라 두보의 「배적이 촉주의 동정에 올라 나그네를 송별하다가 조매를 만나 그리워하여 부쳐온 시에 화답하다(和裴迪登蜀州東亭送客逢早梅相憶見寄)」에 "강가의 한 나무는 푸른 빛 드리워 발하고, 아침저녁으로 사람 절로 백발 되게끔 재촉하네(江邊一樹垂靑發, 朝夕催人自白頭)"라는 구절이 있다.

平章却要詩[6]	품평하는 데는 오히려 시 필요하다네.
他年千里夢	먼 훗날 천 리의 꿈,
誰與寄相思	누구 더불어 그리워함 부칠까?

오늘 청강군에서 길을 가는 도중에 한매의 첫 번째 가지가 꽃을 피운 것이 보였다. 차가운 겨울바람에 매화꽃이 핀 가지가 하늘하늘 흔들리는 것은 그래도 시름겹지 않다. 마침 눈까지 펄펄 내리기 시작해 겨우 피운 꽃이 얼어붙지나 않을까 생각했지만 어쩔 도리가 없다. 추위에 얼어붙은 몸을 따뜻하게 녹이는 데 다만 술이 필요하다면, 이렇게 고고한 자태로 아름답게 핀 매화를 품평하는 데는 시를 지어 찬양하는 것보다 더 좋은 방법이 없다. 세월이 흘러 먼 훗날 천 리는 떨어진 곳에서 이때의 정경이 꿈에 나타난다면, 그때는 과연 누구와 함께 그리워하는 마음을 이렇게 써서 부치게 될까?

---

5 난열유수주(煖熱惟須酒): 당나라 원진(元稹)의 「고악상의곡(苦樂相倚曲)」에 "그로 인해 서로 영원히 헤어지는 일 없었고, 오히려 반년 거짓으로 따뜻하게 데우게 되었네(未有因由相決絶, 猶得半年伴暖熱)"라는 구절이 있다. 송나라 황정견(黃庭堅)의 「숙원회의 적조방이란 시의 각운자를 써서 치천에게 드림(次韻答叔原會寂照房呈稚川)」에 "술 차려 놓고 서로 따듯하게 덥히고, 겨울에 탕 마심 마음에 흡족하네(置酒相暖熱, 愜於冬飮湯)"라는 구절이 있다.
6 평장(平章): "품제(品題), 품평하다"라는 말과 같다. 당나라 유우석(劉禹錫)의 「백거이와 함께 원진의 깊은 봄이란 시에 화답하다(同樂天和微之深春)」 열다섯째 시에 "서로 쫓아 함께 짝하여 놀았고, 귀하고 값비싼 수레 평가했다네(追逐同游伴, 平章貴價車)"라는 구절이 있다. 여기서는 매화를 품평하는 것을 말하였다.

50

남헌 형을 그리워하며 범염덕·임용중 두 벗에게 바친다

❊ 有懷南軒老兄, 呈伯崇·擇之二友[1] ❊

憶昔秋風裏	지난날 생각해 보니 가을바람 속에,
尋盟湘水傍[2]	상수 가에서 맹약 다졌었지.
勝遊朝挽袂	아침엔 소매 끌어당겨 명승지 유람하였고,
妙語夜連牀[3]	밤에는 침상 나란히 하고 오묘한 말 나누었었지.
別去多遺恨	떠나갈 때는 많은 한 남았으나,
歸來識大方[4]	돌아와서는 큰 도 알았다네.
惟應微密處	생각건대 미묘한 부분,
猶欲細商量	더욱 자세히 의논하고 싶소.

---

1 이 시는 두 수로 되어 있는데 앞의 시만 수록하였다.
범백숭(范伯崇): 범염덕(范念德)의 자이며, 건녕부(建寧府) 건안현(建安縣: 지금의 복건성 건구현 建甌縣) 사람이고 범여규(范如圭)의 아들이다. 유면지(劉勉之)의 사위로 주희와는 동서지간이다. 관직은 길주녹참(吉州錄參)을 거쳐 강동수기(江東帥機)에까지 이르렀다.
택지(擇之): 임용중(林用中)의 자. 위 44번 시의 주 1)을 보라.
2 심맹(尋盟): 옛 우호를 계속하여 이어 닦는다는 뜻이다. 『좌전·은공(隱公) 3년』에 "겨울에 제나라와 정나라가 석문에서 맹약을 맺었는데, 노에서의 맹약을 다진 것이다(冬, 齊' 鄭盟于石門, 尋盧之盟也)"라는 말이 있다.
3 야연상(夜連牀): 송나라 황정견(黃庭堅)의 「왕랑을 전송하다(送王郎)」에 "침상 나란히 붙이고 밤새 얘기하다보니 닭이 새벽 알리는데, 책 주머니 바닥 없어 이야기 끝나지 않았네(連牀夜語 雞戒曉, 書囊無底談未了)"라는 구절이 있다.

함께 형산에 올랐던 지난날을 가만히 생각해 보오. 그때는 가을날 바람 부는 속에서, 등산을 끝내고 형산을 에도는 상수 가에 모여 우리의 학문에 대한 맹세를 다시 굳게 다졌었지요. 당시 명승지인 형산을 유람할 때도 돌이켜봅니다. 아침에는 서로 옷소매를 끌어당길 수 있을 정도로 가까이하며 다녔지요. 밤이 되면 숙소에서 함께 침상을 나란히 하고 누워서 학문에 대한 오묘한 얘기를 나누곤 했고요. 함께 등산하고 학문도 토론하던 즐겁던 시간도 끝이 나고 헤어질 때가 되자 아쉬움이 많은 한이 되어 남았다오. 집으로 돌아와서 다시 생각해 보니, 그때 주고받은 많은 말들이 큰 도를 깨우치게 하였다는 사실을 알게 되었다오. 그러나 아직은 그 대강에 대해서만 어렴풋이 감을 잡았을 뿐이오. 미묘한 부분까지는 생각할 겨를이 없으니, 그쪽 방면으로는 언제 한번 시간을 내어 모두 다시 만나 더욱 자세히 의논하였으면 합니다.

---

4   대방(大方): 대도(大道)와 같은 말. 『장자·추수(秋水)』에 "하백이 북해에 이르러 …… 북해의 신인 약을 올려다보고 한숨을 지으며 말했다. '…… 내가 만약 그대의 문 앞에 이르지 않았다면 위태롭게 되었을 것입니다. 내 오래도록 큰 도를 터득한 사람들의 비웃음을 샀을 테니까요'(河伯至於北海 …… 望洋向若而歎曰 …… 吾非至於子之門, 則殆矣. 吾長見笑於大方之家)"라는 말이 있다. 여기서는 남헌과 백숭, 그리고 택지 등과 함께 형산을 유람할 때 논한 태극의 뜻을 가리켜 말한 것이다.

51

9월 9일 천호산에 올라 '국화수삽만두귀'라는 구절로 운자를 나누어 시를 짓는데 '돌아갈 귀' 운자를 얻다

九日登天湖, 以菊花須挿滿頭歸分韻賦詩, 得歸字[1]

去歲瀟湘重九時[2]	지난해 소수와 상수에서 중양절 맞을 때는,
滿城寒雨客思歸[3]	온 성에 차가운 비 몰아쳐 나그네 돌아갈 것 생각했다네.
故山此日還佳節	고향산천에 이 날 아름다운 절기 돌아오니,

---

1 천호(天湖): 복건성 건양현(建陽縣) 숭태리(崇泰里: 지금의 莒口鄕)에 있는 산 이름. 주자의 모친인 축부인(祝夫人)을 이곳 천호의 북쪽에 장사 지냈다.
국화~두귀(菊花~頭歸): 당나라 두목(杜牧)의 「음력 9월 9일 중양절에 제안에서 높은 곳에 오르다(九日齊安登高)」라는 시에 나오는 구절이다. 이 구절이 나오는 연은 다음과 같다. "속세에서는 입 벌리고 웃는 모습 만나기 어려우니, 국화 모름지기 온 머리 가득 꽂고 돌아가리라(塵世難逢開口笑, 菊花須挿滿頭歸)."

2 거세(去歲): 건도 3년 정해년(1167)으로, 호남성으로 남헌 장식을 찾았던 해이다.
소상(瀟湘): 소수와 상강. 모두 호남성(湖南省)에 있으며, 여기서는 호남성을 가리키는 말로 차용하였음. 소수는 영주(永州)에 이르러 상수와 합쳐지는데 소수와 상수가 합쳐지는 곳을 소상이라 한다.

3 만성한우(滿城寒雨): 송나라 여본중(呂本中)의 「반빈의 늙은이가 일찍이 "온 성에 비바람 몰아치는데 중양절 다가오고"라는 시구를 얻었는데, 문장의 묘함이 이곳에 이르러 극에 달하였다 ……(潘邠老嘗得詩云滿城風雨近重陽, 文章之妙至此極矣 ……)」에 "훗날 아름다운 경치 알아주는 이 없으니, 온 성에 비바람 몰아치는데 중양절 다가왔다네(他日無人識佳景, 滿城風雨近重陽)"라는 구절이 있다.

黃菊淸罇更晚暉	누런 국화 맑은 술잔에 저녁 해까지 빛나네.
短髮無多休落帽[4]	머리숱 짧아지고 많지 않으나 모자 떨어뜨리지 마오,
長風不斷且吹衣	긴 바람 끊이지 않고 또 옷에 불어오네.
相看下視人寰小[5]	아래로 내려다보니 사람들 사는 세상 작기만 하여,
祇合從今老翠微[6]	다만 지금부터 늘 푸른 산만 마음에 맞네.

4 단발~낙모(短髮~落帽): 『진서·환온전(晉書·桓溫傳)』에 "맹가는 자가 만년으로 …… 뒤에 정서장군(征西將軍) 환온의 참모가 되었는데, 환온이 그를 매우 중시하였다. 9월 9일에 환온이 용산에 올라가서 연회를 베풀었는데, 막료들이 다 모였다. 이때 막료들은 모두 군복을 착용하였다. 바람이 불어서 맹가의 모자를 떨어지게 하였으나, 맹가가 그것을 알아차리지 못하였다. 환온이 좌우 사람들에게 아무 말도 말게 하고서 그 행동만 살펴보았다. 맹가가 한참 뒤에 변소에 갔는데, 환온이 그 떨어졌던 모자를 주워오게 하고는, 손성으로 하여금 글을 지어 맹가를 조롱하게 할 셈으로 맹가가 원래 앉아 있던 곳에다가 부착하게 하였다. 맹가가 돌아와서 그것을 보고는 곧 그 글에 응답하는 글을 지었는데 매우 아름다웠다. 그래서 온 좌석에 있던 사람들이 모두 감탄하였다(孟嘉字萬年 …… 後爲征西桓溫參軍, 溫甚重之. 九月九日, 溫燕龍山, 僚佐畢集. 時佐吏幷著戎服, 有風吹, 吹嘉帽墮落, 嘉不知覺. 溫使左右勿言, 欲觀其擧止. 嘉良久如厠, 溫令取還之, 命孫盛作文嘲嘉, 著嘉坐處, 嘉還見, 卽答之, 其文甚美, 四坐嗟歎)"라는 말이 있다. 이 뒤부터 "모자를 떨어뜨린다"는 말이 곧 중양절에 높은 곳에 올라간다는 뜻의 전고(典故)가 되었다. 당나라 두보(杜甫)의 「9월 9일 남전의 최씨네 장원에서(九日藍田崔氏莊)」에 "다 빠지고 짧은 머리라서 모자 바람에 날릴까 부끄러워, 웃으면서 곁에 있는 사람에게 모자 바르게 고쳐달라고 청하네(羞將短髮還吹帽, 笑倩傍人爲正冠)"라는 구절이 있다.

5 인환(人寰): 인간 세상을 말한다. 당나라 백거이의 「영송대에 올라 북쪽을 바라보다(登靈應臺北望)」에 "높은 곳에서 내려다보니 인간세상 작은 줄 비로소 알겠고, 먼 곳 마주하니 바야흐로 풍경 비었음 알겠네(臨高始見人寰小, 對遠方知色界空)"라는 구절이 있다.

지난해에는 벗들과 형산에 오르기로 한 약속 때문에 중양절 때 이곳을 떠나 소수와 상수가 합쳐지는 곳에서 맞게 되었다. 게다가 당시에는 온 성에 을씨년스럽게 차가운 비가 마구 몰아쳤다. 나도 객지를 떠도는 나그네 신세라 하루 빨리 고향으로 돌아갈 생각만 간절했었다. 이제 어느덧 해가 바뀌고 나도 고향으로 돌아와 고향의 산천에서 바로 오늘 다시 중양절이라는 아름다운 절기가 돌아와 맞게 되었다.

국화는 늦가을에 노란 꽃을 피우는 가을꽃이다. 그 꽃이 맑은 술잔에 은은히 비치는 데다 저녁 무렵에 지는 해까지 겹쳐서 빛을 내고 있다. 이제는 나이가 들었다. 길던 머리카락이 많이 빠져 짧아진 데다가 머리숱도 많지 않다. 중양절에 높은 곳에 올라가 바람에 모자를 떨어뜨리는 일이 없도록 각별히 주의해야겠다. 그런 이유 때문에 높은 곳에 올라 각별히 주의를 하는데 멀리서 긴 바람이 끊임없이 불어와 또 옷깃을 나부끼게 한다. 이곳 천호에 올라 인간들이 사는 세상을 내려다보니 내가 살던 곳이지만 세상이

---

6 취미(翠微): 공자가 지었다는 설이 있는 중국에서 가장 오래된 글자 사전인 『이아(爾雅)』에서는 "(산이) 정상까지 미치지 못한 것을 '취미'라 한다(未及上, 翠微)"라 하였다. 진나라 곽박(郭璞)은 주석[疏]을 달고 "풀이하여 말하기를 정상에 미치지 못한 것이라 하였다. 산비탈의 곁에 있는 곳을 취미라 한다. 일설에는 산기운이 푸른 옥색을 띠고 있기 때문에 취미라 한다고 하였다(釋曰, 未及頂上. 在陂陀之處, 名翠微. 一說山氣青縹色, 故曰翠微)"라 하였다. 당나라 두보의 「정씨의 동쪽 정자를 다시 소재로 삼아서(重題鄭氏東亭)」에 "화려한 정자는 산비탈로 들어가고, 가을날 맑은 빛 어지러이 비치네(華亭入翠微, 秋日亂清暉)"라는 구절이 있다. 두목 위 주 1)에 인용한 시 "강에는 가을 그림자 잠겨 있고 기러기 막 나는데, 손님 더불어 술병 지니고 산등성이 오른다네(江涵秋影鴈初飛, 與客攜壺上翠微)."
원래 '취미'라는 말은 "푸른 기운이 희미하게 감도는 것"이라는 뜻인데, 산 턱에 오르면 이러한 기운이 감돌기 때문에 '산 턱'을 이렇게도 표현한다.

더없이 작게만 느껴진다. 사람 사는 세상 따위는 이제 별 관심이 없어지고 지금부터는 다만 이곳 같은 푸른 산만 늘 마음에 딱 맞게 느껴진다.

52

보덕으로 돌아가 다시 앞 시의 각운자를 써서 짓다
歸報德再用前韻

幾枝藤竹醉相携[1]	등나무와 대나무 지팡이
	몇 개나 취하여 지니었던가?
何處千峰頂上歸	어느 곳에서 수많은 봉우리
	정상으로 돌아가는가?
正好臨風眺平埜[2]	바람 맞으며 평평한 들판
	바라보기에 딱 좋아,
却須入谷避斜暉	오히려 골짝으로 들어가
	비낀 햇빛 피한다네.
酒邊泉溜寒侵骨	술가의 샘물 방울
	차갑게 뼈에 스미고,
坐上嵐光翠染衣[3]	자리 위의 이내 빛

---

1 전운(前韻): 바로 앞의 시인 51번 시를 말한다.
  등죽(藤竹): 등나무와 대나무는 모두 지팡이의 재료로 쓰이기 때문에 여기서는 지팡이라는 뜻으로 차용된 것 같다.
2 평야(平埜): '埜'자는 '들 야(野)'자의 고자이다. '들 야(埜)'자는 '가시나무 초(楚)'자로 된 판본도 있다. 평초는 넓게 펼쳐진 들판, 곧 평야와 같은 뜻이며, 멀리 바라보이는 가지런한 나무숲이라는 뜻도 있다. 『전당시(全唐詩)』 권 295 해가(奚賈)의 시에 "지는 해 너른 들판으로 내려가고, 외로운 연무 동정호에서 피어나네(落日下平楚, 孤煙生洞庭)"라는 구절이 있는데, 『시식(詩式)』에 보인다고 하였다. 남조 제(齊)나라 사조(謝朓)의 「선성군 안에서 올라 바라보다(宣城郡內登望)」에 "차가운 성 한번 바라보니, 넓게 펼쳐진 들판 마침 푸르다네(寒城一以眺, 平楚正蒼然)"라는 구절이 있다.

	비취빛으로 옷 물들이네.
踏月過橋驚易晚[4]	달빛 밟고 다리 지나자니 쉬 늦어짐에 놀라고,
林坰回首更依微[5]	숲가 들판에서 고개 돌리니 더욱 어렴풋하네.

 술에 취하여 제대로 몸을 가누지 못할까 염려하여 등나무와 대나무로 만든 지팡이를 몇 개나 지니고 다녔던가? 눈에 보이는 수없이 많은 봉우리는 도대체 어디서 산의 정상 쪽으로 돌아가는 것일까? 이곳은 바람을 맞아가며 평평하게 펼쳐진 들판을 바라보기에 더없이 좋은 곳처럼 느껴진다. 그래서 여유를 가지고 조금 오랫동안 살펴볼 생각이 들어 오히려 저녁 무렵의 비낀 햇빛을 피하여 골짜기 속으로 들어갔다. 이렇게 경치가 좋은 곳에

---

3 취염의(翠染衣): 송나라 장뢰(張耒)의 「집 동쪽(屋東)」에 "시냇물 소리 밤에 불어 차갑게 베개까지 통하고, 산 풍경 아침에 개어 푸르게 옷 물들이네(溪聲夜漲寒通枕, 山色朝晴翠染衣)"라는 구절이 있다.

4 이만(易晚): 원나라 방회(方回)는 『영규율수(瀛奎律髓)』에서 '易晚'은 '已晚'이 되어야 한다고 하면서 9월 9일 중양절에 높은 곳에 올랐다가 돌아오면서 지은 시로 보았다. 반면에 청나라 기윤(紀昀)은 "곧 늦어지려 하다(將晚也)"는 뜻으로 보아 고칠 필요가 없다고 하였다.

5 임경(林坰): 교외의 들판을 말한다. 『문선』 진림(陳琳)의 「조홍과 위문제에게 보내는 편지(爲曹洪與魏文帝)」에 "천리마인 녹기가 교외의 들판에서 귀를 늘어뜨리고 있습니다(夫綠驥垂耳於林坰)"라는 구절이 있는데, 당나라 이선(李善)은 『이아(爾雅)』를 인용하여 "들 밖을 임이라 하고, 숲 밖을 경이라 한다(野外謂之林, 林外謂之坰)"고 주석을 달았다.

의미(依微): "미세하다, 약하다"는 뜻과 "어렴풋하다"는 뜻이 있는데, 여기서는 후자의 뜻으로 쓰였다.

서 술을 한 잔 안 할 수가 없었다. 샘가에 술을 꺼내놓았다. 샘의 물방울이 튀었다. 얼마나 차가운지 한기가 뼛속까지 스며드는 것 같다. 앉은 자리에는 푸르스름한 이내가 피어나 내가 입고 있는 옷까지 스며들어 마치 옷을 물들인 것 같다. 밝게 비치는 달빛을 즈려밟고 다리를 지나자니, 뭐하느라 벌써 이렇게 늦었나 하는 생각에 나도 모르게 놀라게 된다. 숲을 다 통과하여 들판이 시작되는 곳에서 고개를 돌려 지나온 곳을 돌아보니 모든 것이 더욱 어렴풋하게만 보일 뿐이다.

53

택지가 여자진에게 주려고 지은 정월 대보름 밤의 시를 외우기에 원운을 써서 짓다
擇之誦所賦擬進呂子進元宵詩, 因用元韻[1]

何處元宵好	어느 곳의 정월 대보름밤이 좋을까?
山房入定僧[2]	산방의 선정禪定에 든 중이라네.
往來衣上月[3]	옷 위로 달 왕래하고,
明暗佛前燈[4]	부처 앞의 등불 밝았다 어두웠다 하네.

---

1 여자진(呂子進): 여희순(呂希純)의 자. 수주(壽州) 사람으로 경사(京師)로 옮겨 살았으며, 여공저(呂公著)의 셋째 아들이면서 여희적(呂希績)의 아우임. 졸년은 60세이다. 과거에 급제하여 태상박사(太常博士)가 되었으며 철종 때는 중서사인(中書舍人)에 임명되었다. 원나라 방회(方回)의 『영규율수(瀛奎律髓)』 권 16 「절서류(節序類)」에 이 시의 두 번째 시가 수록되어 있는데, 다음과 같은 주석이 달려 있다. "지금 생각건대 호문정공 안국이 선화 7년(1125) 을사일에 「원석시(元夕詩)」를 읊었다 …… 문정공의 원주에서는 '사인 여자진은 「원석」 시 열 수를 읊었다.' …… 문공이 임택지에게 화답한 앞 시는 곧 여자진의 열 번째 시의 운자이다'라 하였다(今按胡文定公安國宣和七年乙巳賦元夕詩 …… 文定公註云, 舍人呂子晉賦元夕十詩 …… 文公所和林擇之前首, 卽呂子晉第十首韻也)." 범조우(范祖禹)도 이 시의 운자를 써서 지은 시가 있다.
이 시는 두 수인데 앞의 시 한 수만 수록하였다.

2 입정승(入定僧): 『금수만화곡(錦繡萬花谷)』 전집(前集) 권 28 「불조(佛祖)」에 "지황선사는 암자에서 20년을 거처하였다 …… 원책선사가 말하였다. '너는 선정(禪定)에 들면 마음이 있느냐? 마음이 없느냐?' …… 지황선사기 말하였다. '저는 선정에 들면 유무의 마음이 보이지 않습니다'(智隍禪師菴居二十年 …… 元策禪師曰, 汝入定有心邪無心邪? …… 隍曰, 我入定時, 不見有無之心)"라는 말이 있다.

3 의상월(衣上月): 당나라 두보(杜甫)의 「냇물에 배를 띄우다(泛溪)」에 "옷 위로 새 달 보이고, 서리 밟으며 옛 두둑 오른다네(衣上見新月, 霜中登故畦)"라는 구절이 있다.

181

實際徒勞說[5]	실제 헛수고한 말이니,
空華詎可憑[6]	공중의 빛 어찌 기댈 수 있겠는가?
還教知此意	또한 이 뜻 알게 하니,
妙用一時興[7]	묘한 쓰임 한꺼번에 인다네.

정월 대보름이야 어느 곳인들 좋지 않으랴만, 그 중에서도 어느 곳의 밤이 가장 좋을까? 내 생각에는 선정(禪定)에 든 중이 있는 절간의 산방이 아닐까 한다. 옷 위로 보름달이 떠올라 왔다 갔다 하는 것 같다. 부처 앞에 켜놓은 등불도 때에 따라 밝아지는 듯하다가 또 어두워지기도 한다. 불가에서 말하는 실제라는 말은 알고 보면 모두 다만 헛수고한 말일 뿐이니, 불가에

---

4 불전등(佛前燈): 당나라 유우석(劉禹錫)의 「백낙천의 재계하는 달에 밤새 도량을 마주하다가 우연히 마음속을 읊음이란 시에 화답하다(和樂天齋戒月滿夜對道場偶懷詠)」에 "책상 위에는 향 연기 오르는데 패엽(불경) 펼쳐져 있고, 부처 앞에는 등불의 불꽃 연꽃 투과하네(案上香烟鋪貝葉, 佛前燈焰透蓮花)"라는 구절이 있다.
5 실제(實際): 당나라 양숙(梁肅)의 「천태법문의·지관통례(天台法門議·止觀統例)」에 "대체로 지관이란 무엇을 하는 것인가? 만법의 이치를 이끌어 실제를 회복하는 것이다. 실제란 무엇인가? 성의 근본이다(夫止觀何爲也? 導萬法之理而復於實際者也. 實際者何也? 性之本也)"라는 말이 있다.
6 공화(空華): 불교에서 비유하는 말로, 공중의 광화(光華)를 말한다.
7 묘용(妙用): 송나라 증조(曾慥)의 『유설(類說)』 권34 「척언·만정승(摭言·蔓定僧)」에 "진각이 과거시험에 떨어져 실의하여 안탕산을 유람하다 멀리 보니 …… 덩굴풀이 한 중이 앉아서 선정에 든 것을 칭칭 감고 있었다 …… 갑자기 하품을 하고 기지개를 펴면서 말하기를 '…… 일체의 법문은 본래 문이 없고, 일체의 묘한 쓰임은 본래 쓰임이 없다'라 하였다 …… 후인들이 그 바위를 설법암이라 하였다(陳覺場屋失意遊鴈蕩山遠視 …… 蔓草纏遶一僧坐入定 …… 忽欠伸開目日 …… 一切法門本來無門, 一切妙用本來無用 …… 後人呼其岩爲說法岩)"라는 말이 있다.

서 말하는 공중에 떠 있는 광화 같은 것 어찌 신빙성이 있겠는가? 산방에 머무르며 가만히 생각하여 보니 또한 이 뜻을 알게 하는 것 같다. 이에 묘한 쓰임이 모두 한꺼번에 마음속에서 일어나는 것 같다.

54

임희지를 전송하다

送林熙之詩[1]

古鏡重磨要古方[2]	옛 거울 거듭 닦는 데는 옛 방법 필요하니,
眼明偏與日爭光[3]	눈 밝으면 오로지 해와 빛 다툰다네.
明明直照吾家路[4]	밝음 밝혀 우리 집 길 곧장 비추고 있으니,
莫指幷州作故鄕[5]	병주 가리켜 고향으로 삼지 말게나.

1 임희지(林熙之): 임대춘(林大春)의 자. 호는 조재(慥齋)이며 고전(古田) 사람으로, 주희의 문인이다.
  이 시는 모두 다섯 수로 되어 있는데, 여기서는 마지막 시 한 수만 수록하였다.
2 고경~고방(古鏡~古方): 고경은 천명지성(天命之性)을 가리키고, 고방은 성현의 학문을 가리킨다. 『차의』에서는 "옛 거울은 마음을 가리키고, 옛 방법은 경을 가리킨다(古鏡指心, 古方指敬)"라 하였다. 『주자어류』 권 14 「대학(大學) 1」에 "이를테면 거울 같은 것으로 본래는 밝은 물건이었는데, 먼지로 인하여 흐려졌기 때문에 비출 수 없게 된 것이다. 모름지기 묵은 때를 닦아낸 연후에야 거울은 밝음을 회복하게 되는 것이다(譬如鏡焉, 本是箇明底物, 緣爲塵昏, 故不能照. 須是磨去塵垢, 然後鏡復明也)"라는 말이 있고, 또 같은 책 권 41 「논어 23」 "자신의 사사로움이 이미 억제되었다면 하늘의 이치는 저절로 회복된다. 비유컨대 먼지와 때가 이미 제거되었다면 거울이 저절로 밝은 것과 같다(己私旣克, 天理自復. 譬如塵垢旣去, 則鏡自明)"라 하였다.
3 안명(眼明): 『차의』에서는 "안은 거울이다(眼, 鏡也)"라 하였다.
4 오가로(吾家路): 『차의』에서는 "나의 도를 이른다(謂吾道也)"라 하였다.

오래도록 먼지가 끼어 더러워진 거울 같은 마음을 거듭 닦는 데는 오래도록 성현들이 전하여 온 옛 학문이 필요하다. 옛 학문을 닦아 거울 같은 마음이 깨끗하여져서 일단 밝아지게 되면 그 밝음을 다툴 만한 것으로는 오로지 햇빛 밖에 없을 것이다. 밝음을 밝혀 마음이 깃든 집인 도를 곧장 비추어 주고 있으니, 도리어 병주를 가리키며 고향으로 삼는 일은 없도록 하게나.

5 병주고향(幷州故鄕): 옛날의 주 이름으로, 우임금이 치수를 완성하고 중국의 전역을 9주로 나누었는데 그 중의 하나이다. 그 땅은 대략 지금의 하북성(河北省) 보정(保定)에서 산서성(山西省) 태원(太原) 일대에 걸쳐 있다. 당나라 가도(賈島)의 「상건을 건너다(渡桑乾)」에 "병주에서 나그네살이한 지 이미 십 년인데, 돌아가려는 마음 밤낮으로 함양 그리워한다네. 뜻밖에 다시 상건의 물 건너자니, 도리어 병주 바라보며 고향이라 한다네(客舍幷州已十霜, 歸心日夜憶咸陽. 無端更渡桑乾水, 却望幷州是故鄕)"라는 구절이 있다. 『차의』에서는 "대체로 오래도록 물욕에 가려져 흐려졌으나 지금은 다행히 본체의 밝음을 회복하였다. 모름지기 다시는 전날의 흐린 것을 본체로 생각하지 말라는 것을 차용하여 비유하였다. 『장자』에 '어려서 (고향을) 잃어 돌아갈 줄을 모른다'는 말이 있는데 또한 이런 뜻이다(盖借喩以爲人久爲物欲所昏, 而今幸復本體之明, 須勿復以前日之昏爲本體也. 莊子有弱喪而不知歸之語亦此意)"라 하였다. 『장자』에서 인용한 말은 「제물론(齊物論)」에 보인다.

55~56

백장산

百丈山[1]

55

石磴[2] 석등

層崖俯深幽　　층진 벼랑 깊고 그윽한 곳 굽어보는데,
微逕忽中斷[3]　좁은 길 홀연히 중간에 끊어졌다네.
努力一躋攀　　힘써 한번 잡고 기어올랐더니,
前行有奇觀　　앞길에 기이한 광경 있다네.

1　『주문공집』 권 78에 백장산 기행문인 「백장산기(百丈山記)」가 있는데, 거기서는 이렇게 말하고 있다. "내 유충보, 평보, 여경숙, 외사촌 동생 서주빈과 함께 그곳을 유람하였는데, 모두 부와 시를 지어 그 빼어난 경치를 읊었으며, 내가 다시 이와 같이 상세하게 차례대로 서술했다. 그 가운데 경치가 가장 아름다운 곳은 석등·소간·산문·석대·서각·폭포이다. 그래서 각기 따로 시를 지어 그 곳을 기록하고 함께 유람한 여러 사람들에게 주었으며, 또 가고자 하였으나 갈 수 없었던 사람들에게 알린다(余與劉充父, 平父, 呂叔敬, 表弟徐周賓游之, 旣皆賦詩以紀其勝, 余又敍次其詳如此. 而最其可觀者石磴·小澗·山門·石臺·西閣·瀑布也. 因各別爲小詩, 以識其處, 呈同游諸君, 又以告夫欲往而未能者)."
　　이 시는 모두 여섯 수로 되어 있는데, 여기서는 첫 번째와 다섯 번째 시 두 수만 수록하였다.
2　「백장산기」에서는 "백장산을 삼십 리쯤 오르면 오른쪽으로는 절벽 같은 골짜기가 내려다보이고 왼쪽으로는 절벽이 드리워져 있어, 돌을 첩첩이 쌓아 돌계단을 만들었는데 열 계단 정도 오르면 건넌다. 산의 아름다움은 여기서부터 시작된다(登百丈山三里許, 右俯絶壑, 左控垂崖, 疊石爲磴, 十餘級乃得度. 山之勝, 蓋自此始)"라 하였다.
3　미경홀중단(微逕忽中斷): 송나라 구양수의 「천문(天門)」에 "돌 오솔길 바야흐로 구비 도는데, 쌍봉 별안간 중간에 끊어졌다네(石徑方盤紆, 雙峯忽中斷)"라는 구절이 있다.

몇 겹씩이나 포개어져 층층이 겹쳐진 벼랑은 저 밑으로 깊숙하고 그윽한 골짜기를 굽어보고 있다. 산을 오르다 보니 그나마 있던 좁다란 길마저 별안간 중간에서 끊어져 사라지고 없다. 없는 길을 뚫어가며 어렵사리 덩굴 등을 부여잡고서 있는 힘을 다해 엉금엉금 기어 올라간다. 앞으로 난 산길에 놀랍도록 기이한 경치가 눈앞에 쫙 펼쳐져 있다.

56

西閣[4] 서각
借此雲窓眠[5] 이 구름 창 빌려 잠드니,
靜夜心獨苦[6] 조용한 밤 마음 특히 괴롭네.
安得枕下泉 어떡하면 아래의 샘 베고,
去作人間雨[7] 떠나서 인간 세상의 비 될까?

---

4 「백장산기」에서는 "문 안으로 들어서 연못을 건너면 다시 돌다리가 있다. 다리를 건너 북쪽으로 난 돌계단을 몇 계단 올라가면 암자로 들어간다. 암자는 겨우 몇 칸짜리 오래된 집으로 낮고 좁아 별로 볼 것이 없는데, 서쪽 누각만이 빼어나다(門內跨池又爲石梁, 度而北, 躡石梯數級入菴. 菴纔老屋數間, 卑庳迫隘, 無足觀. 獨其西閣爲勝)"라 하였다.

5 운창면(雲窓眠): 당나라 이백의 「안륙의 백조산에 있는 도화암에서 시어사이신 유관에게 부치다(安陸白兆山桃花嚴寄劉侍御綰)」에 "도화암으로 돌아와, 구름 창에서 쉬며 잠들었다네(歸來桃花嚴, 得憩雲窓眠)"라는 구절이 있다.

6 심독고(心獨苦): 당나라 두보(杜甫)의 「이존사의 소나무 병풍에 적다(題李尊師松樹障子歌)」에 "이미 알았네, 신선 나그네 뜻 이미 서로 친함을, 더욱이 깨달았네, 훌륭한 화공 마음 홀로 고달픔을(已知仙客意相親, 更覺良工心獨苦)"이라는 구절이 있다.

이곳 백장산의 암자에 왔다. 창문으로 구름이 옆으로 흐르는 것이 보이는 서각을 빌려서 잠을 청하여 본다. 모두가 잠든 밤은 고요하기만 하다. 나만 잠을 못 이루니 고요한 만큼이나 마음이 특히 괴롭다. 잠 못 이루고 마음을 괴롭혀가며 생각한다. 어떻게 하면 내가 머물고 있는 아래 세상의 샘물을 떠나서 구름이 되어, 인간 세상을 고루 적셔줄 수 있는 비가 될 것인가 하는 것이다.

---

7 거작인간우(去作人間雨): 당나라 왕유(王維)의 「망천집·문행관(輞川集·文杏館)」에 "용마루 속 구름 알지 못하고, 떠나가 인간 세상의 비 되었다네(不知棟裏雲, 去作人間雨)"라는 구절이 있다.

운곡

雲谷[1]

雲谷[2] 운곡
寒雲無四時　차가운 구름 사철 없이,
散漫此山谷　이 산골짜기로 자욱이 흩어지네.

1　운곡은 복건성 건양현 서북쪽 70리 지점에 있는 노봉(蘆山)의 꼭대기로, 순희 2년(1175) 7월에 주희가 거기에 초당을 짓고 회암(晦庵)이라고 하였다. 이곳은 북으로 숭안(崇安)과 80여 리, 남으로는 건양의 후산(後山)과 20여 리 떨어진 곳으로 산세가 높고 험하나 푸른 등성이가 둘러싸고 있어 풍경이 매우 아름다워 주희가 늘 친구들과 함께 와서 놀던 곳이다. 회암을 지은 후에 주희는 일찍이 자녀들이 다 출가하고 나면 이 산에서 여생을 다하고자 하였으나 실행하지 못하였다.
「운곡잡영」의 서문 성격을 띠고 있는 「운곡기」는 「무이정사잡영」의 서문이 함께 붙어 있는 것과는 달리 『주문공집』 권 77에 별도로 수록되어 있다. 「운곡」 이하의 소제목은 모두 「운곡기」에 보이므로 함께 참고하여 보면 좋다.
2　송시열의 『차의』에서는 이 시가 주자가 지은 서문에서 이른바 「희홍첩(戲鴻帖)」에 있는 것이라 하고 그 서문을 함께 기록하여 둔다고 하였으며, 『주자대전』에 이 서문이 빠져 있는 까닭을 모르겠다고 하였다. 인용한 서문은 다음과 같다. "건양과 숭안 사이에는 큰 산이 가로 솟았으며 봉우리와 뫼가 특히 빼어났다. 내 일찍이 그 꼭대기의 자그마하고 평평한 곳에 초가집을 지은 적이 있는데, 매번 갠 날 낮이면 흰 구름이 창문 사이로 모여 들어와 문득 지척도 분간하지 못하였으며, 일찍이 작은 시를 지어 말하기를 '한가로운 구름 사철 없고……'라 하였다. 산을 내려온 지 여러 달이 되도록 가만히 이 시를 욀 때마다 슬피 자실하지 않은 적이 없었다. 지금 미공이 좌후를 위해 장난삼아 지은 횡권을 살펴보니, 은은하게 옛 시를 지은 곳은 아마도 이미 제3, 4 봉우리 사이에 있었던 것 같다. 또 여러 명승지에 대해 옛날에 상상하여 지은 것을 두루 살펴보니, 그 사람이 더욱 깊이 탄식한 것 같다. 순희 음력 5월 29일 신안의 주희 중회보가 강동도원에서 적다(建陽崇安之間, 有大山橫出, 峰巒特秀. 予嘗結茅其巓小平處, 每當晴晝, 白雲

幸乏霖雨姿[3]   다행히 단비의 맵시 없으니,
何妨媚幽獨[4]   그윽하고 적막한 곳 좋아함 무엇 거리끼리오.

이 골짜기가 얼마나 깊은지 차가운 구름은 사철을 가리지 않는다. 여름 겨울 할 것 없이 이 산골짜기로 밀려들어와 사방으로 자욱이 흩어진다. 비라도 내리면 이곳의 풍경이 상당히 을씨년스러울 것 같다. 다행히 단비가 내리는 풍경은 별로 없는 것 같으니, 그윽하고 적막한 것을 좋아하는 나의 취미를 즐기기에는 아무런 거리낌이 없다.

蓮沼 연소

亭亭玉芙蓉[5]   꼿꼿하니 옥 같은 연꽃,
逈立映澄碧   멀리 맑고 푸름 비추며 서 있네.

佥入胸臆間, 輒咫尺不辨. 嘗題小詩云, 閑雲無四時云云. 下山累月, 每竊諷此詩, 未嘗不悵然自失. 今觀米公所爲左侯戲作橫卷. 隱隱舊題, 似已在第三四峰間也. 又得幷覽諸名勝舊題想像, 其人益深嘆息. 淳熙中夏二十九日新安朱熹仲晦父書于江東道院)."

3 임우(霖雨):『서경·열명(說命)』에 "큰 시내를 건넌다면 너를 배와 노로 삼을 것이고, 큰 가뭄이든 해라면 너를 단비로 삼겠다(若濟巨川, 用汝作舟楫, 若歲大旱, 用汝作霖雨)"라는 말이 있다. 이로 인해 나중에는 임우를 세상을 구제하는 신하를 가리키게 되었다. 주자가 자신을 일러 제세(濟世)의 재주가 없다고 겸양한 표현이다.

4 유독(幽獨): 그윽하고 적막한 곳을 말한다. 당나라 이백의「심양의 자극궁에서 가을이 느꺼워서 짓다(尋陽紫極宮感秋作)」에 "고요히 앉아 만물의 변화를 관찰하여 보니, 넓고 커 그윽하게 혼자서 반할 만하네(靜坐觀衆妙, 浩然媚幽獨)"라는 구절이 있다.

只愁山月明　　다만 근심하노니 산의 달 밝아,
照作寒露滴　　비추어 차가운 이슬방울 되네.

고고한 자태로 꼿꼿이 피어 있는 연꽃은 영락없이 흰 옥을 깎아서 세워놓은 것 같다. 외로이 맑은 꽃과 짙푸른 줄기를 마치 빛으로 비춘 듯한 모습으로 저 멀리 서 있다. 다만 근심스럽기는 하다. 밤이 되어 산에 평상시 같으면 보기 좋을 밝은 달이 떠오르면, 연꽃에 차가운 이슬방울이 방울방울 내려 앉아 빛을 내며 연꽃을 시들게 하지나 않을까 하는 것이.

藥圃　약포
長鑱勵靈根[6]　　긴 보습으로 신령스런 뿌리 캐내어,
蒔此泉下圃[7]　　이곳 샘 아래 채마밭에 옮겨 심네.

5　정정(亭亭): 정정은 솟은 모양을 나타내는 의태어이다. 송나라 주돈이(周敦頤)의 「연꽃을 사랑함에 대하여(愛蓮說)」에 "꼿꼿하게 깨끗이 서 있어 멀리서 바라볼 수는 있어도 함부로 가지고 놀 수는 없다(亭亭淨植, 可遠觀而不可褻玩焉)"는 말이 있다. 또는 예쁘고 아름다운 모양을 나타내기도 한다.
　　옥부용(玉芙蓉): 흰 연꽃을 말한다.
6　장참(長鑱): 참(鑱)은 쟁기의 술바닥에 맞추는 쟁기날, 곧 보습을 말한다. 당나라 두보의 「건원 연간에 동곡현에 우거하면서 짓다(乾元中寓居同谷縣作)」 일곱 수 중 둘째 시에 "삽이여! 긴 삽이여! 흰 나무로 자루 만든, 나의 목숨 너에게 맡기고 살아가네(長鑱長鑱白木柄, 我生託子以爲命)"라는 구절이 있다.
　　영근(靈根): 곧 선초(仙草)를 가리킨다.

191

珍劑未須論　　진기한 조제 논할 필요 없이,
丹荑已堪煮⁸　붉은 싹 이미 삶을 만하네.

혹여나 긴 뿌리 다칠까 긴 보습으로 신령스런 뿌리를 조심스레 캐낸다. 운곡의 한켠 샘물 아래쪽에 마련해 둔 이곳 채마밭에다 정성을 다하여 옮겨 심는다. 어떤 약초가 어디에 좋다는 등의 진기한 조제법 따위는 아예 논할 필요도 없다. 채마밭에 나가 살펴보니 옮겨 심은 약초가 벌써 많이 자라, 붉은 싹은 당장이라도 캐어서 삶아도 될 만큼 뿌리가 굵어졌다.

井泉　정천

山高澤氣通⁹　　산 높고 못에 기운 통하니,
石竇飛靈液¹⁰　돌구멍에서 신령스런 진액 날리네.
默料谷中雲　　잠자코 골짜기의 구름 생각해 보니,

7　시(蒔): 모종, 곧 옮겨 심는 것을 말한다. 또는 심어서 세우는 것을 가리키기도 한다.
8　단이(丹荑): 막 싹이 돋아난 풀을 말한다. 여기서는 약초의 새싹을 가리켜 말하였다. 진(晉)나라 곽박(郭璞)의 「신선세계에 놀다(遊仙詩)」에 "샘에 다가가 맑은 물 뜨고, 언덕에서 붉은 싹 줍는다네(臨源挹清波, 陵岡掇丹荑)"라는 구절이 있다.
9　산고택기통(山高澤氣通): 『주역·설괘전(說卦傳)』에 "산과 못이 기운을 통한 다음이라야 변화할 수가 있어 만물을 다 이루어 놓는다(山澤通氣, 然後能變化, 既成萬物也)"라는 말이 있다.
10　영액(靈液): 당나라 이정봉(李正封)의 「이슬을 읊음(詠露)」에 "펄펄 신령한 액 무겁고, 구름 겉으로 떨어지는 소리 없다네(霏霏靈液重, 雲表無聲落)"라는 구절이 있다.

多應從此出　거의 이곳에서 나오리라.

운곡이 있는 이곳 노봉산은 산이 높아 산과 못이 하늘의 기운과 통한다. 돌 구멍을 통하여 흘러나오는 샘물도 신령스런 진액이 되어 날리고 있다. 이에 사철 이곳을 감싸고 있는 골짜기에 가득한 구름이 도대체 어디에서 나오는 것일까 하고 가만히 생각해 보았다. 아마 거의 다 이곳에서 흘러나온 샘물이 증발하여 신령한 구름이 된 것이리라.

61

西寮[11]　서료
畲田種胡麻[12]　따비밭에 호마 심어,
結草寄林樾[13]　풀 엮어 숲 그늘에 부쳤네.
珍重無心人　진중하도다! 무심한 사람이여,
寒棲弄明月　쓸쓸한 산골 집에 살면서 밝은 달을 즐기네.

---

11 서료(西寮): 진나라 좌사(左思)의 「위나라의 도읍(魏都賦)」에 "우레와 비 깊고 어둑하게 채 반도 못 미쳤는데, 밝은 해 비단 창에서 빛 싸고 있네(雷雨窈冥而未半, 皦日籠光於綺寮)"라는 구절이 있는데, 『문선』에 주석을 단 당나라 여향(呂向)은 "료는 창이다(寮, 窓也)"라 하였다. 「운곡기」에 "서암에는 수십 무의 땅이 있으며, 역시 도가류의 은자들이 띠를 엮어 살면서 경작을 하고 있는데, '서료'라 하였다(西崦有地數十畝, 亦有道流結茅以耕其間, 曰西寮)"라는 말이 있다.

이곳에 살던 사람들이 화전으로 일구어 3년 된 따비밭에 참깨를 가져다 심었다. 참깨의 어린 싹을 보호하려고 숲의 그늘 쪽에는 풀을 엮어 잘 부쳐두었다. 진중하도다! 나같이 이렇게 무심한 사람, 쓸쓸한 산골에 집 하나 지어 깃들어 살면서 동쪽 산 위로 밝은 달이 떠오르면 달빛이나 즐기고 있으니.

晦菴[14] 회암

憶昔屛山翁[15]   옛날 병산의 늙은이 생각하여 보니,

---

12 사(畬): 화전(火田)을 말한다. 3년간 일군 밭을 사(畬)라고 한다.
   호마(胡麻): 참깨이다. 일명 거승(巨勝)이라고도 한다. 한나라 때 장건이 서역에서 들어왔다 하여 이렇게 부른다. 송나라 주승비(朱勝非)의 『감주집(紺珠集)』 권 10에 "한나라 명제 때 유신과 완조 두 사람이 함께 천태산에 들어갔다가 길을 잃고 먹을 것이 떨어졌는데, 시냇물에 잔이 하나 떠내려 오는 것이 보였으며, 그 안에는 호마로 지은 밥이 들어 있어서 취하여 먹었다. 이에 물을 거슬러 올라 찾아가보았더니 두 여인이 서로 돌아보며 서방님이라고 부르는 것이 보였다(漢明帝時, 劉晨阮肇二人, 同入天台, 迷道乏食, 見澗流一杯, 中有胡麻飯, 取食之. 因泝水尋訪, 見二女相顧, 呼爲郞)"라는 말이 있다. 『남사(南史)』 권 50 「유규전(劉虯傳)」에 "유규의 자는 영예이다. …… 송나라 태시 연간에 출사하여 진평왕의 표기기실과 당양령이 되었다. 관직을 그만두고 집의 조용한 곳으로 돌아와 늘 사슴가죽 겹옷을 입고 곡기를 끊고 출(朮) 및 호마만 먹었다(劉虯字靈預 …… 宋泰始中, 仕至晉平王驃騎記室, 當陽令. 罷官歸家靜處, 常服鹿皮裘, 斷穀, 餌朮及胡麻)"라는 말이 있다. 진나라 갈홍(葛洪)의 『포박자·선약(仙藥)』에 "거승은 일명 호마라고 하는데 복용하면 늙지 않는다(巨勝一名胡麻, 餌服之不老)"라는 말이 있다.
13 임월(林樾): 길 가의 숲이 그늘진 곳.
14 「운곡기」에서는 "운곡은 건양현의 서북쪽 70리에 있는 노산의 진산으로, 지대가 가장 높아 여러 봉우리들 위에 웅크리고 있으며 중간의 언덕배기들은 아래로 웅크리고 있고 안은 넓고 밖은 빽빽하여 절로 한 구역이 된다. 비록 맑은 날 한낮이라도 흰 구름이 모여 들면 지척간도 분

示我一言敎[16]　　나에게 한 마디 가르침 보여 주셨네.
　　自信久未能　　오래도록 잘하지 못함 스스로 믿었거늘,
　　巖棲冀微效[17]　바위틈에 거처하며 작은 효과 드러나기 바라네.

　지금은 돌아가시고 안 계시는 스승님이신 병산의 늙은이를 생각한다. 나한테 자(字)를 지어주면서 회(晦)자의 깊은 뜻을 한 마디 말로 잘 가르쳐주셨다. 나는 그 가르침대로 오래도록 잘 해나갈 자신감이 있는 것은 아니다. 그래도 스승님의 말씀을 가슴깊이 새겨 바위틈에 작은 거처를 마련하여 살면서 가르침대로 당호를 삼아 미약하나마 그 효과가 잘 드러나기를 바라는 마음이다.

　　별할 수 없다. 문득 아찔하게 변화하면 또 확 트여 간 곳을 알지 못한다. 건도 경인년(1170)에 처음으로 그곳에 갔다가 거기에 초당을 짓고 '회암'이라 이름하였다 …… 중턱의 언덕 아랫자락에서 곧장 북쪽의 천협(泉峽)으로 들어가 석지(石池)·산기둥(山楹)·약포와 정천·동료의 서쪽을 거쳐 남쪽으로 돌아 대숲으로 들어가면 세 칸짜리 초당이 나오는데, 바로 회암이다(雲谷在建陽縣西北七十里蘆山之巓, 處地最高, 而羣峰上蟠, 中阜下踞, 內寬外密, 自爲一區. 雖當晴晝, 白雲坌入, 則咫尺不可辨, 眩忽變化, 則又廓然莫知其所如往. 乾道庚寅, 予始得之, 因作草堂其間, 勝曰晦菴 …… 徑緣中阜之足北入泉峽, 歷石池, 山楹, 藥圃, 井泉, 東寮之西, 折旋南入竹中, 得草堂三間, 所謂晦菴也)"라 하였다.
15　병산옹(屛山翁): 주희의 스승인 유자휘(劉子翬)의 호.
16　일언교(一言敎): 병산(屛山) 유자휘(劉子翬)는 주희의 자를 지어준 글[字詞]에서 "나무는 뿌리에 감추었다가 봄이 오면 아름답게 잎을 피우고, 사람은 몸 안에 깊이 감추었다가 신령스런 맘 안에다 살찌운다네(木晦於根, 春容曄敷, 人晦於身, 神明內腴)"라 하였다.
17　암서(巖棲): 나무 둥지와 바위 구멍에 거처하는 것을 말한다. 남조 송나라 사령운(謝靈運)의 「산거부의 서문(山居賦序)」에 "옛날에 나무에서 살고 바위 구멍에서 처하는 것을 암서라고 하였다(古巢居穴處曰巖棲)"라는 말이 있다. 여기서는 은거하는 것을 가리킨다. 퇴계의 도산서당의 암서헌(巖棲軒)은 바로 이 구절에서 취한 것이다.

63

揮手[18] 휘수

山臺一揮手[19]   산의 대에서 손 한 번 휘저어,

從此斷將迎[20]   이로부터 보내고 맞는 일 끊었다네.

不見塵中事   속세의 일 보이지 않고,

惟聞打麥聲[21]   들리느니 보리타작하는 소리 뿐.

옛날에 우화등선하는 사람들이 그랬던 것처럼 나도 산의 사방이 트인 높

---

18 휘수(揮手): 곧 대(臺)의 이름이다. 한나라 유향(劉向)의 『열선전·왕자교(列仙傳·王子喬)』에 "(왕자교가 桓良에게) '우리 집에다 7월 7일에 나를 구지산의 입구에서 기다리라고 전해주게.' 과연 흰 학을 타고 산언덕에 머물렀는데 바라볼 수는 있어도 다다를 수는 없었다. 손을 들어 당시 사람들에게 작별을 하고 여러 날 만에 떠났다(告我家於七月七日待我於緱氏山頭. 果乘白鶴駐山, 望之不到. 舉手謝時人, 數日而去)"라는 말이 있는데, 아마 여기서 따왔을 것이다. 「운곡기」에서는 "작은 산의 동쪽으로 산허리를 감싸고 있는 작은 길이 있는데, 대나무 숲을 뚫고 남쪽으로 나와 다시 서쪽으로 내려가면, 산 앞에 퇴락한 마을과 우물이 보이는데 한적하여 오히려 그 수를 셀 수 있을 정도이다. 그러나 집을 짓기에는 좁아 다시 대를 지어 이름을 '휘수'라 했다(小山之東, 徑繞山腹, 穿竹樹, 南出而西下, 視山前村墟井落, 隱隱猶可指數. 然亦不容置屋, 復作臺, 名以揮手)"라 하였다.

19 휘수(揮手): 이별을 말한다.

20 장영(將迎): 보내고 맞는 일을 말함. 『장자·지북유(知北游)』에 "안연이 공자에게 물었다. '제가 일찍이 선생님께 듣기를 가는 것을 전송하지 않고 오는 것을 맞지 않는다 하였는데, 제가 감히 여쭙건대 어떡하면 그 경지에서 노닐 수 있겠습니까?' …… (공자가 말하였다) '다만 사람을 손상하지 않는 자라야만 세상 사람과 서로 맞고 보낼 수가 있는 것이다'(顔淵問乎仲尼曰, 回嘗聞諸夫子曰, 无有所將, 无有所迎. 回敢問其遊 …… 唯无所傷者, 爲能與人相將迎)"라는 말이 있다.

은 곳에서 한번 손을 휘저어 본다. 그로써 속세와는 결별한 후에 이로부터 세상 사람들을 보내기도 하고 맞기도 하는 일용처사를 모두 끊어버렸다. 그리하여 이곳에서 조용히 신선처럼 가벼운 마음으로 수양이나 하면서 조용히 보낸다. 그러자니 들리는 것이라고는 하나도 없고 다만 두고 온 세상에서 보리타작하는 소리만 들릴 뿐이다.

桃蹊[22] 도혜
澗裏春泉響[23] 시내에서 봄 샘 소리 울리는데,
種桃泉上頭   샘가에 복숭아나무 심었다네.
爛紅紛委地[24] 흐드러진 붉은 꽃잎 어지러이 땅에 맡겨,

---

21 타맥성(打麥聲): 송나라 증조(曾慥)의 『유설(類說)』 권 3에 "왕로라는 사람은 시골에서 살면서 도를 흠모하였다. 어떤 늙은 도사가 그 집으로 가서 달포를 머물렀는데, 온 몸이 종기투성이였다. 왕로에게 말하기를 술 여러 휘를 얻어 담그기만 하면 나을 수 있다하여 마침내 독 가득 술을 채워 주었다. 도사는 독 가운데 앉더니 사흘이 되어서야 바야흐로 나왔는데, 수염과 머리가 모두 동자처럼 새까맸다. 왕로에게 말하기를 '이 술을 마실 수 있으면 신선이 되어 떠날 수 있다'고 하였다. 이때 바야흐로 보리를 타작하고 있었는데, 왕로의 온 집안사람이 그것을 마시자 순식간에 모두 취하였다. 별안간 바람이 불고 구름이 일더니 일시에 몸이 가벼워져서 들렸으며, 집의 닭과 개도 모두 공중으로 떠올랐는데 아직도 보리를 타작하는 소리가 들렸다(王老者, 村居慕道. 有老道士造之, 留月餘, 忽徧身瘡癘. 謂王老曰, 得酒數斛浸之卽愈, 遂爲置酒滿瓮. 道士坐瓮中, 三日方出, 鬚髮皆黑顔如童子. 謂王老曰, 能飮此酒, 可以仙去. 時方打麥, 王老全家飮之, 須臾皆醉. 忽風動雲蒸, 一時輕擧, 舍屋雞犬, 皆去空中, 猶聞打麥聲)"라는 말이 있다. 이 이야기는 당나라 심분(沈汾)의 『속선전(續仙傳)』 등에도 보인다.
22 도혜(桃蹊): 『사기·이광전(李廣傳)』에 "복숭아와 자두나무는 말을 않지만 그 아래에는 절로 길이 생긴다(桃李不言而下自成蹊)"라는 말이 있다. 이곳의 혜(蹊)자에 대하여서는 '시내 계(溪)'자가 되어야 할 것이라고 의심하는 사람도 있다.
23 리(裏): 『고이』에서는 '동녘 동(東)'자로 된 판본도 있다고 하였다.

未肯出山流[25]　산 밖으로 흘러나가려 하지 않는다네.

봄이 되어 겨우내 얼어붙었던 물이 녹아 시내에서는 졸졸 샘물 흐르는 소리가 울려온다. 샘가에 자그마한 공간이 있어 뭘 할까 하고 생각하다가 복숭아나무를 한 그루 심었다. 봄이 되어 복숭아나무에 꽃이 흐드러지게 피었다가 떨어지기 시작한다. 용케도 모두 땅에만 떨어져 산의 밖으로 흘러나간다. 아무래도 이곳에 도화원이 있다는 것을 누구에게도 알려주지 않으려는 것 같다.

24　란(爛): 순희본(淳熙本)에는 '어지러울 란(亂)' 자로 되어 있다.
25　미긍출산류(未肯出山流): 이 구절은 은연중에 무릉도원(武陵桃源)의 전고를 가져다 쓴 것이다. 진나라 도연명의 「도화원의 기문(桃花源記)」에 "진나라 태원 연간에 무릉 사람으로 고기를 잡는 것을 업으로 삼는 사람이 시내를 따라 가다가 길의 원근을 잃어버렸다. 갑자기 복사꽃이 숲 양쪽 언덕을 끼고 있는 것을 만났는데 수백 보 내에 다른 나무라고는 없었으며 향기로운 꽃이 매우 아름다웠고 꽃잎이 떨어져 펄펄 날렸다. 어부는 매우 기이하게 생각하였다(晉太元中, 武陵人捕魚爲業, 緣溪行, 忘路之遠近. 忽逢桃花林夾岸, 數百步中無雜樹, 芳華鮮美, 落英繽紛. 漁人甚異之)"라는 말이 있다.

⑥⑤ 「이남」을 베껴 평보에게 부치고 내친 김에 이 시를 짓는다

抄二南寄平父, 因題此詩[1]

闕里言詩得賜商[2]   궐리에서 『시』 말함

                     자공과 자하가 인정받았으니,

子貢子夏   자공과 자하이다

---

1 이남(二南)은 『시경』 국풍(國風)의 「주남(周南)」과 「소남(召南)」을 말한다. 평보는 곧 유평(劉 珥)으로 위 16번 시에 보인다. 유평은 소흥과 건도 연간에 주희를 따라 『시경』을 연구한 적이 있는데, 이 시는 곧 주희가 유평에게 말한 『시경』을 연구한 체험이다.

2 궐리(闕里): 궐리는 공자가 태어난 곳이다. 여기서는 공자의 문하라는 뜻으로 쓰였다.
언시득사상(言詩得賜商): 사는 단목사(端木賜)로 자공(子貢)의 이름이다. 상은 복상(卜商)으로 곧 자하의 이름이다. 『논어·학이(學而)』에 "자공이 말하였다. '가난하면서도 아첨하지 않고 부유하면서도 교만하지 않으면 어떻습니까?' 공자가 말씀하셨다. '괜찮지만 가난하면서도 즐거워하고 부유하면서도 예를 좋아하는 것만 못하다.' 자공이 말하였다. '『시』에서 말하기를 "끊은 듯 간 듯, 쫀 듯 닦는 듯" 이라 하였는데 아마 이것을 말하는 것이겠지요?' 공자가 말씀하셨다. '사야, 비로소 함께 『시』를 말할 수 있겠구나. 지난 것을 알려주었더니 올 것을 아는구나'(子貢曰, 貧而無諂, 富而無驕, 何如? 子曰, 可也, 未若貧而樂, 富而好禮者也. 子貢曰, 詩云, 如切如磋, 如琢如磨, 其斯之謂與? 子曰, 賜也, 始可與言詩已矣, 告諸往而知來者)"라는 말이 있다. 자공이 인용한 시는 「위풍·기오(衛風·淇奧)」에 나오는 구절이다. 같은 책 「팔일(八佾)」편에는 "자하가 물었다. '"쌩긋 웃을 때의 어여쁜 입모습, 아름다운 눈은 맑기도 하네. 흰 바탕에 고운 수를 놓았구나" 라 한 것은 무엇을 이름입니까?' 공자가 말씀하셨다. '그림을 그리는 일은 흰 바탕이 있은 뒤라는 말이다.' 자하가 말하였다. '예가 나중에 온다는 것입니까?' 공자가 말하였다. '나를 일깨워주는 사람은 상이로다! 비로소 함께 『시』를 말할 수 있겠도다'(子夏問曰, 巧笑倩兮, 美目盼兮, 素以爲絢兮. 何謂也? 子曰, 繪事後素. 曰, 禮後乎? 子曰, 起予者商也! 始可與言詩已矣)"라는 말이 있으며, 자하가 인용한 시는 「위풍·석인(衛風·碩人)」에 나오는 구절이다.

千秋誰復與相望	천추에 누가 다시
	더불어 서로 바라겠는가?
鄒汾斷簡光前載	추나라와 분수의 끊어진 책
	앞의 세월 빛냈고,
孟子文中子³	맹자와 문중자이다
關洛新書襲舊芳⁴	관중과 낙양의 새 책
	옛 향기 이었다네.
張子程子	장재와 정자이다
析句分章功自少⁵	구절 쪼개고 장 나눔
	공 본디 적으나,
吟風弄月興何長⁶	바람 읊조리고 달 희롱함
	흥 얼마나 긴가?

---

3 문중자(文中子): 수나라 강주(絳州) 용문현(龍門縣) 사람 왕통(王通)이다.
4 관락(關洛): 관중(關中)과 낙양(洛陽)을 가리킨다. 관중은 장재(張載)가 학문을 편 곳이고, 낙양은 정호(程顥)와 정이(程頤)가 학문을 편 곳으로 이들의 학문을 각각 관학과 낙학이라고 한다.
5 소(少): '작을 소(小)'자로 된 판본도 있다.
6 음풍농월(吟風弄月):『송명신언행록·외집(外集)』권 1「주돈이(周敦頤)」에 "지취가 높고 원대하였다. 염계에는 옛날부터 소교정이 있었는데 선생(염계 주돈이를 말함)이 늘 그곳에서 낚시하고 노닐며 음풍농월하였다. 지금까지도 부로들은 그것을 말할 수 있다(志趣高遠. 濂溪舊有小橋亭, 先生常釣遊其上, 吟風弄月. 至今父老能言之)"라는 말이 있다.『송사』권 427「도학 1·주돈이(道學一·周敦頤)」에 "주돈이는 매번 공자와 안자가 즐긴 곳과 즐긴 것이 무슨 일이었는지 찾게 하였는데, 이정의 학문 원류는 여기에서 흘러나왔다. 그러므로 정호의 말이 '거듭 주무숙을 뵙고 난 후에 음풍농월을 하고 돌아와 "나는 점을 인정한다"는 뜻이 있게 되었다'라 하였다(敦頤每令尋孔顔樂處, 所樂何事, 二程之學源流乎此矣. 故顥之言曰, 自再見周茂叔後, 吟風弄月以歸, 有吾與點也之意)"라는 말이 있는데, 이 말은『근사록(近思錄)』(권 3)에도 인용되어 있다.

| 從容咏嘆無今古 | 조용히 읊조리고 감탄함 예와 지금 없으리니, |
| 此樂從茲樂未央 | 이 즐거움 이곳에서 즐거움 끝이 없으리라. |

궐리의 공자의 문하에서는 자공과 자하가 『시경』을 적절히 인용하여 제대로 이해를 하였다는 인정을 받았다. 그러니 천년이 지난 다음에 누가 자공과 자하 같은 현인과 같은 수준의 인정을 받을 수 있기를 바라겠는가? 추나라에서는 맹자가, 분수 가에서는 왕통 같은 인물이 나와 그 전까지 끊어졌던 유가의 학통을 이어 앞의 세월을 다시 빛내었다. 또한 관중의 장재와 낙양의 정자가 써낸 새 책들은 희미해져 가던 유가의 옛 향기를 다시 이어 주었다. 생각해 보니, 나 같은 사람이 『시경』의 구절을 쪼개고 장절을 나누어 가며 나름대로 열심히 분석한다고 하였지만, 이에 대한 공은 본래 보잘것이 없는 것이다. 오히려 주돈이 같은 사람이 뜻을 원대히 하여 시를 지어 바람을 읊조리고 달을 희롱한 것이야 말로 그 흥취는 오래오래 갈 것이다. 『시경』 같은 책을 펼쳐놓고 조용하게 읊조리기도 하고, 또 감탄도 하는 일은 예나 지금이나 변함없이 이어져 온 일이다. 그러니 지금 다시 이렇게 『시경』을 읽다가 흥이 오름을 주체할 수 없어 그대에게 「이남」을 베껴서 보내는 것과 같은 이런 즐거움이 가실 줄이 있겠는가?

66

유평보의 정암에 적다

題劉平甫定菴[1]

井泉 정천

開山昔何人　　산 연 이 옛날 누구인가?
鑿此寒泉井[2]　이곳에 차가운 샘물 뚫어놓았다네.
獨夜漱瓊瑤[3]　외로운 밤에 옥 같은 물로 입 헹구니,
泠然發深省[4]　깊은 살핌 맑게 발하네.

이 산으로 맨 처음 들어와 산 사람은 그 옛날 누구였을까? 산이 깊은 곳인데도 나중에 올 사람을 생각해서인지 사람이 마시기에 좋은 차고도 달콤한 샘물을 이렇게 뚫어 놓았다. 고요한 이곳에서 홀로 밤이 되어 조용하게

---

1 평보(平甫)는 평보(平父)라고도 하며, 유평(劉玶)의 자이다. 위 16번 시에 보인다. 이 시는 모두 다섯 수로 되어 있는데, 이 시는 그 중의 네번째 시이다.
2 한천정(寒泉井): 진나라 좌사(左思)의 「은사를 부르다(招隱)」 두 번째 시에 "앞에 차가운 샘물 있는데, 애오라지 심신 밝힐 수 있다네(前有寒泉井, 聊可瑩心神)"라는 구절이 있다.
3 수경요(漱瓊瑤): 진(晉)나라 좌사(左思)의 「은자를 부르다(招隱)」 첫째 시에 "바위 틈 샘에서 옥 같은 물로 입 헹구니, 작은 물고기들 떠오르기도 하고 가라앉기도 하네(石泉漱瓊瑤, 纖鱗或浮沈)"라는 구절이 있다.
4 발심성(發深省): 당나라 두보(杜甫)의 「용문의 봉선사에서 놀다(遊龍門奉先寺)」에 "깨어 새벽 종소리 들으려 하니, 사람으로 하여금 깊은 생각 발하게 하네(欲覺聞晨鐘, 令人發深省)"라는 구절이 있다.

옥처럼 맑은 샘물로 입을 헹군다. 그 한 모금의 물만으로도 정신이 깨끗하게 맑아진다. 내면을 깊이 살펴 성찰하는 일이 저절로 발하게 될 것 같다.

67~68

유추밀을 애도하다

挽劉樞密[1]

天界經綸業[2]	하늘은 경륜하는 사업 주었고,
家傳忠義心[3]	집안에는 충의의 마음 전하였다네.
謀謨經國遠[4]	책략 나라 경영함 원대하였고,
勳烈到人深	공훈 사람에 미침 깊었다네.

---

1 유추밀(劉樞密): 유공(劉珙: 1122~1178)을 말한다. 유공은 자가 공보(恭父)이며, 또한 자를 공보(共父), 공보(共甫)라 하기도 하였다. 숭안 사람으로 유자우(劉子羽)의 아들이다. 소흥 12년(1142)에 진사가 되었으며, 관직은 예부낭관(禮部郎官)까지 역임하였다. 시호는 충숙(忠肅)이며, 노국공(魯國公)에 추봉되었다. 주자는 그를 추모하는 이 만사뿐만 아니라 묘비명(墓碑銘)도 지어 주었는데, 『주문공집』 권 88에 보인다.
만사는 모두 세 수인데 여기에는 두 수만 수록하였다.

2 경륜(經綸): 원래의 의미는 고치에서 실을 뽑아 정리하고, 이 실로 끈을 꼰다는 뜻인데, 나중에는 국가의 대사를 도모하고 다스린다는 뜻으로 인신되어 쓰이게 되었다. 『주역·둔괘(屯卦)』의 상사(象辭)에 "구름과 우레는 어려운 것이다. 군자는 그것으로 경륜한다(雲雷, 屯, 君子以經綸)"라는 말이 있다. 『중용(中庸)』에 "오직 천하에 지극히 성실한 사람이라야 천하의 대경을 경륜하고, 천하의 큰 근본을 세울 수 있다(唯天下至誠, 爲能經綸天下之大經, 立天下之大本)"는 말이 있다.

3 가전충의심(家傳忠義心): 유공의 조부인 유협(劉袷)은 정강(靖康)의 난 때 절개를 지키다 죽어 충현공(忠顯公)이란 시호를 받았다. 부친인 유자우(劉子羽)는 금나라가 침입해 왔을 때 큰 공을 세워 충정(忠定)이란 시호를 받았다. 그리고 유공 자신도 조부와 부친을 이어 나라에 충성하여 충숙(忠肅)이란 시호를 받았다. 대대로 충의의 마음을 전하였다는 것은 이를 두고 한 말이다.

4 경(經): 순희본에는 우(憂)자로 되어 있다.

廊廟風雲斷[5]	낭묘에 풍운 끊어지고,
江湖歲月侵[6]	강호에서 세월만 흘러가네.
一朝成殄瘁[7]	하루아침에 병들어 죽게 되니,
九牧共沾襟[8]	구주에서 함께 옷깃 적시네.

유추밀 님으로 말할 것 같으면 하늘에서는 이 세상을 경륜하는 사업을 주셨다. 집안에서는 또한 조상 대대로 전하여 내려온 나라를 위해 충성과 의리를 다하는 마음을 이어서 전하셨다. 나라를 경영해 나갈 책략은 먼 훗날을 위한 원대한 포부로 드러내셨다. 잃어버린 나라를 위해 세운 공훈은 모

---

5 낭묘(廊廟): 『후한서』 권 59 「신도강전(申屠剛傳)」에 "낭묘의 계책은 미리 단정하지 않는다(廊廟之計, 旣不豫定)"라는 말이 있는데, 당나라 이현(李賢)은 "낭은 궁전의 아래에 있는 집이다. 묘는 태묘이다. 나라의 일은 반드시 먼저 낭묘가 있는 곳에서 모의한다(廊, 殿下屋也. 廟, 太廟也. 國事必先謀於廊廟之所也)"라고 주석을 달았다. 여기서는 조정을 가리키는 데 쓰였으며, 곧 북송의 도읍을 말한다.
풍운단(風雲斷): 곧 군왕(君王)과의 만남이 끊어진 것을 이른다. 송나라 왕백(王柏)의 「대신 왕잠재를 애도하다(代挽王潛齋)」라는 시에서는 이 구절을 그대로 따다 썼다.
6 강호세월침(江湖歲月侵): 침(侵)자에는 조금씩 차츰차츰 나아간다는 뜻이 있다. 송나라 왕십붕(王十朋)의 「섭추밀의 '이별을 말하다'라는 시의 각운자를 써서 짓다(次韻葉樞密言別)」에 "강호 이리저리 떠돌아다니다가 세월만 조금씩 흘러가네(流落江湖歲月侵)"라는 구절이 있다.
7 성진췌(成殄瘁): 진췌(殄瘁)는 병사하는 것을 말한다. 이 구절은 만사에서 쓰이는 상투적인 표현법인 것 같은데, 『주문공집』 권 10의 「주시랑을 애도하다(挽周侍郎)」에도 똑같은 구절이 있는 것으로 알 수 있다.
8 구목(九牧): 곧 구주(九州)와 같은 뜻이다. 『문선』에 수록되어 있는 공융(孔融)의 「성효장[盛憲]을 논한 편지(論盛孝章書)」에 "온 천하에서는 모두 그를 칭찬합니다(九牧之人, 所共稱歎)"라는 말이 있는데, 당나라 이선(李善)은 "구목은 구주라는 말과 같다(九牧猶九州也)"라 하였다. 옛날 우임금이 치수를 끝내고 중국을 구주로 나누었으므로 이렇게 말한다.

든 사람들의 마음에 깊숙이 자리 잡을 정도로 각별하셨다. 두고 온 북쪽 땅의 궁전과 태묘에서는 신하와 임금의 만남이 끊어진 채 오랑캐에게 넘어갔다. 이곳 강호는 그런 사실을 아는지 모르는지 무심하게 세월만 쉬지 않고 흘러가고 있다. 그런데 실지 회복에의 기대를 한 몸에 받던 공께서 하루 아침에 병이 들어 그 길로 돌아가셨다. 온 천하의 백성들 모두 공의 죽음을 슬퍼하며 애도하는 눈물을 흘려 옷깃을 적신다.

談笑平蠻策⁹	담소하는 사이에 오랑캐 평정할 계책 세우셨고,
焦勞振廩功¹⁰	창고 여는 일에 노심초사하였다네.
復讐乖宿志¹¹	복수의 오랜 뜻 어그러졌고,

---

9 담소평만책(談笑平蠻策): 순회본에는 "오랑캐 평정할 책략에 강개해하셨네(慷慨平蠻略)"로 되어 있다. 당나라 이백(李白)의 「달아나는 도중에(奔亡道中)」세 번째 시에 "웃고 이야기하는 중에 삼군 물리치고, 교유는 일곱 귀인 멀리하였다네(談笑三軍却, 交游七貴疎)"라는 구절이 있다. 청나라 왕기(王琦)는 진(晉)나라 좌사(左思)의 「역사를 소재로 읊음(詠史詩)」에 나오는 "내 노중련 그리워하나니, 웃고 이야기하는 중에 진나라 군사 물리쳤다네(吾慕魯仲連, 談笑却秦軍)"라는 구절을 인용하여 주석을 달았다. 주자의 「소부 유공의 신도비(少傅劉公神道碑)」(이하 「신도비」)에 "또 일찍이 주상을 위해 '적을 대응함에 일정한 술책은 없으며, 나라를 부강케 함에 바꿀 수 없는 대책이란 없는 법입니다. 대저 강화니, 전쟁이니, 수비니 하는 것은 모두 이른바 적에게 대응하는 세 가지 계책이지만 미리 도모할 수는 없는 것입니다. 오직 정사를 닦아 국세를 부강케 함으로써 이 세 가지를 운용할 수 있는 권병이 나에게 있도록 하고 그리하여 그것을 운용함에 이롭지 않음이 없도록 하는 것이야말로 이에 바꿀 수 없는 대책일 뿐입니다'라 하였다(又嘗爲上言, 應敵無一定之謀, 而彊國有不易之策. 夫日和, 日戰, 日守, 皆所謂應敵之計, 不可預圖者. 惟修政事以彊國勢, 使者之權在我而用無不利, 乃爲不易之策耳)"라는 말이 있다.

忍死罄餘忠[12]	남은 충성 기울이니 차마 죽겠는가?
人嘆百身贖[13]	사람들 몸 백 번 속죄하려 함에 탄식했고,
天悲一鑑空[14]	하늘은 한 거울 비었음 슬퍼하였다네.
九原終莫起[15]	구원에서 끝내 일어나지 않으니,
千載自英風	천년토록 절로 영웅의 풍모 있다네.

10 진름(振廩): 『좌전·문공(文公) 16년』에 "여부터는 곳간을 흩어 함께 먹었다(自廬以往, 振廩同食)"라는 말이 있는데, 양백준(楊伯峻)은 "『서경·주서·무성(周書·武城)』편의 '녹대의 재산을 흩었다(振鹿臺之財)라 할 때의 '振'자와 같은 뜻이며, 흩는다는 뜻이다. 두예는 '진은 여는 것이다(發也)'라 하였는데 또한 뜻이 통한다"라 하였다. 「신도비」에 "참지정사를 겸하여 맡으라는 조서가 내렸다 …… 여러 로에서 수년 동안 밀려온 수억의 금, 은, 곡, 백 등의 포부를 깨끗이 면제해 주었다(詔兼參知政事 …… 蠲諸路累年逋負金銀穀帛巨億計)"라는 말이 있다.
평만(平蠻)은 그가 호남안무(湖南按撫)가 되었을 때 침주(郴州)와 계주(桂州)의 적도(賊徒) 이(李)와 금(金) 등을 평정한 것을 가리킨다. 진름공(振廩功)은 그가 건강유수(建康留守)가 되었을 때 창고를 열어 진휼하고 구제한 일을 가리킨다.

11 지(志): 순희본에는 원(願)자로 되어 있다.

12 인사경여충(忍死罄餘忠): 인(忍)은 여기서 "어찌 차마(豈忍)"라는 뜻의 반문(反問)의 의미로 쓰였다. 「신도비」에 "가을 7월 갑자일에 문하생을 불러 천여 언을 구술하여 전하면서 이를 문장으로 갖추어 상주케 하였는데, 시폐의 근본을 극언하였으며 또 쓸 만한 여러 신하들을 천거하는 내용이었다. 글을 마치고 이를 봉하여 올리고 나서 얼마 있지 아니하여 공은 돌아가셨다(秋七月甲子, 公召門下生, 口授千餘言, 使具爲奏, 極言時弊根本, 且薦群臣之可用者, 畢封上之, 有頃而薨)"라는 말이 있다.

13 백신속(百身贖): 『시경·진풍·꾀꼬리(秦風·黃鳥)』에 "사서 바꿀 수만 있다면, 백 사람이라도 그 분을 되찾으련만(如可贖兮, 人百其身)"이라는 구절이 있는데, 주희는 "만일 다른 사람으로 바꿀 수 있다면, 사람들이 모두 그 몸을 백 번이라도 바꾸기를 원할 것이다(若可貿以他人, 則人皆願百其身以易之矣)"라 하였다.

14 일감공(一鑑空): 송나라 원추(袁樞)의 『통감기사본말(通鑑紀事本末)』 권 29에 "(貞觀) 17년 봄 정월에 정문정공 위징이 죽자 임금이 위징을 생각하기를 그치지 않고 시신들에게 이르기를 '사람이 구리를 가지고 거울을 만들면 의관을 바르게 할 수 있고, 옛것을 가지고 거울을 삼으면 성쇠를 알 수 있고, 사람을 가지고 거울을 삼으면 득실을 알 수 있다. 위징이 죽었으니 짐은 거울 하나를 잃었다(十七年春正月, 鄭文貞公魏徵薨, 上思徵之不已, 謂侍臣曰, 人以銅爲鏡可以正衣冠, 以古爲鏡可以見興替, 以人爲鏡可以知得失, 魏徵沒, 朕亡一鏡矣)"라는 말이 있다.

평상시에 아무 일도 없는 듯이 이야기하고 웃는 사이에도 마음속에는 오랑캐를 평정하여 몰아낼 계책을 세우셨다. 지방관으로 나가서는 어려움에 처한 백성들을 위해 창고를 열어 구휼하느라 노심초사하셨다. 당시의 폐단을 시정하고 쓸 만한 신하를 천거하여 실지를 수복하고자 하셨으나 돌아가시는 바람에 오랫동안 품어 오셨던 뜻도 어그러지고 말았다. 이렇게 돌아가실 무렵까지도 남은 충성을 다하고자 하셨으니, 어찌 차마 돌아가실 수 있었을까? 사람들은 공을 위해서라면 자신의 몸을 백 번이라도 바꾸려 할 정도로 모두들 탄식하였다. 하늘마저 거울로 삼을 만한 충직한 신하가 죽어서 사라지고 없음을 못내 슬퍼한 것이다. 공께서는 이 세상을 버리고 돌아가시어 무덤에 누워 끝내 일어나 돌아올 수 없으니, 천년이 지난다고 하더라도 그 분의 영웅적인 풍모는 절대로 사라져 없어지지 않을 것이다.

---

15 구원(九原): 원래는 춘추시대 진(晉)나라 경대부들의 묘지를 말하였다. 『예기·단궁 하(檀弓下)』에 "조문자는 숙예와 더불어 구원의 무덤을 보았다(趙文子與叔譽觀乎九原)"라는 말에서 나왔다. 나중에는 또한 일반 묘지를 두루 가리키는 말로도 쓰이게 되었음. 당나라 교연(皎然)의 「단가행(短歌行)」에 "쓸쓸한 안개와 비 구천의 언덕을 덮고 있으니, 흰 버들이며 푸른 소나무 있는 곳에 묻힌 자 누구인가?(蕭蕭煙雨九原上, 白楊靑松葬者誰?)"라는 구절이 있다.

임자년 3월 27일 급작스런 우레를 듣고 느낌이 있어
壬子三月二十七日聞迅雷有感[1]

誰將神斧破頑陰[2]	누가 신의 도끼 가지고 완악한 음기 깨뜨렸는가?
地裂山開鬼失林	땅 갈라지고 산 열리니 귀신 숲 잃었다네.
我願君王法天造[3]	내 생각건대 천왕 하늘의 운행 본받아,
早施雄斷答群心[4]	일찌감치 웅대한 결단 베풀어 뭇사람의 마음에 답하는 것이리.

---

1 송나라 황진(黃震)의 『황씨일초(黃氏日抄)』 권 34에서는 이 시를 인용하고 "읽어보면 사람을 감동케 하니 어찌 용대연의 무리 따위가 펴낼 수 있겠는가?(讀之, 令人感動, 豈爲龍大淵輩發耶?)"라 하였다. 용대연은 남송 효종 때의 인물로 금나라에 사신으로 간 적이 있다.

2 신부(神斧): 전설상에 나오는 번개의 신이 번개를 일으킬 때 쓴다는 도구를 말한다. 북송(北宋) 심괄(沈括)의 『몽계필담·신기(夢溪筆談·神奇)』에 "세상 사람들 중에서 뇌부(雷斧)니 뇌설(雷楔)을 주웠다는 자들이 말하기를 '그것은 뇌신(雷神)이 떨어뜨린 것인데, 흔히 천둥번개가 많이 친 아래에서 얻을 수 있다'고 하였는데, 나는 한 번도 얻어 볼 수가 없었다. 원풍(元豐) 연간에 내가 수주(隨州)에 살고 있을 때, 여름날 번개가 크게 치더니 나무 한 그루가 벼락을 맞고 부러졌다. 그 밑에서 설(楔) 하나를 얻었으니, 정말 전하는 말과 같았다. 무릇 뇌부는 흔히 구리나 쇠로 만든 것이지만, 설(쐐기)은 돌로 만들었을 뿐인데, 부(도끼)와 비슷하나 구멍이 없다"라 하였다.

3 천조(天造): 천운(天運), 곧 하늘의 운행을 말한다. 『주역』 둔(屯)괘의 단사(彖辭)에 "하늘이 우매한 백성을 창조하는 데는 왕후(王侯)를 세웠어야 했으나 편안치가 않았다(天造草昧, 宜建侯而不寧)"는 말이 있는데, 『정전(程傳)』에서는 "천조는 시운이다(天造, 時運也)"라 하였고, 주희는 『본의(本義)』에서 "천운이라 말하는 것과 같다(猶言天運)"라 하였다.

누가 신이 번개를 일으킬 때 쓰는 도끼를 가지고 온 하늘을 뒤덮고 있는 완악한 구름의 음기를 깨뜨렸는가? 번쩍, 하고 번개가 쳐서 마치 땅이 찢어져 갈라지는 것 같다. 산이 쪼개어져 열리는 것 같으니 음귀가 숨을 만한 숲을 다 잃어버렸다. 이렇게 뇌우가 내리는 것을 보고 내가 가만 돌이켜 생각해 보았다. 이는 아마 천왕이 하늘의 운행을 본받아서 일찌감치 웅대한 결단을 베풀어서 뭇사람들이 간절히 바라는 마음에 부응하여 답한 것이 아닐까 한다.

4　웅단(雄斷): 영명하고 정확한 결단.
　　군심(群心): 백성들의 바람.

70~71

원범 존형이 매화시 10수를 보여 주고 말하는데
풍격이 청신하고 기탁한 뜻이 깊고 멀어 여러 날이나
읊조리고 감상하면서 화답하고자 하였으나
할 수 없다가 어젯밤 백록동의 옥간에서 돌아와
우연히 여러 시어를 얻다

元範尊兄示及十梅詩, 風格淸新, 意寄深遠, 吟玩累日, 欲和不能,

昨夕自白鹿玉澗歸, 偶得數語

70

寒梅 한매

白玉堂前樹 백옥당 앞의 나무,

風淸月影殘 바람 맑은데 달그림자 남아 있네.

---

1 원범(元範)은 양대법(楊大法)으로 주자의 문인이다. 무주(婺州) 사람이며, 당시 남강군(南康軍) 교수로 있었다. 주희가 백록동서원을 창건할 때 그 일을 감독하게 하였다.
이 시는 제목에 보이는 것처럼 모두 열 수로 되어 있는데, 여기에서는 그 중 다섯 번째 시와 마지막 시의 두 수만 수록하였다.

2 백옥당전수(白玉堂前樹): 당나라 두보(杜甫)의 「고 우복야 상국 장구령공(故右僕射相國張公九齡)」에 "임금의 백옥당에 오르고, 임금의 금화성에 기대었다네(上君白玉堂, 倚君金華省)"라는 구절이 있다. 황희(黃希)는 "옥당과 금화는 모두 전각(殿閣)의 이름이다"라 하였다. 조차공(趙次公)은 "이는 장구령(張九齡)이 교서랑이 되고 중서사인(中書舍人)이 되고 집현전학사(集賢殿學士)가 된 것을 말한다"라 하였다. 당나라 장유한(蔣維翰: 장은 일설에는 薛이라고도 함)의 「봄날 여인의 원망(春女怨)」에 "백옥당 앞의 한 그루 매화, 오늘 아침에 별안간 몇 송이 꽃 핌 보이네(白玉堂前一樹梅, 今朝忽見數花開)"라는 구절이 있다. 송나라 왕안석의 「매화(梅花)」에도 "백옥당 앞의 한 그루 매화, 누구를 위해 졌다가 누구를 위해 피는가?(白玉堂前一樹梅, 爲誰零落爲誰開?)"라는 구절이 있다.

| 無情三弄笛[3] | 무정한 「삼롱곡」 피리 곡조, |
| 遙夜不勝寒 | 아득한 밤에 추위 이기지 못하네. |

백옥당 앞에 있는 한 그루 매화나무가 꽃을 피웠다. 바람은 더없이 맑게 불고 마침 달이 떠올라 달빛에 매화 그림자가 땅에 비쳐서 남아 있다. 어디선가 무정하게 매화를 연주한 피리곡인 「매화삼롱」의 곡조가 들려 와서 운치를 더한다. 아직 겨울의 끝이라 긴긴 밤에 그 곡조를 다 들을 수 있을 정도로 추위를 이기지를 못하겠다.

賦梅 매화를 읊다

| 君欲賦梅花 | 그대 매화 읊고 싶어 하나, |

---

3 삼롱적(三弄笛): 삼롱(三弄)은 옛 곡조 이름으로 곧 「매화삼롱(梅花三弄)」을 가리킨다. 남조 송나라 유의경(劉義慶)의 『세설신어·임탄(任誕)』에 "왕휘지(王徽之)가 도성을 나와 아직 청계저(淸溪渚) 부근에 있었다. 예전부터 환이(桓伊)가 피리를 잘 분다는 소문을 들었지만 서로 면식은 없었다. 우연히 환이가 언덕 위를 지나가고 있을 때 왕휘지는 배 안에 있었는데 손님 가운데 그를 알아본 사람이 말하기를 '환이다!'라 하였다. 왕휘지는 곧장 사람을 보내 인사를 건네며 이르기를 '당신이 피리를 잘 분다고 들었는데 나를 위해 한번만 연주해주시지요'라고 하였다. 환이는 당시에 이미 고귀한 신분이었지만 평소 왕휘지의 명성을 듣고 있었기 때문에 즉시 몸을 돌려 수레에서 내린 뒤 호상에 걸터앉아 세 곡조를 연주하였는데, 곡을 끝내고는 곧장 수레를 타고 가버렸다. 두 사람은 한 마디의 말도 나누지 않았다(王子猷出都, 尙在渚下, 舊聞桓子野善吹笛, 而不相識, 遇桓於岸上過, 王在船中, 客有識之者, 云是桓子野. 王便令人與相聞, 云聞君善吹笛, 試爲我一奏. 桓時已貴顯, 素聞王名, 便回下車, 踞胡牀, 爲作三調, 弄畢, 便上車去, 客主不交一言)"라는 말이 있다.

梅花若爲賦　매화 읊겠는가?
繞樹百千回　매화나무 백번 천 번 맴돌아도,
句在無言處　시구는 말 없는 곳에 있다네.

원범, 그대는 매화를 그렇게 읊고 싶어 하여 이렇게 매화를 읊은 시를 지어 보여 주었는데, 실로 매화를 읊을 만했었는지 모르겠다. 나 또한 매화를 읊고자 하여 매화나무를 이리저리 수없이 돌고 또 돌아가며 시상을 떠올려 보지만, 말로 뱉어버리거나 글로 써내면 참된 시가 되지 않았다. 참된 시구는 실로 말이 없는 곳, 곧 마음속에 있는 것이다.

72

가을날 병으로 휴직하여 한가로이 거처하며 황자후 와 유평보 및 산의 여러 벗들을 그리워하다

秋日告病齋居, 奉懷黃子厚劉平父及山間諸兄友[1]

出山今幾時	산 나선 지 지금 얼마나 되었는지,
忽忽歲再秋	어느덧 계절 다시 가을이라네.
江湖豈不永	강호는 어찌 영구하지 않으리?
我興終悠悠	나의 흥도 아득하니 끝이 없네.
況復逢旱魃	하물며 다시 가뭄을 만나,
農畝無餘收	농부들 밭에서 거두어들일 만한 것 없다네.
赤子亦何辜	백성들에게 또한 무슨 죄 있겠는가?
黃屋勞深憂[2]	천자께서 애쓰시어 근심 깊으시네.
而我忝朝寄	그러나 내 조정의 위임을 맡게 되고 보니,
政荒積愆尤	흉년의 백성 보살핌 죄만 더욱 쌓이네.

---

1 황자후(黃子厚): 이름은 황수(黃銖: 1131~1199)이며, 호는 곡성옹(穀城翁)이라 하였다.
  유평보(劉平父): 이름은 유평(劉玶: 1138~1185)이며, 다른 자는 평보(平甫)인데, 병산(屛山) 유 자휘(劉子翬)의 아들이다.

2 황옥(黃屋): 천자(天子)가 타는 수레를 말한다. 천자가 타는 수레는 누런 비단으로 지붕을 덮 었기 때문에 이렇게 부른다. 남조(南朝) 송(宋)나라 범엽(范曄)의 「낙유응조(樂游應詔)」에 "산 의 들보는 공자의 성품 돕고, 천자의 수레는 요임금의 마음 아니라네(山梁協孔性, 黃屋非堯 心)"라는 구절이 있다. 나중에는 천자를 부르는 말로 쓰이게 되었다. 당나라 두보의 「오초로 가려 함에 사군 장유후 및 막부 여러 분에게 드리다(將適吳楚留別章使君留後兼幕府諸公)」에 "중원의 소식 끊겼는데, 임금님은 지금 편안하신지?(中原消息斷, 黃屋今安否?)"라는 구절이 있다. 감히 천자를 직접 가리켜 말할 수 없었으므로 이렇게 말한 것이다.

懷痾臥空閣	병들어 텅 빈 집에 누워 있으니,
惻愴增綢繆	비통함 더욱 얽혀드네.
東南望故山	동남쪽으로 고향 바라보니
上有玄煙浮³	위에는 현묘한 놀 떠 있네.
平生采芝侶⁴	평소 지초 캐는 무리 벗하였는데,
寂寞今焉儔	쓸쓸하니 지금 누구 짝할까?
朝遊雲峰巓	아침에 구름 낀 봉우리에서 노닐고,
夕宿寒巖幽	저녁엔 차가운 바위의 그윽한 곳에서 잔다네.
爲我泛瑤瑟⁵	나를 위하여 구슬 장식 슬 띄워놓고,
泠然發淸謳	시원하게 맑은 노래를 부른다네.
裂牋寄晨風⁶	편지 찢어 새벽바람에 부치니,
問我君何求	나에게 묻기를 "그대는 무엇 추구하는가?

---

3 연(煙): '구름 운(雲)'자로 된 판본도 있다.
4 채지려(采芝侶): 지초를 캐는 무리. 곧 상산사호(商山四皓)를 말한다. 진(晉)나라 황보밀(皇甫謐)의 『고사전(高士傳)』 권 중 「사호(四皓)」에 "사호는 모두 하내(河內)의 지(軹) 땅 사람이다. 혹은 급(汲)에 있다고도 하였다. 첫째는 동원공(東園公), 둘째는 녹리선생(甪里先生), 셋째는 기리계(綺里季), 넷째는 하황공(夏黃公)이니, 모두 도를 닦고 자신을 깨끗이 하여 의가 아니면 움직이지 않았다. 진시황 때 진나라의 학정을 보고 이에 남전산(藍田山)에 들어가 노래를 지어 말하기를 '아득히 높은 산이여! 깊은 골짜기도 구불구불하구나. 빛나고 빛나는 붉은 지초여! 요기를 할 수 있구나!'(莫莫高山 深谷逶迤 曄曄紫芝 可以療飢)라 하였다"라는 말이 있다.
5 범요슬(泛瑤瑟): 당나라 유우석(劉禹錫)의 「소상의 신(瀟湘神二首)」두 번째 시 "초나라 나그네 구슬 장식한 슬의 원망하는 듯한 소리 듣고자 하는데, 소상강 깊은 밤 달 밝을 때라네(楚客欲聽瑤瑟怨, 瀟湘深夜月明時)"라는 구절이 있다.
6 열전(裂牋): 종이를 잘라 글을 쓰다. 전(牋)은 편지를 가리키는 말이다. 당나라 한유(韓愈)의 「유정부에게 답하는 편지(答劉正夫書)」에 "저는 진사 유군 족하에게 아룁니다. 욕되게도 편지를 보내주셔서 미치지 못한 바를 가르쳐주셨으니, 이미 두터이 내려주심을 입었으며 또 그 정성에 부끄럽습니다(愈白進士劉君足下. 辱牋教以所不及, 旣荷厚賜, 且愧其誠)"라는 말이 있다.

洪濤捩君柂	큰 파도 그대의 키 비틀고,
狹碎摧君軥	좁은 길 임금의 끌채 꺾는다네.
君還若不早	그대 돌아옴 이르지 않다면,
無乃非良謀	좋은 계책 아님 아닌가?"하네.
再拜謝故人	두 번 절하고 친구와 이별하니,
低徊更包羞[7]	서성임에 더욱 부끄러워진다네.
桂華幸未歇	계수나무 꽃이 다행히 아직 다 지지 않았다면,
去矣從公游	가리라, 그대들 좇아 놀러.

그대들과 함께 강학하며 놀던 산을 나서서 이곳으로 온 지가 지금 얼마나 시간이 지났는지 모르겠소. 세월은 흘러 어느덧 그곳을 떠나 이곳에 온 계절인 가을이 다시 찾아왔다오. 이렇게 그대들을 떠나 시간은 흘러도 이 세상의 강호는 하나도 변한 것이 없으니 어찌 영원하지 않겠소? 아직 산에 있는 그대들을 생각하니, 나의 흥도 그대들과 함께 있는 듯 아득하여 끝이 없는 것 같소. 모든 것은 이렇게 변함이 없는 것 같지만 올해는 이곳에 다시 심한 가뭄이 왔소. 농부들이 밭에 나가서 일을 한다고 해도 사실상 풍족하게 거두어들일 농산물이 전혀 없다오. 저 어린아이 같은 천진한 백성들에게야 무슨 잘못이 있겠소. 다만, 천자께서도 가뭄 만난 백성들을 위해 수고하고 애쓰시느라 깊이 근심을 하고 있다오. 그런데 아무런 능력도 없는 내

---

7 포수(包羞): 『주역·비괘(否卦)』 밑에서 셋째 음효[六三]에 "품은 것이 부끄럽다(包羞)"는 말이 있는데, 「상사(象辭)」에서는 "품은 것이 부끄럽다는 것은 자리가 마땅하지 않기 때문이다(包羞, 位不當也)"라는 말이 있다.

가 조정 관원들의 체면을 더럽혀 대표로 이곳을 구휼하라는 임명을 맡았소. 와서 보니 정말로 얼마나 흉년이 심한지 백성을 보살필 엄두도 내지 못하고 조정에서 보낸 임무만 저버리는 죄만 자꾸 쌓이는 듯하오. 게다가 허약한 이 몸은 또 병까지 들었다오. 다들 백성을 구휼하기 위해 이리저리 바삐 뛰어다니느라 텅 빈 관청에 혼자 누워 있자니, 천자의 은혜를 받아 가뭄을 구휼하러 온 이 몸에 비통함만 더욱 얽혀드는 것 같소. 처량한 마음에 그대들이 생각나서 동남쪽으로 고향산천이 있는 곳을 우러러 보게 되었소. 고향이 있는 산 위의 하늘에는 현묘한 놀이 떠 있습니다. 평상시엔 지초나 캐면서 은거하던 상산사호 같은 그대들을 짝하며 보냈었소. 이곳에 오고 보니 마음이 적막하여 쓸쓸한 것이 지금은 도대체 어떤 사람들을 짝하며 지낼지 모르겠습니다. 그저 시간 나는 대로 아침이면 구름이 낀 봉우리에 올라 노닐기도 하고, 저녁이 되면 보잘 것 없는 바위 사이에 자리 잡은 그윽한 거처로 돌아와 잠이나 청하곤 한답니다. 그대들은 아름다운 구슬로 장식한 현악기인 슬을 실은 배를 호수에 띄워 놓고, 스르릉스르릉 시원한 곡조로 맑은 노래를 불러서 저를 위로하곤 했었지요. 편지를 다 써서 찢어 새벽바람에 나에게 부쳤는데, 그 편지에서는 이렇게 물었습니다. "그대는 무엇을 추구하느라 그곳에 가서 그리 고생만 하는가? 그때 그대가 떠나지 못하도록 큰 물결이 쳐서 그대가 갈 배의 키를 비틀어 놓겠소. 또 길을 가다가 좁은 곳을 만나 천자의 명을 받들어 임지로 가는 그대가 탄 수레의 끌채를 꺾었으면 하오. 그러나 결국 그대는 떠난다고 하오. 이렇게 된 바에야 그대의 돌아옴이라도 이르지 않다고 한다면, 이는 결국 그대를 위해서나 우리를 위해서나 결코 좋은 계책이 아니지 않겠습니까?" 이별의 예로 두 번 절하고서 그대 벗님들과 이별하게 되었소. 우유부단한 성격에 이러지도 못하고 저러지도 못하여 서성이며 배회하던 일을 지금 와서 생각해 보니 더욱 부끄러워진다오. 만약에 우리가 함께 놀던 그곳의 산에 아직도 계수나무 꽃이 다 지지 않고 조금이라도 남아 있다면, 나도 빨리 이곳을 떠나서 그대들을 좇아 그곳에서 함께 신나게 놀았으면 한답니다.

73~75

삼가 우연지 제거와 함께, 여산잡영

奉同尤延之提擧, 廬山雜詠[1]

臥龍庵武夷祠 在西澗西三里
와룡암의 무이사 서간의 서쪽 삼 리에 있다

空山龍臥處	빈 산의 용 누워 있는 곳,
蒼峭神所鑿	푸르고 가팔라 신이 뚫어 놓은 곳이라네.
下有寒潭幽	아래로는 그윽하니 찬 못 있고,
上有明河落[2]	위에서는 맑은 은하수 떨어지네.
我來愛佳名	내 와서 아름다운 이름 사랑하여,
小築寄幽壑[3]	조그만 집 지어 그윽한 골짜기에 내맡겼네.
永念千載人	영원히 천년에 한번 나올 만한 사람 생각하니,
丹心豈今昨	붉은 마음 어찌 오늘과 어제가 다르겠는가?

---

1 우연지(尤延之): 우무(尤袤: 1127~1202)의 자이며, 소자는 계장(季長)이라고 하였다. 호는 미헌(美軒) 또는 수초(遂初)라 하였으며, 만년에는 낙계(樂溪), 목석노일민(木石老逸民)이라고도 하였다. 양만리(楊萬里), 범성대(范成大), 육유(陸游)와 함께 남송사대시인(南宋四大詩人)으로 일컬어진다.
이「여산잡영(廬山雜詠)」은 모두 열네 수인데 여기서는 여섯째, 열한 번째, 열세 번째 시의 세 수만 수록하였다.

2 명하(明河): 당나라 송지문(宋之問)「명하편(明河篇)」에 "8월의 바람 서늘하니 하늘 기운 밝고, 만 리에 구름 없으니 은하수 밝다네(八月涼風天氣晶, 萬里無雲河漢明)"라는 구절이 있다. 여기서는 폭포를 가리켜 은하수에 비유한 것이다.

3 소(小): '점 복(卜)'자로 된 판본도 있다.

英姿儼繪事[4]	빼어난 자태는 의젓하게 그림에 남았는데,
凜若九原作[5]	늠름하게 구원에서 일어났네.
寒藻薦芳馨	식은 나물 제수로 올리고,
飛泉奉明酌[6]	나는 샘물 제주로 받들어 올리네.
公來識此意	공 와서 이 뜻 알고는,
顧步慘不樂[7]	걸음 돌아보며 슬퍼하여 기뻐하지 않네.
抱膝一長吟[8]	무릎 안고 한 번 길게 읊조리니,
神交付冥漠[9]	정신으로 교통함이 현묘하여
	헤아릴 수 없는 곳에 부치네.

4 회사(繪事): 『논어·팔일(八佾)』편에 "자하가 묻기를 '"예쁜 웃음에 보조개가 예쁘며 아름다운 눈에 눈동자가 선명함이여! 흰 비단으로 채색을 한다"라 하였으니 무엇을 말한 것입니까?'라 하니 공자가 말하기를 '그림 그리는 일은 흰 비단을 마련한 뒤에 하는 것이다'라 하였다(子夏問曰, 巧笑倩兮, 美目盼兮, 素以爲絢兮, 何謂也? 子曰, 繪事後素)"라는 말이 있는데 주자는 "회사는 그림을 그리는 일이다. 후소는 흰 비단을 마련하는 것보다 뒤에 하는 것이다.『예기·고공기』에 '그림 그리는 일은 흰 비단을 마련한 뒤에 한다'라 하였으니, 먼저 흰 비단으로 바탕을 삼은 뒤에 오색의 채색을 칠하는 것이니, 마치 사람이 아름다운 자질 있은 뒤에 문식을 더할 수 있음과 같은 것이다(繪事, 繪畫之事也. 後素, 後於素也 考工記曰 繪畫之事後素功 謂先以粉地爲質, 而後施五采, 猶人有美質, 然後可加文飾)"라 하였다.
5 구원(九原): 원래는 춘추시대 진(晉)나라 경대부들의 묘지를 말하였다. 자세한 것은 68번 시의 주 15)를 보라.
6 명작(明酌): 제사에 사용하는 청주.
7 고보(顧步): 당나라 두보의 「송골매를 그림(畫鶻行)」에 "내 지금 뜻 무엇 상하였는가? 행보 돌아봄에 유독 답답하네(吾今意何傷, 顧步獨紆鬱)"라는 구절이 있다. 청나라 구조오(仇兆鰲)는 "고보는 행보를 스스로 돌아보는 것이다(顧步, 行步自顧也)"라 하였다.
8 포슬(抱膝): 송(宋)나라 축목(祝穆)의 『고금사문유취후집(古今事文類聚後集)』권 21 「포슬장소(抱膝長嘯)」조에 "제갈량이 형주에서 유학할 때 새벽과 밤마다 항상 무릎을 감싸 안고 길게 휘파람을 불었다(諸葛亮在荊州遊學, 每晨夜, 常抱膝長嘯)"라 하였다.

텅 비어 아무도 없는 저 산의 용이 누워 있는 곳. 울창한 숲 때문에 검푸른 빛을 띠고 있다. 거기다가 얼마나 가파른지 신의 솜씨로 뚫어놓은 곳이라고 하겠다. 용이 누워 있는 산의 아래에는 한때 이무기가 살았음직한 폭포 때문에 패여서 이루어진 웅덩이 같은 차가운 못이 있다. 위에는 밝은 은하수 같이 빛을 내며 떨어지는 폭포가 있다. 내가 이곳에 와서 용이 누운 곳이라는 뜻의 와룡이라는 아름다운 이름을 하도 사랑한 나머지, 깊숙하고 그윽한 골짜기에다가 작은 집을 지어서 집의 이름으로 삼았다. 천년에 한 번 날까말까 한 제갈량 같은 훌륭한 인물 영원히 두고두고 생각해 본다. 당시 나라를 위해 충성을 다 바쳤던 붉은 마음이 오늘이라고 어찌 달라질 수 있겠는가? 이곳 사당에는 제갈량의 빼어난 자태가 다만 그림 속에서만 의젓하게 남아 있다. 그 모습이 늠름하기가 마치 무덤인 구원에서 일어나 살아 돌아온 것같이 생생하게 느껴진다. 깊은 산중이라 좋은 제수품을 마련하지 못하여 이곳에서 나는 보잘것없는 산나물을 제수로 올렸다. 역시 산속이라 좋은 술을 구하고자 해도 구할 도리가 없어 허공을 날아 떨어지는 샘물을 받아 제주로 받들어 올렸다. 그러나 내가 제갈공명 공을 제사지내어 높이려는 이 뜻을 알아보고는, 공명(孔明) 공 걸었던 길을 되돌아보고 삼국을 통일하려던 웅지를 이루지 못하여 슬퍼하여 기뻐하지 않는 듯하다. 무릎을 끌어안고 지은 시문을 한번 길게 읊조리는데, 내가 공명과 정신으로 사귀어 현묘하여 헤아릴 수 없는 뜻을 부쳐 본다.

---

9 신교부명막(神交付冥漠): 당나라 두보의 「대국공(代國公) 곽진(郭震)의 옛집을 지나며(郭代公故宅)」에 "크게 「보검편」을 읊조리고, 정신으로 교제함은 현묘하여 헤아릴 수 없는 곳에 부치네(高詠寶劍篇, 神交付冥漠)"라는 구절이 있다.

陶公醉石歸去來館[10]　在歸宗西五里
도공취석 귀거래관　귀종사의 서쪽 오 리 지점에 있다

予生千載後[11]　내 천 년 뒤에 태어나
尙友千載前[12]　천 년 전의 옛사람과 벗하네.
每尋高士傳[13]　항상『고사전』을 찾을 때마다,
獨歎淵明賢　오직 도연명의 어짊을 감탄하였네.

10 도공취석귀거래관(陶公醉石歸去來館):『주자어류(朱子語類)』권138「잡류(雜類)」에서는 "여산에 도연명의 옛 자취가 있는데 상경이라고 한다.『도연명집』에는 '경사'의 '경'이라 하였는데, 지금 토착민들은 '형초'의 '형'이라고 생각한다. 강 가운데 너럭바위가 있고, 바위 위에는 흔적이 있는데, 도연명이 취하여 그 돌 위에 누웠으므로 '도연명이 취해 누운 바위'라고 이름하였다. 내가 군수가 되었을 때 작은 정자를 지었는데, 아래에 이 바위가 내려다 보여서 '귀거래관'이라는 편액을 달았다. 또 서산 유응지의 암자를 취하여 노직[황정견]의 시구를 취하여 이름을 '청정퇴암'이라 하였는데 이것과 마주하고 있다(廬山有淵明古迹處日上京. 淵明集作京師之京, 今土人以爲荊楚之荊. 江中有一盤石, 石上有痕云, 淵明醉臥於其石上, 名淵明醉石. 某爲守時, 架小亭, 下瞰此石, 榜歸去來館. 又取西山劉凝之菴, 用魯直詩名曰淸靜退菴, 與此相對)"라 하였다.
11 천재후(千載後): 도연명은 365년에 태어났고 주자는 1130년에 죽었으니 실제로는 765년 뒤에 태어난 것이지만 여기서는 대략적인 수를 들어서 말한 것이다.
12 상우(尙友):『맹자·만장(萬章) 하』에 "천하의 선사와 벗하는 것을 만족스럽지 못하게 여겨 다시 올라가서 옛사람을 논하니, 그 시를 외우며, 그 글을 읽으면서도 그 사람을 알지 못한다면 되겠는가? 이 때문에 그 당세를 논하는 것이니 이는 위로 올라가서 벗하는 것이다(以友天下之善士爲未足, 又尙論古之人, 頌其詩, 讀其書, 不知其人可乎? 是以論其世也, 是尙友也)"라 하였는데, 주자는 "'尙'은 '上'과 같으니 나아가서 올라감을 말한다 …… 천하의 선사와 벗할 수 있다면 그 벗한 것이 많은데도, 오히려 만족스럽지 못하게 여겨서 또 나아가 고인에게 취하니, 이는 그 벗을 취하는 도를 진전하여 다만 일세의 선비를 벗할 뿐이 아닌 것이다(尙上同言, 進而上也 …… 夫能友天下之善士, 其所友衆矣, 猶以爲未足, 又進而取於古人, 是能進其取友之道, 而非止爲一世之士矣)"라 하였다.

及此逢醉石	이곳에 이르러 취석을 만나니,
謂言公所眠	공이 잠자던 곳이라 하네.
況復巖壑古	더욱이 다시 바위 골짜기는 오래되어,
縹緲藏風煙	아득히 바람과 놀에 감추어졌네.
仰看喬木陰	우러러 높은 나무 그늘을 바라보고,
俯聽橫飛泉	굽혀 흩날리는 폭포수의 소리를 듣네.
景物自淸絶	경물은 저절로 맑고 빼어나니,
優遊可忘年	한가히 노닒에 나이를 잊을 만하네.
結廬依蒼峭	푸른 산비탈에 의지하여 집을 짓고,
擧觴酹潺湲[14]	술잔을 들어 흐르는 물에 제사지내네.
臨風一長嘯	바람을 맞으며 한 번 길게 휘파람 불고,
亂以歸來篇[15]	「귀거래사」로 마무리하네.

나는 도연명보다 천 년 뒤에 태어났지만, 위로 거슬러 올라가 천 년 전에

---

13 고사전(高士傳): 고사는 뜻이 높은 선비를 말한다. 보통 세속의 유혹에 휩쓸리지 않고 꿋꿋하게 자신의 뜻을 견지한 사람들, 은사들을 말한다. 진(晉)나라의 황보밀(皇甫謐)이 『고사전』을 지은 적이 있는데, 황보밀은 서진 사람으로 동진과 남조 송나라에 걸쳐 살았던 도연명보다 훨씬 일찍 태어났기 때문에 여기서 말한 고사전은 분명 황보밀이 지은 책은 아니다. 역사책의 은일전(隱逸傳) 등을 가리키는 것 같은데 수록된 사람들의 전기를 가리켜서 말한 것일 것이다.

14 잔원(潺湲): 졸졸 흐르는 물을 말한다.

15 난(亂): 제일 끝에 하는 연주나 노래를 말한다. 『예기·악기(樂記)』에 "처음에는 문을 연주하고 다음에 다시 무로 끝맺음을 한다(始奏以文, 復亂以武)"라는 말이 있다. 문(文)은 북이고, 무는 징이다. 또한 악곡(樂曲)의 마지막 장[卒章]을 난(亂)이라고 한다.

태어난 도연명을 벗하고 있다. 매번 뜻이 높은 선비들의 전기들을 찾아서 읽을 때마다 그의 현명함에 감탄을 하곤 하였다. 다른 사람들의 전기보다 도연명의 전기를 읽을 때는 그 정도가 특히 더하였다. 고향을 떠나 도연명의 자취가 있는 이곳 여산에 와서 취한 바위라는 뜻의 취석을 만나게 되었다. 사람들이 말하기를 바로 도연명이 취하여 잠자던 흔적이 남아 있는 곳이라고 한다. 하물며 이곳은 또한 바위와 골짜기가 모두 유서가 깊고 오래된 것이어서, 까마득하게 그 자취가 바람 불고 놀 일어 그 속에 자취를 감추고 있었다. 도연명이 이곳에 취하여 누웠던 당시를 생각하며 고개를 들어 키가 큰 나무들이 그늘을 드리우고 있는 것을 본다. 다시 고개를 숙여 샘물이 바람에 가로 흩날리며 떨어지는 소리를 들어본다. 이곳의 풍경이 얼마나 아름다운지 절로 맑고 빼어나다. 정말 도연명이 그랬던 것처럼 한가히 놀면서 인간 세상에서의 나이 따위는 실로 잊을 만하겠다는 생각이 든다. 도연명은 사람 사는 경계에 집을 지었지만, 나는 푸르고 가파른 산비탈에 기대어 집을 하나 지었다. 술잔을 들어 졸졸 흐르는 시냇물에 따르며 도연명을 위해 제사를 지내본다. 도연명을 추모하는 일을 끝내고는 바람이 부는 쪽을 향해 서서 피리를 불듯 한번 길게 휘파람을 불어본다. 휘파람에 상쾌한 뜻을 기탁하고, 마지막으로 도연명이 지은 불후의 명작인 「귀거래사」를 읊으면서 이 시를 마무리 지어본다.

康王谷水簾[16]	谷口景德觀, 在溫湯西十五里. 入谷又十五里至簾下
강왕곡수렴	계곡의 입구는 경덕관이며, 온탕의 서쪽 십오 리 지점에 있다. 계곡을 들어가 십오 리를 더 가면 수렴의 아래에 이른다.

循山西北鶩	산을 따라 서북쪽으로 말을 달리니,
崎嶇幾經丘[17]	산길 험하여 몇 번이나 언덕 지났던가?
前行荒蹊斷	앞으로 나아가니 거친 산길 끊어지고,
豁見淸溪流	확 트여 맑은 시내 흐름 보이네.
一涉臺殿古	먼저 오래된 누대와 전각 지나고,
再涉川原幽	다시 그윽한 내와 언덕을 지나네.
縈紆復屢渡[18]	구불구불 다시 여러 번 건너,
乃得寒巖陬	이에 차가운 바위 모퉁이에 이르게 되었네.
飛泉天上來	날리는 샘 하늘에서 내려와,
一落散不收	한 번 떨어지니 흩어져 모이지 못하네.
披崖日璀璨	언덕에서 드러난 해 찬란히 빛나고,

---

16 강왕곡수렴(康王谷水簾): 명(明)나라 팽대익(彭大翼)의 『산당사고(山堂肆考)』 권 22 「곡렴(谷簾)」조에 "곡렴천은 남강부 서쪽에 있는데, 그 물이 발과 같아 바위에 펼쳐져 내리는 것이 30여 갈래이다(谷簾泉在南康府西, 其水如簾布巖而下者三十餘派)"라는 말이 있다.

17 기구기경구(崎嶇幾經丘): 진(晉)나라 도연명의 「귀거래사(歸去來辭)」에 "혹 가벼운 수레를 타고, 혹은 작은 배를 저어 깊숙한 골짜기를 찾아가고, 높고 험한 산길도 지나간다(或命巾車, 或棹孤舟, 旣窈窕以尋壑, 亦崎嶇而經丘)"라는 구절이 있다.

18 누도(屢渡): 당나라 두보의 「서지촌에서 초당을 둘 곳을 찾다가 밤이 되어 찬공의 토실에서 묵다(西枝村尋置草堂地, 夜宿贊公土室)」 첫째 시에 "시내에 흐르는 한 줄기 물이 굽이굽이 흘러 바야흐로 여러 번 건너네(溪行一流水, 曲折方屢渡)"라는 구절이 있다.

噴壑風颼颼	언덕에서 뿜어낸 바람은 쇠쇠 소리 내네.
追薪爨絶品	땔나무를 찾아 빼어난 품질에 불 때어,
瀹茗澆窮愁[19]	차 끓이니 근심 다 사라지네.
敬酢古陸子	삼가 옛 육우에게 한 잔 드리니,
何年復來游	어느 해에나 다시 와서 노닐까?

陸鴻漸茶經第此水爲天下第一[20]
육우의 『다경』에서는 이곳의 물을 등급매기기를 천하제일이라 하였다

산을 따라가며 서북쪽을 향하여 말을 달린다. 산길이 얼마나 험한 지 몇 번이나 언덕을 지났는지 모르겠다. 여기서 앞으로 더 나아가니 거칠게나마 있던 산길도 어느 순간부터 끊어지고 없다. 갑자기 앞이 훤하게 확 트이는가 싶더니 그곳에서는 맑디맑은 시냇물이 졸졸 흐르고 있다. 지금은 사람이 사는지 살지 않는지 오래된 누대와 전각뿐이다. 그것을 건너고 보니 앞에는 다시 시내와 넓은 언덕이 있어서 또 건너간다. 구불구불 이리저리 얽힌 길을 몇 차례나 건너고 또 건너, 마침내 구석진 곳의 차가운 바위 모퉁

---

19 약명(瀹茗): 차를 끓이다. 송나라 육유(陸游)의 「아이 손자와 함께 배를 호수에 띄워 서산 가에 이르러 술집에서 쉬고 드디어 임씨의 모옥을 유람하고 돌아오다(與兒孫, 同舟泛湖, 至西山旁, 憩酒家, 邃遊任氏茅菴而歸)」에 "술집에선 은근히 맞이하여 차를 끓이고, 도옹은 구부정하게 나와 문에서 맞이하네(酒保殷勤邀瀹茗, 道翁僂傴出迎門)"라는 구절이 있다.

20 육홍점(陸鴻漸): 당나라 사람으로 이름은 육우(陸羽: 733~804))이며, 차에 조예가 깊어 『다경』을 지었다. 『주문공집』 권 79 「와룡암기(臥龍庵記)」에서는 "강왕의 수렴이 육우의 『다경』에 보인다(康王之水簾見於陸羽之茶經)"라 하였다.

이에 이르게 되었다.

  샘물이 위에서 떨어지니 마치 날아서 하늘에서 내려오는 것과 같다. 한번 떨어진 샘물은 이미 다 흩어지고 한 군데로 거두어들일 수가 없다. 언덕에서는 해가 모습을 드러내는데 찬란하기가 옥이 광채를 발하는 듯하다. 골짜기에서는 계곡을 따라 바람이 뿜는 듯 불어오는데 쇠쇠 하며 시원한 소리를 내고 있다. 이리저리 쫓아다니며 땔감을 찾아 빼어난 품질의 샘물에 불을 땐다. 차를 달여 우려내니 모든 근심이 싹 다 씻겨나가고 없는 것 같다. 삼가 이곳의 물맛이 천하에서 제일이라고 품평한 옛 육우에게 차를 한 잔 따라 올리자니, 어느 해에나 이곳에 다시 와서 육우에게 차를 올리며 놀 수 있을지 모르겠다.

76

삼가 구일산의 동봉도인 부공이 보내준 시에 화답함

奉酬九日東峰道人溥公見贈之作[1]

幾年回首夢雲關[2]	몇 년이나 고개 돌려 구름 관문 꿈꾸었던가?
此日重來兩鬢斑	오늘 다시 오니 양쪽 귀밑머리 희끗희끗하네.
點檢梁間新歲月	들보 사이에서 새로운 세월 점검해보고,
招呼臺上舊溪山	누대 위에서 옛 산수를 불러보네.
三生漫說終無據[3]	삼생의 터무니없는 설 끝내 근거 없고,
萬法由來本自閑[4]	만법의 유래는

---

1 구일(九日): 산 이름. 천주(泉州)의 명산으로 남안현(南安縣)의 경계에 있으며, 일찍이 당나라의 진계(秦系)가 이 산에 은거한 적이 있었다.
동봉도인부공(東峯道人溥公): 미상. 구일산의 승려로 주희의 친구인 듯하다.

2 운관(雲關): 은자가 거처하는 곳을 말한다. 남조 제(齊)나라 공치규(孔稚圭)의 「북산의 산신령에게 띄우는 공문(北山移文)」에 "마땅히 산의 동굴에 장막을 쳐 막아버리고 구름으로 관문을 덮어야 하며, 가벼운 안개를 거두어들이고 소리 내어 흐르는 여울을 감추어야 한다(宜扃岫幌掩雲關, 斂輕霧藏鳴湍)"는 말이 있다.

3 삼생(三生): 불교에서 말하는 전생, 금생, 내생을 말한다.

	본래 절로 한가하네.
一笑支郞又相惱[5]	지도림 또한
	고민함 한바탕 비웃으니,
新詩不落語言間[6]	새 시 언어 사이에
	놓이지 않네.

　몇 해 동안이나 이곳 구일산 쪽으로 고개를 돌려가면서 구름이 산의 관문을 이루는 곳을 꿈꾸곤 했던가? 오랫동안 그 간절한 꿈을 이루지 못하다가 오늘에야 다시 이곳으로 왔다. 그간 얼마나 세월이 흘렀던지 새카맣던 귀밑머리가 어느새 희끗희끗하게 세고 말았다. 이곳에 있는 절의 들보 사이에 앉아 새로운 세월에 대하여 이것저것 꼼꼼하게 점검을 해본다. 그리고 다시 절의 높은 누대에 올라가서는 옛날 이곳에서 벼슬을 할 때 친숙했던 내와 산을 손짓을 해가면서 불러본다. 불교에서 말하는 전생과 지금의 생과 내세의 생이란 것은 아무리 생각해 보아도 결국은 아무런 근거도 없는 터무니없는 낭설이다. 이 세상을 주재하는 모든 법칙은 예로부터 그 유래가 원래 스스로 한가로운 것이었다. 지도림 같은 고승인 부공이 삼생이니 만법이니 하는 것을 놓고 고민하는 것을 보고 한바탕 비웃었다. 그래서인지 새로 지은 시가 좀처럼 언어 사이에 잘 배치되어 놓이지 않아 할 말을 잊게 된다.

4　만법(萬法): 불교 선종의 제삼조(第三祖)인 승찬대사(僧璨大師)의 「신심명(信心銘)」에 "한 마음이 생겨나지 않으면 만법에 허물이 없다(一心不生, 萬法無咎)"라는 말이 있다.
5　지랑(支郞): 진나라의 고승(高僧)인 지둔(支遁)을 가리키는데, 후대에는 승려를 두루 가리키는 말로 쓰이게 되었다. 여기서는 부공(溥公)을 가리켜 말하였다.
6　신시~언간(新詩~言間): 할 말을 잊었음을 말한다.

77

석마 사천의 모임에서 운자를 나누어 시를 짓는데 등자 운을 얻다

石馬斜川之集, 分韻賦詩, 得燈字[1]

改歲風日好	해 바뀌어 풍경 날로 좋아지자,
出門欣得朋[2]	문을 나서 기쁘게 친구들을 만났네.
復招里中彦	다시 불렀다네, 마을의 선비들,
及此雲間僧[3]	아울러 이곳 속세를 벗어나 사는 스님들까지.
行行涉淸波	가고 또 가서 맑은 물결을 건너,
斯亭一來登	이 정자에 한번 와 오르네.
徙倚綠樹蔭[4]	한가롭게 푸른 나무 그늘 아래를 슬슬 걸으며,
摩挲蒼石稜[5]	푸른 돌 모서리 어루만지네.

1 석마(石馬)는 오부리(五夫里)에 있는 누대 이름으로 마을 사람들이 지신제(地神祭)를 지내는 장소였다. 석마에서 도연명(陶淵明)의 "사천의 유람(斜川之遊)"을 모방해서 모인 것 같다.
2 득붕(得朋): 『주역(周易)』 곤괘(坤卦)의 단사(彖辭)에 "서남쪽으로 가면 장차 친구를 얻어 친구들과 함께 앞으로 달려 갈 수 있다(西南得朋, 乃與類行)"는 말이 있다.
3 운간(雲間): 아주 높고 아주 먼 곳, 곧 천상(天上)을 가리키는데, 여기서는 속세와 멀리 떨어진 곳을 말한다. 남조 양나라 소통(蕭統)의 「금대서 열두 달 계·고선삼월(錦帶書十二月啓·姑洗三月)」에 "명성은 온 세상으로 내달리고, 이름은 속세를 벗어난 곳까지 펴졌다네(聲馳海內, 名播雲間)"라는 구절이 있다.
4 사의(徙倚): "배회하다" 또는 "한가로이 슬슬 걷다"는 의미이다. 위(魏)나라 조식(曹植)의 「낙수의 신(洛神賦)」에 "이에 낙수의 신이 자못 섭섭함을 느꼈으리라 생각지 못해 한가롭게 슬슬 걸으며 방황하였다. 신의 그림자가 숨긴 듯 드러낸 듯하며 갑자기 갔다가 문득 오기도 하였다(於是洛靈感焉, 徙倚傍偟, 神光離合, 乍陰乍陽)"라는 말이 있다.
5 마사(摩挲): '摩挱'라고도 하며, "손으로 쓰다듬다" 또는 "어루만지다"라는 의미이다.

遙瞻原野春	멀리 평야의 봄 바라보고,
仰視天宇澄[6]	우러러 맑은 하늘 쳐다보네.
一水旣紆鬱[7]	온 물 굽이굽이 이어지는데다가,
群山正崚嶒[8]	뭇 산들 마침 높고 험하네.
時禽悅新陽	철따라 오는 새들은 새 봄 기뻐하고,
潛魚躍輕冰	자맥질하는 물고기들도 얇은 얼음 위로 뛰어오르네.
却念去年日	도리어 지난해 이맘때 생각해 보니,
俯仰愁予膺	순식간에 나의 가슴을 근심스럽게 하네.
長吟斜川詩	길게「사천시」읊조리는데,
日落寒烟凝	해 지자 차가운 안개 엉기네.
暝色變晴景	저녁 빛은 개인 경치로 바뀌고,
淸尊照華燈[9]	맑은 술잔 화등 빛 비치네.
頹顔感川徂[10]	노쇠한 모습 내 흘러감 느끼는데,

---

6 천우(天宇): 하늘.
7 우울(紆鬱): 굽고 깊은 모양, 또는 굽이굽이 이어진 모양이라는 의미로 사용되었다. 한나라 왕연수(王延壽)의「노나라의 영광전(魯靈光殿賦)」에 "우뚝 솟은 산처럼 치솟았는데 굽이굽이 이어져 있고, 험준한 산봉우리처럼 우뚝 솟아 푸른 구름에까지 다다랐네(屹山峙以紆鬱, 隆崛物乎靑雲)"라는 구절이 있다.
8 능증(崚嶒): 높고 험하다. 또는 그런 산.
9 청준(淸尊): 준(尊)은 '樽' 또는 '罇'이라고도 한다. 술통 또는 술잔이라 하는데 여기서는 그냥 술이라는 뜻으로 쓰였다. 맑은 술. 당나라 왕발(王勃)의「차가운 밤에 친구를 그리워함(寒夜思友)」셋째 시에 "다시 이곳에서 멀리 있는 그대를 그리워하니, 술잔 속의 맛있는 술 맑고 푸르스름하여 향기롭네(復此遙相思, 淸尊湛芳綠)"라는 구절이 있다.
화등(華燈): '華鐙'이라고도 하며, 정교하고 아름답게 새겨서 장식한 등을 말한다.『악부시집(樂府詩集)』의「상화가사·상봉행(相和歌辭·相逢行)」에 "뜰 안의 계수나무 향기 흩날리고, 화등은 얼마나 휘황찬란하던지(中庭生桂樹, 華燈何煌煌)"라는 구절이 있다.

稚齒歎年增[11]	나이 어린 사람들도 나이 먹는 것 한탄하네.
酒盡不能起	술은 다 떨어졌지만 일어날 수 없어,
朱欄各深凭[12]	붉은 난간에 각기 깊이 기댈 뿐이네.

어느덧 해가 바뀌니 풍경이 나날이 좋아져 집에만 있을 수가 없다. 문을 열고 나가 기뻐하며 함께 놀던 친구들과 만났다. 흥이 올라 친구들만 가지고는 만족하지 못하여 다시 모임을 가졌다. 마을에서 공부하는 선비들이랑 속세와 멀리 떨어진 곳에서 수양하고 있는 평소 알고 지내던 스님들까지 모두 이 자리로 불렀다. 약속 장소까지 가고 또 가서 바닥까지 비치는 맑은 시냇물을 건너 이곳 정자에 한번 올라오게 되었다. 정자 앞에는 숲이 우거져 있다. 그 푸른 나무가 드리운 그늘 아래를 한가로이 이리저리 어슬렁어슬렁 한가로이 거닐기도 하고, 잠깐 쉬면서 멈추어 서 하릴없이 푸른 돌의

---

10 퇴안(頹顔): 노쇠한 모습이란 뜻. 늙은이를 가리킨다. 당나라 위응물(韋應物)의 「가을밤에 상서성(尙書省) 남궁에서 풍수가의 둘째 동생과 여러 조카들에게 부침(秋夜南宮寄灃上二弟及諸生)」에 "텅 빈집에 서늘함 이른 것 느끼고, 노쇠한 모습에 한 해가 다시 구른 것에 놀라네."(空宇感涼至, 頹顔驚歲周)라는 구절이 있다.
 천조(川徂): 내가 흐르다. 진(晉)나라의 육기(陸機)의 「가는 것을 탄식하다(歎逝賦)」에 "슬프도다! 내는 작은 물들이 모여서 이루지만, 흐르는 물은 도도히 날마다 흘러가고, 세대도 뭇 사람들이 모여 이루지만, 사람들도 뉘엿뉘엿 저녁을 향해 가는구나!(悲夫, 川閱水以成川, 水滔滔而日度, 世閱人而爲世, 人冉冉而行暮!)"라는 구절이 있다.
11 치치(稚齒): 나이가 어리다. 진나라 반악(潘岳)의 「한가롭게 살다(閑居賦)」에 "머리 희끗희끗한 형제와 나이 어린 아이들이 모두 태부인의 만수를 경축하며 술잔을 권하네(昆弟班白, 兒童稚齒, 稱萬壽以獻觴)"라는 구절이 있다.
12 심빙(深凭): 깊이 기대다, 깊이 의지하다.

모서리를 한번 어루만져 본다. 또 고개를 들어 멀리 아득한 봄 풍경이 펼쳐져 있는 들판을 한번 바라보기도 한다. 우러러 맑게 개어 투명한 물같이 깨끗한 하늘을 쳐다보기도 한다.

물은 전체가 하나로 이어져 이리저리 굽이쳐 흐른다. 물을 사이에 둔 여러 산들은 마침 울쑥불쑥 높고도 험하다. 이제 겨울도 거의 다 지났다. 거기에 맞게 철따라 날아오는 새들은 어느새 봄새들로 바뀌어 새봄이 왔음을 기뻐한다. 물속에서 자맥질하는 물고기들도 봄이 되어 얇아진 얼음 위로 기쁜 듯 팔짝팔짝 뛰어오른다. 다시 작년 이맘때는 어디서 무엇을 했는가 하고 생각을 해보았다. 고개를 한번 숙였다 쳐들 정도의 짧은 시간에 그때의 일이 생각나 내 가슴을 슬프게 만든다. 이번 벗들과의 모임을 가지면서 도연명의 「사천시」를 길게 한번 읊어 보았기 때문이다. 어느새 해는 서쪽으로 떨어지고 날씨가 차가워져 공중에서 안개로 엉겨 흐릿해진다. 어둑어둑한 저녁 풍경은 어느새 구름 한 점 없는 맑은 날씨로 바뀌었다.

술잔에 담긴 맑은 술에는 이제 화려하게 장식한 등불이 반짝반짝 비치고 있다. 점점 시들어가는 이 얼굴 보노라니 공자가 냇물이 쉬지 않고 흘러간다며 탄식했던 그 말을 공감하게 된다. 이 점은 우리같이 늙어가는 사람들뿐만 아니라 아직 나이가 어린 사람들도 똑같이 나이를 먹는 일에 대해 한숨을 짓는 것 같다. 이제는 더 이상 마실 술도 남아 있지 않아 일어서야 할 때다. 그렇건만 술기운에 몸을 가눌 수가 없다. 다만 이곳 정자의 붉은색으로 단청한 난간에 이 몸을 편안하게 기대는 수밖에 없다.

무이정사를 여러 가지로 읊음 서문을 아우름
武夷精舍雜詠[1] 幷序

무이의 시내는 동쪽으로 흐르면서 모두 아홉 구비인데, 다섯 번째 구비가 가장 깊다. 대체로 그 산은 북쪽에서 시작하여 남쪽으로 뻗은 것으로 이곳에 이르러 산세가 다한다. 온전한 바위가 솟아 하나의 봉우리를 이루었는데 땅에서 천 자나 솟았다. 위의 작고 평평한 곳은 조금이나마 흙을 이고 있어서 수풀의 나무를 자라게 하는 데다 아주 푸르러 놀 만하다. 사방이 무너져 내려 조금 낮은 곳은 반대로 깎여 들어가 반듯한 집이 모자를 쓴 것 같다. 옛 도경(圖經)에서 이른바 대은병이다. 대은병 아래의 양쪽 산기슭의 비탈은 널리 뻗어가다가 다시 서로 안고 있다. 안으로는 평평하고 넓은 땅 여러 이랑을 안고 있고, 밖으로는 산세를 따라 서북쪽에서 흘러오는 시내를 감싸고 있다. 네 번 꺾이어 비로소 그 남쪽을 지나면 곧 다시 산의 동쪽을 감돌아 동북쪽으로 흐르는데, 또한 네 번 꺾여 나온다. 시냇물 양쪽의 붉은 벼랑과 푸른 절벽에는 숲이 감싸안은 것처럼 서 있다. 그 모습이 귀신이 깎아내고 새긴 듯하여 뭐라고 형상을 이름붙일 수가 없다. 배를 타고 오르내리는 사람들은 바야흐로 좌우로 돌아보고 쳐다보며 놀랄 겨를도 없이 불현듯 평편한 산등성이와 긴 언덕을 마주치게 된다. 푸른 넝쿨이며 무성한 나무가 줄줄이 서로 이어져 있고 얼기설기 얽힌 채 덮여 있다. 사람으로 하여금 마음과 눈을 넓게 펴게 하며 그윽하고 깊어서 마치 다할 수 없을 것

---

1 「무이정사잡영」은 모두 열두 수로 된 연작시인데 여기서는 일곱 수만 수록하였다.

같은 것이 곧 정사가 있는 곳이다. 곧장 대은병 아래 양쪽 기슭의 서로 안고 있는 중간에 서남쪽을 향하여 집 세 칸을 지었다. 인지당이다. 인지당의 왼쪽과 오른쪽의 두 방은 왼쪽의 것은 "은구"라 한다. 깃들어 휴식하기를 기다린다는 뜻이다. 오른쪽의 것은 "지숙"인데 손님과 벗을 맞이한다는 뜻이다. 왼쪽 기슭 바깥은 다시 앞쪽으로 당겨져서 오른쪽을 안고 있다. 가운데에 또한 스스로 둑을 하나 만들고 돌을 쌓아 문으로 삼았기 때문에 "석문오"라 명명하였다. 따로 그 가운데 집을 지어 배우는 사람들이 무리지어 거처하기를 기다렸다. 『예기·학기』의 "서로 살펴서 훌륭해진다"는 뜻을 취하여 "관선재"라 명명하였다. 석문의 서쪽 조금 남쪽에다 또 집을 지어 도사의 무리들을 거처하게 하였다. 도가의 서적인『진고』에 있는 말을 취하여 "한서관"이라 명명하였다. 바로 관선재 앞의 산꼭대기에 정자를 지었다. 대은병을 돌아보면 가장 똑바르고 끝까지 볼 수 있어 두보의 시어를 취하여 "만대"라 이름 지었다. 그 동쪽은 산등성이를 나와 시냇물을 굽어보고 있다. 옛 터에 기대어 정자를 짓고는 호공의 말을 취하여 "철적"이라 명명하였으며, 본시의 주에서 다 말하였다. 한서관 바깥은 바로 울타리를 열 지어 세워서 양쪽 산기슭 입구를 끊고 사립문을 가려 "무이정사"라는 편액을 걸었다. 순희 계묘년(1183) 봄에 착공하여 그해 여름 4월 16일에 당이 이루어져 비로소 와서 거처하였다. 사방의 선비와 벗들이 또한 매우 많이 와서 그 빼어난 경치에 감탄하지 않은 사람이 없다. 유감스러운 것은 다른 당옥이 채 갖추어지지 않아 오래 머무를 수 없었다는 점이다. 조기와 다조는 모두 대은병의 서쪽에 있다. 조기의 바위는 위가 평평하고 시내의 북쪽 기슭에 있다. 시내 한복판에 있는 다조는 큰 바위가 우뚝 솟아 8~9명이 빙 둘러 앉을 수 있다. 사면이 모두 깊은 물인데 가운데가 오목한 것이 자연스레 부엌과 같이 불을 때어 차를 끓일 수 있다. 무릇 시냇물은 아홉 구비인데 좌우가 모두 독 벽이어서 발을 하나 들여놓을 만한 길도 없다. 남산 남쪽에만은 지름길에 있긴 하다. 정사는 곧 북쪽에 있기 때문에 모든 이곳을 출입하려는 자들은 고깃배가 아니면 건너지를 못한다. 요컨대 짧은 시 열 두 수를 지어서 사실대로 기록해둔다. 저 밝고 어두운 아침저녁의 이상한 기후와 바람과 안개, 초목의 다른 형태에서부터 사람과 동물이 서성이고 원숭이와 새가 읊조리고 휘파람을 부는 것과 같은 것에 이르기까지 단 하루 사이에도 황홀하여 만 번을 변한다 하더라도 다할 수 없는 것이 있을 것이다. 함께 좋아하는 선비들 가운데에는 아직도 나는 말하려고 한 것을 말했지만 미처 언급하지 못한 것이 있을 것이다.

武夷之溪東流凡九曲, 而第五曲爲最深. 蓋其山自北而南者至此而盡, 聳全石爲一峰, 拔地千尺. 上小平處微戴土, 生林木, 極蒼翠可玩. 而四隤稍下[2], 則反削而入, 如方屋帽者, 舊經所謂大隱屛也[3]. 屛下兩麓坡陀旁引, 還復相抱. 抱中地平廣數畝, 抱外溪水隨山勢從西北來, 四屈折始過其南, 乃復繞山東北流, 亦四屈折而出. 溪流兩旁丹崖翠壁林立環擁, 神剜鬼刻, 不可名狀. 舟行上下者, 方左右顧瞻錯愕之不暇[4], 而忽得平岡長皐, 蒼藤茂木按衍迤靡[5], 膠葛蒙翳[6], 使人心目曠然以舒, 窈然以深, 若不可極者, 卽精舍之所在也. 直屛下兩麓相抱之中[7], 西南向爲屋三間者, 仁智堂也. 堂左右兩

---

2 사퇴(四隤): 사방이 비교적 낮은 곳을 가리킨다. 『한서·항적전(漢書·項籍傳)』에 "이에 기병들을 이끌고 사방으로 흩어지게 한 다음, 뺑 둘러 원형의 전투형태를 갖추고 (병사들의 칼날은) 바깥을 향하도록 하였다(於是引其騎因四隤山, 而爲圜陳外嚮)"는 말이 있는데, 맹강(孟康)은 "사방이 허물어지고 비탈진 곳이다"라고 주석을 달았다.

3 구경(舊經): 『차의』에서는 『구도경(舊圖經)』이라고 하였다. 곧 지도에 지리지(地理志)가 붙어 있는 것이다.

4 착악(錯愕): 갑작스럽게 놀라다는 의미이다. 당나라 한유(韓愈)는 「조성왕비문(曹成王碑)」에 "갑작스럽게 놀라 달려 나와서 (성왕을) 맞이할 수밖에 없었고, 그의 전 군대를 이끌고 투항하였다(錯愕迎拜, 盡降其軍)"라는 말이 있다.

室, 左曰"隱求", 以待棲息; 右曰"止宿", 以延賓友. 左麓之外, 復前引而右抱, 中又自爲一塢[8], 因累石以門之, 而命曰"石門之塢". 別爲屋其中, 以俟學者之群居, 而取學記"相觀而善"之義命之曰"觀善之齋". 石門之西少南, 又爲屋以居道流, 取道書眞誥中語命之曰"寒棲之館"[9]. 直觀善前山之巓爲亭, 回望大隱屛最正且盡, 取杜子美詩語名以"晩對"[10]. 其東出山背ʹ臨溪水, 因故基爲亭, 取胡公語名以"鐵笛", 說具本詩注中. 寒栖之外, 乃植楥列樊以斷兩麓之口[11], 掩以柴扉, 而以"武夷精舍"之扁揭焉. 經始於淳熙癸卯之春, 其夏四月旣望堂成, 而始來居之. 四方士友來者亦甚衆, 莫不歎其佳勝, 而恨它屋之未具, 不可以久留也. 釣磯ʹ茶竈皆在大隱屛西, 磯石上平,

5 안연(按衍): 곧 안연(案衍)과 같은 말로, 높고 낮은 것이 서로 잡다한 모양을 가리킨다. 진나라 혜강(嵇康)의 「금부(琴賦)」에 "(한적하고 평온한 경계는) 맑고 온화하며 시원한데, 소리에 높낮이가 있고 다채롭다(淸和條昶, 案衍陸離)"라는 구절이 있다.

  이미(迤靡): 서로 이어진 모양을 가리킨다. '迆靡'나 '施靡', 또는 '夷靡'라고도 한다. 한나라 양웅(揚雄)의 「감천부(甘泉賦)」에 "곳곳의 이궁은 빙 돌아 빛나고 있음이여! 봉만관과 석관관은 줄줄이 이어져 있네(往往離宮般以相燭乎, 封巒關施靡乎延續)"라는 구절이 있다.

6 교갈(膠葛): 『차의』에서는 "『운회』에서 '轕'자는 '葛'자와 통하여 쓴다. 교갈은 거마가 시끌벅적한 모양이고, 또 집이 넓고 큰 모양이다"(韻會, 轕, 通作葛. 轇轕, 車馬喧雜貌, 又室宇廣深貌)"라 하였다. 『초사·원유(遠遊)』에 "말 탄 이들 엇섞여 내달리며 어지럽고 시끄러움이여, 끊임없이 줄지어 나란히 달리네(騎膠葛而雜亂兮, 班漫衍而方行)"라는 구절이 있다.

  몽예(蒙翳): 가리고 덮는다는 뜻.

7 치(直): 곧 치(値)와 같은 뜻으로, 만난다는 말이다.

8 오(塢): 마을이나 둑이란 뜻인데, 여기서는 후자의 뜻으로 쓰였다.

9 진고(眞誥): 남조 양(梁)나라 도홍경(陶弘景)이 지은 도가 계통의 서적으로 20권이다. 신선이 진인(眞人)의 고유(誥諭)를 전하여 준 것이므로 책 이름을 『진고(眞誥)』라 하였다 한다.

10 만대(晩對): 저녁 무렵에 마주하다, 또는 저녁 무렵 밝을 때 감상한다는 의미이다. 당나라 두보의 「백제성의 누대(白帝城樓)」에 "푸른 병풍 저녁때가 마주하기 알맞고, 흰 골짜기 깊숙이 들어가 놀기에 좋네(翠屛宜晩對, 白谷會深遊)"라는 구절이 있다.

11 식원열번(植楥列樊): 원(楥)은 원래 느티나무라는 뜻이나 여기서는 울타리라는 뜻으로 쓰였다. 번(樊)자 또한 리(離, 즉 籬)와 같은 뜻으로 울타리라는 의미로 쓰였다.

在溪北岸; 竈在溪中流, 巨石屹然, 可環坐八九人, 四面皆深水, 當中科曰自然如竈[12], 可爨以爚茗. 凡溪水九曲, 左右皆石壁, 無側足之徑. 唯南山之南有蹊焉, 而精舍乃在溪北, 以故凡出入乎此者非魚艇不濟. 總之爲賦小詩十有二篇, 以紀其實. 若夫晦明昏旦之異候, 風烟草木之殊態, 以至於人物之相羊[13], 猿鳥之吟嘯, 則有一日之間恍惚萬變而不可窮者. 同好之士其尙有以發於予所欲言而不及者乎哉!

精舍 정사

琴書四十年	거문고와 책 벗한 지 사십 년
幾作山中客	몇 번이나 산속의 손님되었나?
一日茅棟成	하루 만에 띠집 지어
居然我泉石	마침내 나도 천석 좋아하게 되었네.

일찍이 학문에 뜻을 두고 책을 읽다가 틈틈이 머리도 식힐 겸해서 거문고를 벗한 지가 벌써 40년이나 되었다. 생각해 보니 시끄러운 속세를 잠시나마 벗어나 조용히 책이나 읽으려고 산으로 들어가 나그네가 되었던 것이

---

12 과구(科臼): 곧 '窠臼'와 같으며, "움푹 내려앉아 꺼진 곳"을 가리킨다.
13 상양(相羊): '相佯', 또는 '相徉'이라고도 하며, "배회하며 서성이다"라는 뜻의 첩운연면어(疊韻聯緜語)로 된 의태어이다. 굴원의 「이소(離騷)」에 "약목 한 가지 꺾어 해를 닦음이여, 잠시 마음껏 노닐며 배회하네(折若木以拂日兮, 聊逍遙而相羊)"라는 구절이 있다.

과연 몇 번이나 되었던가? 그동안 틈틈이 시간을 내어 이곳 무이산에 띠집을 지어 살려던 계획을 세웠다. 그 계획이 어느 날 드디어 이렇게 완성되고 보니, 나도 마침내 진심으로 자연을 즐기면서 학문에 몰두하게 되었다.

79

仁智堂[14] 인지당
我慙仁知心　내 인자하고 지혜로운 마음에 부끄럽지만,
偶自愛山水　우연히 저절로 산수를 좋아하게 되었네.
蒼崖無古今　푸른 낭떠러지는 예나 지금 없어,
碧澗日千里　푸른 시내 물 하루에 천 리 흐르네.

당호를 인지당이라고 붙여놓고 공자가 말한 인과 지의 마음에 견주어보니 부끄럽기만 하다. 물론 공자가 말한 인자나 지자의 요건에 맞지 않는다는 것은 알지만 그래도 어찌어찌 하다 보니 절로 산과 물을 좋아하게 되었다. 지금 와서 당의 이름을 인(仁)과 지(知; 智)로 지어놓고 가만히 관찰해 보았다. 인자가 좋아했던 저 산의 푸른 벼랑은 예나 지금이나 다름이 없고, 또한 지자가 좋아했던 저 짙푸른 시내의 물은 역시 변함없이 하루에 천 리나 흘러간다.

---

[14] 인지(仁智): 『논어·옹야(雍也)』에 "공자께서 말씀하셨다. '지혜로운 자는 물을 좋아하고, 어진 자는 산을 좋아한다. 지혜로운 자는 동적이고 어진 자는 정적이다. 지혜로운 자는 낙천적이고 어진 자는 장수한다'(知者樂水, 仁者樂山. 知者動, 仁者靜. 知者樂, 仁者壽)"라는 말이 있다.

隱求齋[15] 은구재

晨窓林影開	새벽 창에 숲의 나무 그림자 어른거리고,
夜枕山泉響	밤 되니 베개 맡에는 산의 샘물소리 들리네.
隱去復何求	은거하고자 떠나왔으니 다시 무엇을 구하리,
無言道心長	말 없어도 도심은 길고도 기네.

새벽에는 숲의 나무가 빛살을 받아 그 그림자가 은구재의 창가에 어른어른 비친다. 밤이 되어 잠을 청하려고 누우면 산속에서 솟는 샘물이 졸졸 흘러내리는 소리가 베개 맡까지 들려온다. 은거하여 참된 뜻을 이루고자 살던 곳을 미련 없이 떠나 이곳에 왔으니, 내가 여기서 무엇을 더 추구하겠는가? 나의 이런 뜻을 구태여 번거롭게 말로 표현하지 않아도 내가 추구하는 것이 도를 향한 마음이라는 것은 너무나 명백하다.

---

15 은구(隱求): 은거하면서 자신이 뜻하는 바를 추구하여 이를 간직한다는 뜻. 『논어·계씨(季氏)』에 "숨어살면서 그 뜻을 구하고 의를 실천하면서 그 도를 이룬다(隱居以求其志, 行義以達其道)"라는 말이 있다.

81

止宿寮[16] 지숙료

故人肯相尋	친구가 기꺼이 찾아와 나를 찾으니,
共寄一茅宇	함께 한 띠집에 붙어사네.
山水爲留行	산수가 벗들 떠나감 만류挽留하여,
無勞具鷄黍	힘들이지 않고 닭과 기장밥을 마련했네.

속세를 떠나 산 깊은 곳에 이렇게 정사를 지어놓고 내가 하고자 하는 일을 하려는데 이곳까지 옛 친구들이 나를 따라 기꺼이 찾아온다. 그들이 오면 묵을 방으로 띠집을 하나 따로 지어 묵게 하였다. 이곳의 산수는 정말 아름답기 그지없다. 마치 산수가 벗들이 떠나감을 만류하여 붙드는 것 같다. 이에 나도 그들을 위해 닭을 잡고 기장밥을 지어 주는 수고를 번거롭게 생각하지 않게 되었다.

---

16 지숙료(止宿寮): 『논어·미자(微子)』에 "자로가 따라가다가 뒤로 처지게 되었는데 지팡이를 짚고 대바구니를 맨 사람을 만나 …… 두 손을 모으고 서 있었더니, 자로를 머물러 자게 하고 닭을 잡고 기장밥을 지어 먹도록 하였다(子路從而後, 遇丈人以杖荷蓧 …… 拱而立, 止子路宿, 殺雞爲黍而食之)"라는 말이 있다. 료(寮)는 원래 중들이 함께 모여 거처하는 승사(僧舍)라는 뜻으로 쓰였으며, 나중에는 작은 집[小屋]이란 의미로 뜻이 조금씩 전이되었다.

82

石門塢　석문오
朝開雲氣擁　아침에 꽉 끼었던 구름과 안개
　　　　　　걷히는가 싶더니,
暮掩薜蘿深　저녁에는 벽라 짙게 가렸네.
自笑晨門者[17]　스스로 문지기 비웃노니,
那知孔氏心　어떻게 공씨의 마음 알겠는가?

아침에 이곳 석문오를 둘러싸고 짙게 끼었던 구름과 안개가 걷히는가 싶었다. 저녁이 되어 다시 보니 이번에는 푸른 담쟁이덩굴 같은 벽라가 온 석문을 뒤덮고 있다. 이곳 석문을 보니 『논어』에서 공자를 비난했던 석문을 지키던 문지기가 은연중에 생각이 나서 웃어본다. 한낱 석문이나 지키던 문지기였던 주제에 공자의 원대한 뜻을 가진 마음을 어떻게 알고 그렇게 말했을까, 하고.

---

17 신문(晨門): 문지기라는 뜻이다. 『논어·헌문(憲問)』에 "자로가 석문에서 묵었다. 문지기가 '어디서 오는 길이요?'라 하자, 자로가 말하였다. '공씨에게서 오는 것입니다.' '그 되지 않음을 알면서도 하는 사람 말입니까?'(子路宿於石門. 晨門曰, 奚自? 子路曰, 自孔氏. 曰, 是知其不可而爲之者與?)"라는 말이 있다.

觀善齋[18] 관선재
負笈何方來[19]　책 상자 지고 어디에서 왔는가?
今朝此同席　　오늘 아침 이곳에서 자리 함께 했다네.
日用無餘功[20]　날마다 남은 힘 남김없이 수양하고,
相看俱努力　　서로 보며 함께 노력하네.

공부에 뜻을 둔 사람들 저마다 읽을 책을 상자에 넣어 등에 지고 모두 어디에서 왔을까 하고 생각해 본다. 그리하여 오늘 아침에는 드디어 이곳에 모여 모두 자리를 함께 하게 되었다. 내가 공부하기 위하여 이곳에 모인 사람들에게 당부하는 것이 있다면 날마다 공부에 용왕매진하여 남은 힘이 하

---

18 학기~이선(學記~而善): 「학기(學記)」는 『예기(禮記)』의 편명인데, 거기에 "대학의 교육 방법은 …… (상대방의 좋은 점을) 서로 관찰하여 훌륭해지는 것을 마(摩)라고 한다(大學之法 …… 相觀而善之謂摩)"는 말이 있다.

19 부급(負笈): 급(笈)은 책 상자인데, 겹(极)이라고도 하며, 나무 시렁을 만들어 당나귀의 등에 걸쳐서 물건을 싣는 것이다. 옛날 사람들은 대부분 부급은 스스로 책 상자를 지는 것이라고 하였다. 진(晉)나라 원굉(袁宏)의 『후한기(後漢紀)』 권 21에 의하면 "이고(李固)의 자는 자견으로 한중의 남정 사람이다. 부친인 이합(李郃)은 한나라의 사도였는데, 이고는 학문에 뜻을 두어 3공의 아들임에도 스스로 책을 지고 스승을 찾아 천리길을 떠났다(固字子堅, 漢中南鄭人. 父郃爲漢司徒, 固耽志於學, 雖三公子, 嘗自負書, 千里尋師)"라 하였다. 곧 이곳의 부급(負笈)은 자부서(自負書)의 뜻임을 알 수 있다.

20 일용무여공(日用無餘功): 여력이 없을 정도로 일상의 사상이나 언행의 수양에 힘쓰는 것을 말한다.

나도 없을 정도로 열심히 수양하라는 것이다. 함께 공부하는 동료들을 서로 잘 살펴 『예기』에서 말한 것처럼 그들의 장점을 취하여 훌륭해지도록 모두 함께 노력하는 것도 그것이다.

魚艇 어정
出載長煙重　나갈 때는 짙은 안개 무겁게 실었고,
歸裝片月輕　돌아올 때는 한 조각 달 가볍게 실었네.
千巖猿鶴友　수많은 바위의 원숭이 학 친구,
愁絶棹歌聲　근심 끊어지니 뱃노래 소리 들리네.

앞 계곡의 냇물에 고깃배를 띄워 나갈 때는 안개가 얼마나 짙게 끼었는지 배가 무겁게 안개를 싣고 있는 것처럼 보였다. 저녁이 되어 돌아올 무렵에는 초승달이 떠 있어 가볍게 배에 싣고 있는 것 같다. 산속의 수도 없이 많은 바위의 학과 원숭이는 이곳에 숨어사는 사람의 벗이다. 낮에는 그렇게 사람의 속을 후벼 파듯 슬프게 울더니 어느덧 고요해지니 배를 젓는 사공의 뱃노래만이 한가롭기 그지없이 들린다.

85~94

순희 갑진년 2월에 정사에서 한가로이 거처하다가 장난삼아 무이도가 열 수를 지어 함께 놀러온 여러 동지들에게 주고 한번 웃노라

淳熙甲辰仲春, 精舍閒居, 戲作武夷櫂歌十首, 呈諸同遊相與一笑[1]

武夷山上有仙靈	무이산 위에는
	신령스러운 신선이 있고,
山下寒流曲曲淸	산 아래로는 찬 물 흘러
	굽이굽이마다 맑다네.
欲識箇中奇絕處[2]	그 가운데 기이한 절경
	알아보고자 하여,
櫂歌閒聽兩三聲	뱃노래 한가하게 들어보네,
	두세 마디 소리를.

---

1 도가(櫂歌): 도(櫂)는 곧 도(棹)자와 같은 뜻이며, 도가는 노를 저으며 부르는 뱃노래를 말한다. 한나라 무제가 지은 「가을 바람(秋風辭)」에 "퉁소 불고 북 울림이여 뱃노래 부르고, 즐거움 다 함이여 슬픈 정 많아지는구나(簫鼓鳴兮發棹歌, 歡樂極兮哀情多)"라는 구절이 있는데, 『문선』에 주석을 단 이선(李善)은 "노를 끌어당기며 노래하는 것이다(引櫂而歌也)"라 하였다. 『송사(宋史)』 권 401 「신기질전(辛棄疾傳)」에 의하면 신기질은 "일찍이 주희와 함께 무이산을 유람하고, 아홉 구비 뱃노래를 지었다(嘗同朱熹遊武夷山, 賦九曲櫂歌)"고 하였다.
2 개중(箇中): 그 가운데, 또는 이 가운데라는 뜻이다.

예로부터 무이산에는 산봉우리마다 신령스런 신선이 살아왔다고 전해져 온다. 또한 무이산 아래로는 차가운 시냇물이 계곡을 타고 흘러 굽이굽이 맑게 흘러내려오고 있다. 여태까지 미루어 오다가 이제야 무이산의 기이한 절경을 곳곳마다 찾아가며 알아보고자 한다. 배에 올라 사공들이 노를 저으며 부르는 노래를 무심결에 한가로이 두세 마디 들어본다.

86

一曲溪邊上釣船[3]	첫째 구비 시내 곁에서 낚싯배에 오르니,
幔亭峰影蘸晴川[4]	만정봉의 그림자 맑게 갠 내에 잠겼네.
虹橋一斷無消息[5]	구름다리 한번 끊어지더니

---

3 계변(溪邊): '한계(寒溪)'로 되어 있는 판본도 있다.
4 만정(幔亭): 천주봉(天柱峯)의 북쪽에 있는 무이산의 여러 봉우리 중의 하나로 일명 철불장(鐵佛嶂)이라고도 한다. '만정(幔亭)'이라는 것은 "장막(帳幕)으로 만든 정자"라는 뜻. 『운급칠첨(雲笈七籤)』(권 46)이라는 도교(道敎) 계통의 책에 보면 육홍점(陸鴻漸)이 지은 「무이산기(武夷山記)」에 있는 다음과 같은 말을 인용하였다. "무이군(武夷君)은 지관(地官: 풍수)이다. 전하여 오는 이야기로는 매년 8월 15일에 마을 사람들을 무이산 위에 많이 모이게 하고 큰 회의를 여는데, 산꼭대기에다가 장막을 둘러친 정자[幔亭]를 마련하고, 요술을 발휘하여 구름다리[虹橋]를 만들어 산 아래까지 통하게 하였다." (권 96) '만정봉'은 바로 이러한 전설에서 그 이름이 유래되었다. 또 다른 전설에 의하면 진시황 2년 8월에 무이군이 고을 사람들에게 여기서 주회를 열고 장막을 둘러친 정자[幔亭], 채색한 집, 값진 구슬 장막 따위를 마련하고, 붉은 장식과 자줏빛 놀로 된 장식을 만들어 앉게 하였는데, 이 때문에 만정봉이라는 이름이 생겨나게 되었다고도 한다.

|萬壑千巖銷翠煙[6]| 아무 소식이 없고,
만학과 천봉은
푸른 안개 속에 쌓였네.

첫 번째 구비의 시냇가에서 무이 구곡의 유람에 나서기 위해 낚싯배에 올랐다. 배에 올라보니 만정봉의 높이 솟은 봉우리가 맑게 갠 내에 비친 것이 보인다. 그 모습이 마치 냇물에 잠긴 듯하다. 전설에 이곳과 만정봉의 꼭대기를 연결하는 무지개다리가 있었다고 한다. 그 다리가 한번 끊어진 이후로는 더 이상 신선들과의 소식이 끊기어 아무 소식도 들리지 않는다. 다만 이곳의 셀 수도 없이 많은 온갖 골짜기와 바위 봉우리만 푸른 안개 속에 있는 것이 마치 안개가 산을 잠가 놓고 있는 듯이 보일 따름이다.

잠청천(蘸晴川): 잠(蘸)은 "물건을 물에 가라앉히는 것", 또는 "잠기게 하다"라는 의미이다. 당나라 두보의 「강변의 별과 달(江邊星月)」 두 번째 시에 "닭 울음소리 새벽 빛 되돌리고, 백로는 맑게 갠 강에서 목욕하네(雞鳴還曙色, 鷺浴自晴川)"라는 구절이 있다. '晴'자는 '맑을 청(淸)'자로 된 판본도 있다.

5 홍교(虹橋): 무지개다리를 가리킨다. 명나라 조학전(曹學佺)의 「무이산 유람기(遊武夷記)」에서는 『무이구지(武夷舊志)』라는 책을 인용하여 "진시황 2년에 위(魏)나라의 왕자였던 건(騫)이 13 선주(仙主)를 위하여 만정봉 꼭대기에 승진관(昇眞觀)을 설치하고, 또 구름다리를 만들고 연회를 벌였으며, 증손(曾孫)이 「인간가애(人間可愛)」라는 곡조를 연주하였다"고 한다.

6 만학천봉(萬壑千峰): 남조 양(梁)나라 고야왕(顧野王)의 「무이산기(武夷山記)」에 "수천 개의 바위들은 빼어남을 다투고, 수많은 골짜기는 다투어 흐르네. 아름답구나! 산과 하천들이여, 정말로 인간 세상에서는 드물게 보는 것이네(千巖競秀, 萬壑爭流, 美哉河山, 眞人世之希覯)"라는 말이 있다.

87

二曲亭亭玉女峰[7]　둘째 구비에는 우뚝하게
　　　　　　　　　옥녀봉 높이 서 있는데,
挿花臨水爲誰容　　꽃 꽂고 물 굽어봄
　　　　　　　　　누구 위해 단장한 것인가?
道人不作陽臺夢[8]　도인은 다시 꾸지 못하네
　　　　　　　　　양대의 꿈을,

7　옥녀봉(玉女峰): 산의 모습이 홀로 빼어나게 우뚝 서 있는 것이 마치 미녀가 서 있는 것 같아서 붙여진 이름이다. 주위에는 장경대(粧鏡臺)와 몽선대(夢仙臺), 관석대(冠石臺), 그리고 욕향담(浴香潭) 같은 수려한 경관들이 있다. 옥녀봉과 두무봉(兜鍪峰)은 둘째 구비의 계곡 남쪽에 나란히 서 있다.

8　도인(道人): 여기서는 주자가 자신을 가리켜서 한 말이다.
양대몽(陽臺夢): '황대몽(荒臺夢)'으로 된 판본도 있다. 양대몽은 남녀가 잠자리를 함께 하는 꿈을 말한다. 양대지몽(陽臺之夢), 곧 남녀가 잠자리를 함께 하는 것을 말한다. 전국시대 초나라 송옥(宋玉)의 「고당부(高唐賦)」에 "옛날에 초양왕이 송옥과 운몽대에서 놀면서 고당관을 바라보았는데, 그 위에는 홀로 구름 기운이 있었다 …… 왕이 송옥에게 물었다. '이는 어떤 기운인가?' 송옥이 대답하기를 '이른바 아침 구름이라는 것입니다'라 하니, 왕이 말했다. '무엇을 아침 구름이라 하는가?' 송옥이 말하기를 '옛날에 선왕께서 고당관에서 놀았사온데, 노곤해져서 낮잠을 자다가 꿈에 한 부인을 보았는데, 그 부인이 말하기를 "저는 무산의 여자입니다 ……"라 하였습니다. 떠나면서 하직인사를 하고 말하기를 "저는 무산의 남쪽 높은 언덕의 험한 곳에 있는데, 아침에는 아침구름이 되고, 저녁에는 떠다니는 비가 됩니다"라 하였다'고 합니다(昔者楚襄王, 與宋玉游於雲夢之臺, 望高唐之觀, 其上獨有雲氣 …… 王問玉曰, 此何氣也? 玉對曰, 所謂朝雲者也. 王曰, 何謂朝雲? 玉曰, 昔者先王嘗游高唐, 怠而晝寢, 夢見一婦人, 曰, 妾巫山之女也 …… 去而辭曰 妾在巫山之陽, 高丘之岨, 旦爲朝雲 暮爲行雨)"라는 말이 있다. 또 「신녀부(神女賦)」에는 "그날 밤 왕이 잠이 들자, 과연 꿈에서 신녀와 만났다(其夜, 王寢, 果夢與神女遇)"라는 말이 있다. 당나라 두보는 「옛 자취를 그리워하며 읊음(詠懷古跡)」 둘째 시에 "강산의 옛집엔 부질없이 아름다운 글귀만 남았는데, 운우의 거친 양대 어찌 꿈속의 생각이었겠는가?(江山故宅空文藻, 雲雨荒臺豈夢思?)"라는 구절이 있다.

興入前山翠幾重[9]　그러나 흥겨워 앞산에 들어가니
　　　　　　　　　짙은 푸름 몇 겹이나 쌓였는가?

둘째 구비에 이르고 보니 앞쪽으로 높이 우뚝하게 똑바로 서 있는 옥녀봉이 바라보인다. 옥녀봉은 사방이 암벽으로 되어 있으나, 꼭대기를 보면 다르다. 수풀이 난 것이 마치 아름다운 여인이 머리에 꽃을 꽂아 단장하고서는 물에 얼굴을 비추어 보고 있는 듯한 모습이다. 누구를 위해 이렇게 단장을 했는지는 모르겠다. 도인 같은 모습을 한 나는 신령해 보이는 옥녀봉을 보고, 이제는 더 이상 여자로 생각지 않으니 남녀가 잠자리를 함께 하는 꿈 따위는 다시 꾸지 못할 것 같다. 그러나 흥에 겨워 앞으로 산을 향해 계속 올라가는데, 앞에 과연 얼마나 되는 푸른 산이 몇 겹이나 겹쳐 있는지 알 수가 없다.

三曲君看架壑船[10]　셋째 구비에서 그대는 보겠네,
　　　　　　　　　산허리에 얹힌 배를,
不知停櫂幾何年　　알지 못하겠네, 노 쉰 지
　　　　　　　　　몇 해나 되었는지를?

9　취(翠): 물총새라는 뜻인데, 물총새의 깃털이 파란색이므로 파랗다는 의미로 쓰인다. 여기서는 푸른 산이 죽 이어져 있다는 뜻으로 쓰였다.

桑田海水今如許[11] 뽕나무 밭이 바다로 변한 지
            지금 얼마나 되었는가?
  泡沫風燈敢自憐[12] 거품같이 사라지고 바람 앞의 등불 같으니
            어찌 스스로 가련하게 여기지 않으랴?

10 가학선(架壑船): 원래의 뜻은 바위 골짜기 위에 설치한 배라는 뜻이다. 『차의』에서는 "무이산의 석벽에는 승진동(昇眞洞)이라는 방이 있다. 동굴에는 신선이 해탈하고 남은 뼈가 있다. 방 앞에는 황심(黃心)나무로 만든 나무다리가 있다. 또한 목선(木船)이 네 척 있는데 두 척씩 서로 포개어져 있고 또한 반쯤 누워 있는 신선의 해골이 들어 있다. 방으로 가는 나무다리는 떨어지지도 부서지지도 않는다"라 하였다. 주자의 「무이도(武夷圖)」 서문에서는 "아홉째 맑은 계곡이 그 사이에서 흘러나온다. 양쪽 산언덕에 있는 절벽의 사람이 이르지 못하는 곳에는 왕왕 바위틈 사이에 마른 뗏목이 끼어 있는데 배 모양을 한 관이나 널 따위가 얹혀 있다(淸溪九曲, 流出其間. 兩岸絶壁人不到處, 往往有枯査揷石罅間, 以庋舟船棺柩之屬)"라 하였다.

11 상전해수(桑田海水): 상전벽해를 말한다. 남조 진 갈홍(葛洪)의 『신선전(神仙傳)』에 "마고선녀가 스스로 말하기를 '만나서 대접한 이래 이미 동해가 세 차례나 상전이 되는 것을 보았습니다. 저번에 봉래산에 이르러 보니 물이 또 지난번보다 얕아졌던데, 만날 때의 대략 반인 것 같았습니다. 어찌 장차 또한 언덕이나 뭍으로 되돌아가지 않겠습니까?'라 하였다. 이에 왕방평(王方平)도 웃으면서 '성인도 모두 말씀하시기를 바다 속에서 먼지가 올라온다고 하였습니다'라 하였다(麻姑自說云, 接待以來已見東海三爲桑田, 向到蓬萊, 水又淺于往者, 會時略半也. 豈將復還爲陵陸乎? 方平笑曰, 聖人皆言海中行復揚塵也)"라는 말이 있다. 당나라 노조린(盧照鄰)의 「장안의 옛날을 그리워하며(長安古意)」에 "계절마다 바뀌는 경치 서로 기다려주지 않는데, 뽕나무 밭 푸른 바다로 순식간에 바뀌네(節物風光不相待, 桑田碧海須臾改)"라는 구절이 있다.

12 포말풍등(泡沫風燈): 불교에서는 인생의 짧고 허무(虛無)함을 물거품이나 바람 앞의 등불에 비유하곤 한다. 이 구절에서 말하는 것은 살고 죽는 것도 모두 자연스런 일이니, 뽕나무 밭이 푸른 바다로 순식간에 바뀌는 것을 마주한다 하더라도, 인생이 짧고 고생스러운 것을 탄식하지 말라고 것이다.
  감자련(敢自憐): 『아송주(雅誦注)』에 의하면 "사람은 세간의 모든 영욕(榮辱)에서 그 흉중에 부합되지 않는 것을 모두 씻은 다음이라야 속세의 얽매인 일을 자를 수 있다. 그러나 도가와 불가의 물거품 같고 바람 앞의 등불 같은 설에 들더라도 정도(正道)는 아니지만 또한 사람의 이욕의 마음을 씻어낼 수 있다"라 하였다.

셋째 구비에 들어서면 그대는 바위산 골짜기의 허리에 배처럼 생긴 관이 꽂혀 있는 것을 보게 될 것이다. 그 배가 거기에 그대로 꽂힌 채 얼마나 오랫동안 노를 젓지 않고 쉬고 있는지를 모르겠다. 세상이 몇 번이나 바뀌어 뽕나무 밭이 바다가 된 지 지금까지 그 얼마나 되었을까 하고 가만히 생각해 본다. 그 긴 세월에 비하면 우리의 짧은 인생은 그저 잠깐 일었다가 사라지는 물거품이다. 또한 언제 꺼질지 모르는 바람 앞의 등불과 같으니, 감히 스스로 가련하게 느껴지지 않겠는가?

四曲東西兩石巖[13]	넷째 구비에는 동쪽 서쪽에 두 바위 있는데,
巖花垂露碧毿毿[14]	바위에 핀 꽃에 이슬 내려 푸르름 더욱 짙어지네.
金鷄叫罷無人見[15]	금닭 울음 그치니 아무도 보이지 않고,

---

13 양석암(兩石巖): 계곡 넷째 구비 양안(兩岸)에 끼여 우뚝 솟아 있는 대장암(大藏巖)과 선조암(仙釣巖)을 가리킨다.

14 남삼(毿毿): 털과 깃이 어지럽게 흩어져 드리운 모양, 또는 나부껴 아래로 드리운 모양에서 흩날리다, 라는 뜻으로 사용된다. 송나라 소식의 「고개를 지나며(過嶺)」둘째 시에 "누가 꿩 갑자기 놀라게 해서 날게 하는가? 바위 중간에 핀 꽃에 비 어지럽게 흩날리네(誰遣山雞忽驚起, 半巖花雨落毿毿)"라는 구절이 있다.

月滿空山水滿潭　　달 빈 산에 가득하고
　　　　　　　　　물은 못에 가득하네.

넷째 구비로 들어서니 동쪽과 서쪽에 큰 바위가 문처럼 버티고 서 있는 것이 보인다. 바위에는 구멍마다 틈만 있으면 꽃이 피어난다. 저녁이 되어 기운이 차가워져 이슬방울이 꽃에 들으니 꽃의 짙푸른 색이 더욱 선명하고 생생해 보인다. 전설의 금닭이 울어서 이름이 그렇게 붙은 금계산에 금닭은 날아가고 없다. 꼬끼오, 하고 닭 우는 소리가 그친 지 오래고 사람도 아무도 보이지 않는다. 이곳에 저녁이 되니 달빛은 빈 산을 가득 비추어 주고 냇물이 깊어서 웅덩이처럼 생긴 못에는 물이 가득 차 있다.

五曲山高雲氣深　　다섯 구비 들어서니
　　　　　　　　　산 높고 구름 깊은데,

---

15 금계(金鷄): 전설상의 신계(神鷄)를 가리키지만, 넷째 구비에 금계산(金雞山)이 있기 때문에 이렇게 말하였다. 구체적으로는 대장암 아래에 있는 금계동을 가리키는데, 전설에 의하면 그 동굴에서 금계가 울었다고 한다. 한나라 동방삭(東方朔)이 지은 『신이경·동황경(神異經·東荒經)』에 "대개 부상산(扶桑山)에는 옥계(玉雞)가 사는데, 옥계가 울면 금계가 울고, 금계가 울면 석계(石雞)가 울며, 석계가 울면 천하의 닭이 다 운다" 라 하였다. 명나라 강관(姜璡)의 「무이산유람기(遊武夷山記)」에 "절벽의 반쯤 되는 곳 바깥의 좁은 곳에는 큰 나무와 조릿대가 이리저리 얽히어 있어 닭이 서식하는 듯한 형상과 같다. 늘 신선의 닭이 울었으므로 금계동이라 한다고 전한다" 라 하였다. 또 명나라 황중소(黃仲昭)도 「무이산의 기문(武夷山記)」을 지었는데, "옛날에 신선의 닭이 그 사이에서 깃들어 울었으므로, 또한 선계암이라 하였다" 라 하였다.

長時煙雨暗平林	오래도록 안개 끼고 비 내리니
	평평한 숲 어둑하네.
林間有客無人識[16]	숲 속에 한 나그네 있으나
	알아주는 이 없으니,
欸乃聲中萬古心[17]	어기여차 노 젓는 소리에
	만고에 변하지 않는 마음 있다네.

다섯째 구비로 들어섰더니 산이 더욱 깊어진다. 구름도 더욱 짙게 계곡에 끼어 있다. 그래서인지 이곳에는 오래도록 안개가 끼고 종종 비가 내려 강 기슭의 평평해 보이는 숲이 어둑해 보인다. 이곳에 있는 구비의 숲속에는 나 같은 나그네가 정사를 짓고 살아도 나의 존재에 대하여 아무도 알아주는 사람이 없다. 남이 알아주든 몰라주든 아무런 상관이 없긴 하다. 다만 오래 전부터 이곳에서 고기를 잡느라 어부들이 어기여차 하고 주고받는 소리는 만고에 변하지 않는 마음을 깊이 간직하고 있는 것 같다.

---

16 임간유객(林間有客): 『아송주』에 의하면 "선생의 정사는 다섯 구비의 북쪽에 있다"라 하였다.
17 이 구절은 "띠집의 푸른 이끼 대궐 향한 마음이네(茅屋蒼苔魏闕心)"로 되어 있는 판본도 있다. 애내(欸乃): 노를 저을 때 서로 응답하는 소리이다. 당나라 유종원의 「늙은 어부(漁翁)」에 "연무(烟霧) 걷히고 해 솟았으나 어부는 보이지 않고, 어기여차 노 젓는 소리만 푸른 산수 속에서 들려오네(烟銷日出不見人, 欸乃一聲山水綠)"라는 구절이 있다.
이 두 구절은 몸은 비록 산림에 은거해 있지만, 마음은 이미 백년 이전과도 통해서 성현들과 만나고 있음을 말하고 있다.

91

六曲蒼屛遶碧灣[18]　여섯째 구비에는 푸른 병풍바위
　　　　　　　　　짙푸른 물 구비 둘러쳤는데,
茅茨終日掩柴關　　 띠집에는 종일토록
　　　　　　　　　사립문 닫혀 있네.
客來倚櫂巖花落[19] 손님 와서 노에 의지하니
　　　　　　　　　바위 구멍에 핀 꽃 떨어져도,
猿鳥不驚春意閑[20] 원숭이와 새 놀라지 않으니
　　　　　　　　　봄날 분위기 한가롭네.

여섯째 구비에 들어섰더니 어느새 양쪽 기슭이 마치 병풍을 친 듯 바위가 물굽이를 두르고 있다. 바위에는 이끼도 있고 초목도 나서 검푸른 빛을 띠고 있다. 이곳에는 띠와 가시나무 넝쿨로 지붕을 인 집들이 있다. 사립문을

18　창병(蒼屛): 푸른 병풍. 무이정사 남쪽에 있는 소은병(小隱屛)을 가리킨다.
19　의도(倚櫂): 곧 '의도(倚棹)'로 노에 의지하다는 의미에서 배를 띄우는 것을 말한다. 당나라 노조린(盧照鄰)의 「가천에서 홀로 배를 띄우다(葭川獨泛)」에 "배 띄워 봄 강을 오르고, 가로지르는 배 돌 기슭 앞까지 다다랐네(倚櫂春江上, 橫舟石岸前)"라는 구절이 있다.
　　암화락(巖花落): 송나라 소식의 「부양과 신성 가는데 절도추관 이필(李佖)이 삼일 먼저 가서 풍수동에 머물며 접대를 받다(往富陽·新城, 李節推先行三日, 留風水洞見待)」에 "시내 다리의 새벽 물결에 매화 꽃 떠 있으니, 그대 말 풍수암의 매화나무에 매어 놓았음 알겠네(溪橋曉溜浮梅萼, 知君繫馬巖花落)"라는 구절이 있다.
20　춘의한(春意閑): 『아송주』에 의하면 "활발한 마음이 흘러감을 안정시킬 수만 있다면 천지가 자리 잡힐 수 있고 만물이 육성될 수 있음을 말한다"라 하였다.

달아놓기는 하였으나 종일토록 닫혀 있어 열리는 법이라고는 없다. 이곳을 찾으려면 배로 오는 수밖에 없다. 손님이 오면서 노에 기대어 있으니 바위 구멍에서 핀 꽃이 이곳으로 떨어진다. 사람이 와도 사람의 존재를 의식하지 않는 이곳의 원숭이와 새는 전혀 놀라는 일이 없다. 그저 한없이 한가로워 보이는 봄날의 분위기가 여유롭게 느껴진다.

七曲移船上碧灘	일곱 구비 배 옮겨 푸른 여울 올라가니,
隱屛仙掌更回看[21]	은병암과 선장암 다시 돌아 보이네.
人言此處無佳景	사람들 이곳에 아름다운 경치 없다 하지만,
只有石堂空翠寒[22]	돌로 만든 높은 집 다만 비어 푸릇한 한기만 도네.

일곱째 구비에 들어서면서부터는 배를 옮겨 타고 다시 짙푸른 빛을 띠는

---

21 선장(仙掌): 곧 선장암(仙掌巖)을 가리킨다. 구곡 위에 있으며 손바닥 같은 무늬가 셋이 있으므로 이렇게 부른다. 『아송주』에 의하면 "선장봉은 은병암의 뒤쪽에 있는데, 폭포 샘이 있다."
22 이 두 구절은 "도리어 어여쁘도다! 어젯밤 봉우리 위에 내린 비에, 솟아나는 샘물을 더하여 몇 차례나 추워졌는지?(却憐昨夜峰頭雨, 添得飛泉幾道寒?)"로 된 판본도 있다.

시내의 여울을 올라간다. 풍경이 얼마나 아름다운지 사방을 두리번거리며 돌아본다. 앞에서 보았던 은병암과 선장암이 다시 시야에 들어온다. 이곳을 찾는 사람들은 무슨 이유인지는 모르겠지만 유독 이곳에만은 볼 만한 아름다운 경치가 없다고들 한다. 그래서인지 돌로 만든 집이 하나 있긴 한데, 찾는 사람이 없어 다만 푸르고 한기만 도는 것 같다.

93

八曲風烟勢欲開	여덟 구비에 들어서니 바람과 안개 걷히려는 기세인데,
鼓樓巖下水縈洄[23]	고루암 아래에는 물결 얽혀서 도네.
莫言此處無佳景	말하지 말라, 이곳에 아름다운 경치가 없다고,
自是遊人不上來[24]	본래 유람객들 올라오지 않는 곳이라네.

---

23 고루암(鼓樓巖): 명나라 강관의 「무이산 유람기(遊武夷記)」에 팔곡에는 큰 벼랑이 깎아지른 듯이 솟아 있으며 두 봉우리가 우뚝 서 있고, 위에는 북 같이 생긴 바위가 있는데 고루봉(鼓樓峰)이라 한다"라 하였다. 명나라 황중소의 「무이산의 기문(武夷記)」에서는 "고루암의 바위 사이에는 누대가 있고, 그 아래의 네 기둥에는 길이 있는데 붙잡고 오를 수가 있다 하였다. 옛 기문(記文)에 의하면 '이는 선가(仙家)의 고루(鼓樓)인데 그 곁에는 솥을 거는 부엌이 있다'고 하였다"라 하였다.

24 자시(自是): 본래와 같은 뜻. 당나라 두보의 「옛 측백나무의 노래(古柏行)」에 "본래 천지신명의 힘이 몰래 보살핀 것이고, 정직한 성품은 원래 조물주의 공에서 나온 것이라네(扶持自是神明力, 正直元因造化功)"라는 구절이 있다.

여덟째 구비에 들어서자 다섯째 구비부터 끼었던 짙은 안개가 바람에 날려 막 걷히려고 하는 기세이다. 이곳의 가장 큰 볼거리인 북 같이 생긴 바위인 고루암의 아래로는 물결이 소용돌이치듯이 얽히어 맴돌며 돌아나간다. 일곱째 구비부터 사람들은 볼 것이 없다고들 말을 하지만, 이곳에 아름다운 경치가 없어서 그런 것이라고는 말을 하면 안 될 것이다. 다만 이미 너무 깊은 곳이 되어서 원래부터 유람하는 사람들이 이곳까지는 잘 올라오지 않기 때문에 그런 말이 돌게 된 것이리라.

94

九曲將窮眼豁然	아홉 구비 끝나려는데 눈앞 환하게 열리고
桑麻雨露見平川[25]	뽕나무와 삼 비와 안개에 젖었는데 평천 보인다네.
漁郞更覓桃源路[26]	어부 다시 찾는다네 무릉도원 가는 길,
除是人間別有天[27]	이곳 접어두고도 인간 세상에 별천지 있기 때문에.

---

25 평천(平川): 지명으로 아홉 구비가 끝나는 성촌(星村) 일대이다. 이 일대는 뽕나무와 삼이 들을 덮고, 또한 좋은 밭과 아름다운 못이 있으며, 집들이 즐비하고 개소리 닭소리가 서로 들려서 아주 도화원과 똑같기 때문에 주자가 여기서 읊은 바와 같이 이곳을 버리고 다시 도화원으로 가는 길을 찾으려 하니, 그것은 인간 세계 바깥에 있지 않은 별천지라는 것이다.

어느새 무이산의 아홉째 구비도 다 끝나려는 순간인데 별안간 눈앞이 평평해져 시야가 확 트인다. 그리고 구곡의 마지막인 이곳에는 평천 마을이 보이는데 이들이 짓고 있는 뽕나무와 삼에 비와 이슬이 내려 잎에 맺혀 있다. 어부들은 이곳까지 와서 혹 이곳이 도연명이 읊은 도원으로 가는 길이 아닌가 하여 더 나아가 길을 찾는다. 어부들이 이렇게 길을 찾는 이유는 이곳을 접어두고서라도 인간 세상에 신선들이 사는 별천지가 있기 때문이 아닐까 생각해 본다.

26 도원(桃源): 이상향을 말한다. 진나라 도연명(陶淵明)의 「도화원기(桃花源記)」에 "진나라 태원 연간에 무릉 사람으로 고기를 잡는 것을 업으로 하는 사람이 있었다. 시내를 따라 가다가 길의 멀고 가까움을 잊었다. 갑자기 복사꽃이 만발한 숲을 만났는데, 기슭을 끼고 수백 보나 되었다 …… 곧 산 하나를 만났는데 산에는 작은 구멍이 있었으며 마치 빛이 있는 것 같아 배를 버리고 구멍을 따라 들어가 보았다 …… 토지는 편편하고 광활했으며 …… 왕래하고 밭을 가는 남녀들이 입고 있는 옷을 보니 모두가 별세계의 사람 같았다 …… 스스로 이르기를 선대에 진나라 때의 난리를 피하여 처자와 마을 사람들을 데리고 이곳의 단절된 곳까지 오게 되었는데 …… 한나라가 있는 것을 몰랐으며 위진은 말할 필요도 없었다(晉太元中, 武陵人捕魚爲業. 緣溪行, 忘路之遠近. 忽逢桃花林, 夾岸數百步 …… 便得一山. 山有小口, 彷彿若有光, 便舍船從口入 …… 土地平曠 …… 往來種作, 男女衣著, 悉如外人 …… 自云先世避秦時亂, 率妻子邑人來此絶境 …… 乃不知有漢, 無論魏晉)"는 말이 있다.

27 제시~유천(除是~有天): 당나라 이백의 「산에서 묻고 답하다(山中問答)」에 "복사꽃 흐르는 물 따라 아득히 흘러가니, 별천지요 인간세상 아니라네(桃花流水窅然去, 別有天地非人間)"라는 구절이 있다.
이 두 구절은 산속의 평천(平川)이야말로 세상 바깥에 존재하는 무릉도원이기 때문에 또 다른 무릉도원이 없음을 말하면서 무이산과 무이정사를 강하게 칭송하고 있다.

95

홍경궁을 제수 받고 느낀 바가 있어서

拜鴻慶宮有感[1]

舊京原廟久煙塵[2]　　옛 서울의 원묘

1　홍경궁(鴻慶宮): 남경의 홍경궁인데, 사성전(四聖殿)과 신어전(神御殿)이 그곳에 있다. 주자의 「대제에서 사면되었으나 여전히 비각수찬에 충원되고 남경의 홍경궁 제거가 된 것을 감사하며 올리는 글(辭免待制, 仍舊充秘閣修撰, 提擧南京鴻慶宮謝表)」(권 85)에 "옛 왕조에서 향을 피우면, 엄위한 네 성인의 참된 노님이 있었습니다(舊邦香火, 有嚴四聖之眞遊)"라 하였다. 홍경궁은 송주(宋州) 저양(睢陽)에 있다. 진종(眞宗) 상부(祥符) 연간에 남경 응천부(應天府)로 삼고, 태조의 화상(畫像)을 모셨다. 당시 그곳은 금(金)나라에 함락되어 직함만 있었고 실제로 나가 직무를 담당하지는 못했다. 『연보』에 의하면 주자는 순희 정미년(1187)에 홍경궁 주관으로 차출되었다.

2　원묘(原廟): 정묘(正廟) 이외의 별묘(別廟)를 가리킨다. 『사기』 권 99 「숙손통열전(叔孫通列傳)」에 "효혜제가 동쪽으로 장락궁으로 (여태후를 알현하러) 가거나 가끔씩 가느라 여러 차례나 사람들을 번거롭게 하여 이에 복도(2층 통로)를 지었는데 공교롭게도 무기고의 남쪽이었다. 숙손생이 정사를 아뢰면서 한가할 때를 틈타 '폐하께서는 어찌하여 복도를 지으셨습니까? 고조의 사당의 의관은 한 달에 한 번씩 고묘로 내어가야 하지 않습니까? 고묘는 한나라 태조의 것인데 어찌하여 후세의 자손들로 하여금 종묘 위로 타고 다니게 할 수 있습니까?' 효혜제가 크게 두려워하며 말하였다. '빨리 허물라.' 숙손생이 말하였다. '군주는 잘못된 행동을 해서는 안 됩니다. 지금 이미 만드셨으니 백성들이 그 사실을 모두 알고 있습니다. 이제 허문다면 잘못된 행동이 있음을 보여 주는 것입니다. 원컨대 폐하께서는 위수의 북쪽에 원묘를 만드시어 의관을 매월 내가시도록 하십시오. 종묘를 더욱 넓히고 많이 짓는 것은 큰 효의 근본입니다.' 혜제는 이에 유사에게 조칙을 내려 원묘를 세우게 하였다. 원묘가 시작된 것은 복도 때문이었다(孝惠帝爲東朝長樂宮, 及閒往, 數蹕煩人, 迺作複道, 方築武庫南. 叔孫生奏事, 因請閒曰, 陛下何自築複道, 高寢衣冠月出游高廟? 高廟, 漢太祖, 柰何令後世子孫乘宗廟道上行哉? 孝惠帝大懼, 曰, 急壞之. 叔孫生曰, 人主無過擧. 今已作, 百姓皆知之, 今壞此, 則示有過擧. 願陛下爲原廟渭北, 衣冠月出游之, 益廣多宗廟, 大孝之本也. 上迺詔有司立原廟. 原廟起, 以複道故)"라는 말이 있다.

연진(煙塵): 봉홧불과 전쟁터에서 이는 먼지. 곧 전쟁을 가리키는 말이다.

白髮祠官感慨新	오래도록 전화와 먼지 이는데, 백발에 사당의 관리 되니 감개 새롭네.
北望千門空引籍[3]	북쪽으로 수많은 문 바라보아도 통행증 헛되기만 한데,
不知何日去朝眞[4]	모르겠구나! 어느 날에나 진인 배알하러 갈지.

옛날 한때 서울이었던 곳의 별묘인 원묘가 있는 곳은 오래도록 전쟁을 치르느라 봉홧불 연기와 전장의 말발굽에서 이는 먼지에 뒤덮여 있다. 이제 백발이 성성한 몸이 되어 실지의 별묘를 관리해야 하는 관리가 되고 보니 감개가 새롭기만 하다. 언제나 그곳으로 갈 수 있을까 생각하며 북쪽의 수많은 문을 애타게 바라보아도 그곳을 통과할 수 있는 출입증만 부질없이 헛될 뿐이다. 시절이 이렇다 보니 실로 어느 세월에나 이곳을 떠나 나의 임

---

3 인적(引籍): 인도하는 사람과 문에 기록해 둔 것. 『삼보황도(三輔黃圖)』 권6 「잡록(雜錄)」에 "한나라의 궁중을 금중(禁中)이라 하는데, 궁중의 문각(門閣)에는 금함이 있어서 시위(侍衛)나 통적(通籍)한 신하가 아니면 함부로 들어갈 수 없었다. 통적이란 문에 이름을 적어두는 것을 말한다. 통(通)이란 출입을 금하는 문이며, 적(籍)이란 석 자 정도 되는 대나무 문서인데, 그곳에는 나이와 이름·생김새를 기록해서 궁궐 출입문에 달아 놓았다. 기록한 것을 살펴서 부합해야 이에 들어갈 수 있었다"라는 말이 있다.

4 조진(朝眞): 도가(道家)에서는 아침에 진인(眞人)을 만나는 것을 조진이라 한다. 여기서는 송나라 열조의 신위(神位)를 배알하다는 의미이다. 당나라 여암(呂巖)의 사(詞) 「빗속에 핀 꽃(雨中花)」에 "원컨대 선단(仙丹) 한 알을 얻기만 하면, 수많은 놀 빛 속에서 정과(正果)를 이루고 아침에 진인을 만나게 되리(願逢一粒, 九霞光裏, 相繼朝眞)"라는 구절이 있다.

지인 홍경궁으로 가서 그곳에 모셔놓은 진인인 태조의 화상을 배알할 수 있을지 모르겠다.

96

원기중이 계몽을 논한 데 대하여 답함
答袁機仲論啓蒙[1]

忽然半夜一聲雷[2] 홀연히 한밤중에
　　　　　　　　우레 한번 치더니,
萬戶千門次第開[3] 모든 집의 문들
　　　　　　　　차례대로 열리네.
若識無心含有象[4] 만약 무심
　　　　　　　　상 머금고 있음 안다면,

---

1 원기중(袁機仲): 원추(袁樞: 1131~1205)의 자. 원추는 위 37번 시에 보인다.
　계몽(啓蒙):『역학계몽(易學啓蒙)』을 가리킨다.
2 반야(半夜): 원주에 "어떤 판본에는 평지로 되어 있다(一本作平地)"라 하였다.
　홀연~성뢰(忽然~聲雷): 실제 우레가 친 것이 아니고 땅 밑에서 양(陽)의 기운이 생겨나는 것을 가리킨다.『성리군서(性理羣書)』의 주석에 "홀연히 동짓날 밤 자시(子時)의 중반 무렵에 양(陽)의 기운 하나가 와서 회복하는 것이 마치 한 소리가 땅 아래서 크게 우레 치는 것과 같다.『주역(周易)』의「복괘(復卦)」는 괘의 형상이 진괘(震卦)가 밑에 있고, 곤괘(坤卦)가 위에 있는 것인데, 상전(象傳)에서 '봄에 우레가 땅 가운데 치게 되면 (양기의) 회복을 상징한다'고 하였다. 하나의 양기가 아래서 생겨나는 것을 말하는 것으로 실제 동짓날 밤에 우레가 울린 것을 말한 것은 아니다"라는 말이 있다.
3 만호천문(萬戶千門): 8괘(卦) 36궁(宮)을 가리킨다.『연주시격(聯珠詩格)』주석에 "'양주(陽主)'신이 열어 양기 하나를 움직이면 8괘와 36궁이 차례로 열려서 봄기운이 완연해진다'고 하였다. 만호천문은 36궁을 말한다"라 하였다.
4 무심함유상(無心含有象):『차의』에서는 '심(心)'자는 '중(中)'자가 되어야 할 것이라고 하였다. 이 구절의 의미는 상수(象數)는 천리에 의해 자연스럽게 형성된 것이며 인위적인 배치가 아니라는 것이다.

| 許君親見伏羲來[5] | 그대 친히 복희씨 |
| | 보고 왔다 인정하리. |

동짓날 한밤중이 되도록 잠을 자지 않고 원기중이 『계몽』을 논한 글을 읽어본다. 갑자기 땅속 깊은 곳에서 양기가 움직이는 소리가 마치 우레가 치는 듯이 느껴졌다. 이렇게 양기가 한번 움직이니 8괘의 36궁이 차례대로 열린다. 길었던 겨울의 음기는 어느덧 사라지고 봄기운이 완연히 느껴지는 듯하다. 만약에 이때 막 생성된 양기에 아무것도 없는 것처럼 보이는 가운데에도 이미 상(象)을 포함하고 있다는 이치를 안다면 어떨까? 아마 그대는 복희씨가 「선천도」를 그려 『주역』의 원리를 만든 것을 직접 보고 온 것이라고 말할 수 있겠다.

---

5 약식~회래(若識~羲來): 『성리군서』의 주석에 "'이때 하나의 양기는 비록 만물이 생성되기 전의 텅 비고 아무런 형상이 없는 것을 움직인다고 해야겠지만, 모든 형상은 이미 빽빽하게 갖추어져 있는 것이다'고 했다. 이것이 이른바 '무(無) 가운데 상(象)을 포함하고 있다'는 것이다. 그러므로 이 의미를 알 수 있다면, 아마도 그대는 친히 복희씨의 뜻을 보았다고 해야 할 것이다. 대개 복희씨의 선천도(先天圖)에는 건과 곤, 구(姤), 그리고 지극히 오묘한 것에 처한 것도 실려 있기 때문에 이렇게 말한 것이다"라는 말이 있다. 소옹(邵雍)의 「동지음(冬至吟)」에 "이 말을 만약 믿지 못하겠으면, 다시 청하노니 포희씨한테 물으시기를(此言如不信, 更請問包羲)"이라는 구절이 있다. 포희는 곧 복희이다.

97

오랜 친구인 숙통이 매화를 탐방해서 아름다운
구절을 얻어 보여 주고 또 손님들을 거느리고
술병을 들고 올 약속을 하므로 같은 각운자를 써서
지어 사례하고 애오라지 한번 웃는다.

叔通老友探梅得句, 不鄙垂示, 且有領客携壺之約, 次韻爲謝聊發一笑[1]

迎霜破雪是寒梅	서리 맞고 눈 무릅쓰는 것이 한매인데,
何事今年獨晚開	무슨 일로 올해는 유독 늦게 피었는가?
應爲花神無意管	아마 꽃의 신이 관여할 뜻 없어서였을 것인데,
故煩我輩著詩催[2]	일부러 우리 번거롭게 하여

---

1 숙통(叔通): 주자의 제자로 이름은 유회(劉淮)이며, 호는 선계(泉溪)이고, 건양(建陽) 사람이다. 주자가 그의 시집에 발문(跋文)을 지어 준 적이 있다.

2 저시최(著詩催): 시 짓는 것을 재촉하다. 송나라 축목(祝穆)의 『고금사문류취(古今事文類聚)』 권 6「천시부·갈고최화(天時部·羯鼓催花)」에 "명황(곧 당현종) 때 봄경치가 환하고 아름다웠는데, 명황이 '이것에 대해 어찌 그와 판단하여 갈고를 취해 스스로 곡명을 제작하지 않을 수 있겠는가?'라 하였다. 봄 풍경이 좋아서 버드나무와 살구나무를 돌아보시며 모두 웃음을 터뜨리며 말하기를 '이 일은 나를 일깨워 조물주가 되게 한 것 아니겠는가?'라 하였다(明皇時, 春景明媚, 帝曰, 對此豈可不與他判斷, 命取羯鼓自製曲名. 春光好, 回顧柳杏, 皆發笑曰, 此事不喚我作天公可乎?)"라는 말이 있다. 송나라 소식(蘇軾)의 「양공제가 삼가 매화를 논한 시의 각운자를 써서 짓다(次韻楊公濟奉議梅花)」의 여섯째 시에 "그대는 일찍 짐이 먼저 피었기 때문임을 아는가? 새 시 지음에 구절구절 재촉하지 말게나(君知早落坐先開, 莫着新詩句句催)"라는 구절이 있다.

	시 짓도록 재촉하네.
繁英未怕隨淸角³	무성하게 핀 꽃은 두려워하지 않네!
	높은 각의 음계 따르는 것,
疏影誰憐蘸綠盃	성긴 그림자 누가 가련히 여기는가?
	푸르스름한 술잔에 담긴 것을.
珍重南隣諸酒伴⁴	고마워라, 남쪽 이웃의
	여러 술친구들,
又尋江路覓香來	또 강 길을 찾아가며
	향기 찾아옴을.

날이 추워져서 서리가 내리고 눈이 날리기 시작한다. 이런 악천후를 무릅쓰면서 꽃을 피우는 것이 바로 한매다. 올해는 무슨 일인지 추운 겨울에 꽃을 피우지 않고 여느 해에 비해 유독 늦게 꽃을 피웠다. 이는 아마 꽃이 피는 시기를 조정하는 신이 일일이 꽃을 피우는 시기에 대해 관여하지 않은

3　청각(淸角): 높은 각(角)의 음계를 말한다. 『한비자·열 가지 잘못(十過)』에 "사광은 어쩔 수가 없어서 금을 당겨 탔다 …… 평공이 술잔을 들고 일어서서 사광을 축수하고, 돌아와 앉아 묻기를 '음악은 높은 치(徵)의 음계보다 더 슬픈 것은 없는가?'라고 하니 사광은 '높은 각의 음계보다는 못하지요.'라고 하였다 …… 사광은 어쩔 수가 없어 다시 연주하였다. 한번 연주하자 검은 구름이 서북쪽에서 일었고, 두 번째 연주하자 광풍이 불어오고 폭우가 동반하여 장막을 찢어버렸고, 각종 제기를 깨뜨렸으며, 행랑의 기와가 무너져 내렸다(師曠不得已, 援琴而鼓 …… 平公提觴而起爲師曠壽, 反而問日, 音莫悲於淸徵乎? 師曠曰, 不如淸角 …… 師曠不得已而鼓之. 一奏之, 有玄雲從西北方起, 再奏之, 大風至, 大雨隨之, 裂帷幕, 破俎豆, 隳廊瓦)"라는 말이 있다.

4　이 구절은 "듣자 하니 남쪽 이웃에는 술친구들 많다는데(聞道南鄰多酒伴)"로 된 판본도 있다.

것 때문이 아닌가 한다. 그 때문에 일부러 우리 매화를 감상하는 벗들을 이렇게 한자리에 모이게 하여 시를 짓도록 마구 재촉하는 것 같다.

온 나무에 무성하게 많이 핀 매화꽃은 가장 슬픈 소리를 내는 음계인 높은 각조의 음악을 연주하는 것도 전혀 두려워하지 않는 것 같다. 반면에 아직 잎이 나지 않아 성긴 그림자는 잘 익어서 푸르스름한 빛을 띤 술을 따른 잔을 들고 아무도 가련하게 여기지 않는다. 이런 훌륭한 자리가 마련된 데 대하여 가장 고마운 것은 남쪽의 이웃에 사는 여러 술을 지니고 온 벗들이다. 이곳까지 강을 따라 난 길을 찾아가며 매화의 향기를 찾아오는 번거로움을 마다하지 않은 것이다.

98

남성 오씨가 사창의 서루에 내 초상화를 이렇게 그리고 거기에 "경원 경신 이월 팔일, 창주병수 주희 중회보"라고 적어 주었다
南城吳氏, 社倉書樓, 爲余寫眞如此, 因題其上. 慶元庚申二月八日, 滄洲病叟 朱熹仲晦父[1]

蒼顔已是十年前	늙어서 얼굴 창백해진 지도 벌써 십 년 전,
把鏡回看一悵然	거울 잡고 되돌아보니 온통 슬프기만 하네.
履薄臨深諒無幾[2]	살얼음을 밟고 깊은 연못 내려다봄

---

1 남성(南城): 건창군(建昌軍)의 속현으로 지금의 강서성(江西省) 남성을 가리킨다.
오씨(吳氏): 남성현 공사(貢士)인 오신(吳伸)과 그의 동생 오륜(吳倫)을 가리킨다. 그들은 주자의 오부리 사창(社倉)을 본받아 마을에 사창을 건립하여 사재(私財)로 곡식 사천 곡(斛)을 비축해 두었다가 이재민의 구휼(救恤)에 대비하였다. 주자는 그들을 위해 「건창군남성현오씨사창기(建昌軍南城縣吳氏社倉記)」를 지어 주었는데, 『주문공집』 권 80에 보인다.
사진(寫眞): 초상화를 그리는 것을 말한다.

2 이박림심(履薄臨深): 『논어 · 태백(泰伯)』편에 "증자가 병이 나자 자기의 제자들을 불러 모아 말하기를 '내 발을 살펴보아라! 내 손을 살펴보아라! 『시경』에서 말하기를 "조심하고 신중 할진저! 마치 깊은 연못을 내려다보듯, 살얼음을 밟듯" 이라 했으니, 지금 이후에야 내가 비로소 (내 자신의 몸을 망치는 화를) 면하였음을 알겠노라! 제자들이여!'(曾子有疾, 召門弟子曰: '啓予足! 啓予手!' 詩云, 戰戰兢兢, 如臨深淵, 如履薄冰. 而今而後, 吾知免夫! 小子!)"라는 말이 있다.
무기(無幾): 시간이 많지 않음, 오래지 않음을 말한다. 『시경 · 소아 · 규변(頍弁)』에 "죽을 날 얼마 남지 않아, 서로 만날 날 얼마 남지 않았다네(死喪無日, 無幾相見)"라는 말이 있는데, 주자는 "죽을 날이 얼마 남지 않아 오랫동안 서로 만나보지 못할 것이다"라 하였다.

|且將餘日付殘編³|실로 얼마 남지 않은 것 같지만,
또한 남아 있는 나날
이루지 못한 책에 맡기려네.

한창때의 볼그레하던 얼굴도 어느덧 늙어서 창백해진 지가 생각해 보니 벌써 10년 전의 일이다. 거울을 잡고 창백한 얼굴을 보며 지난날을 되돌아본다. 언제 내가 이렇게 나이가 먹었나, 하는 생각에 마음이 온통 슬프기만 하다. 증자는 돌아가시면서 평생토록 부모가 물려주신 몸을 상하지 않게 하려고 평상시의 몸가짐을 마치 살얼음을 밟듯이 하였다. 혹은 끝 모를 깊은 연못을 내려다보는 벼랑 끝에 서 있기라도 한 것처럼 조심조심했다고 하였다. 나도 그럴 시기가 이제 얼마 남지 않은 것 같다. 비록 그렇기는 하지만 내게 얼마 남지 않은 나날들을 그동안 시작하여 벌여 놓기만 하고 채 완성을 하지 못한 책들을 완성하는 데 모두 쓰고자 한다.

---

3 이박~잔편(履薄~殘編): 왕문헌(王文憲)은 "이 시는 돌아가실 날을 한 달 앞둔 시점에서 그 맡은 책임은 무겁고 갈 길은 멀다는 뜻이 열네 자에 늠름하게 표현되었다(此詩去易簀一月, 其任重道遠之意, 凜凜乎十四字之間)"라 하였다.

99~100

수구를 배로 지나가다, 두 수

水口行舟, 二首[1]

昨夜扁舟雨一蓑　지난밤 조각배에
　　　　　　　　비 내려 도롱이 걸쳤더니,
滿江風浪夜如何　온 강 뒤덮은 풍랑
　　　　　　　　밤사이 어떠했는가?
今朝試卷孤篷看　이 아침 가만히
　　　　　　　　봉창을 들고 바라보니,
依舊靑山綠樹多[2]　청산은 그대로인데
　　　　　　　　나무에 푸르름 더하였네.

지난밤에 조각배에 몸 의지한 채 수구를 내려가는데 비가 내려서 어깨에 도롱이를 걸쳤다. 비와 함께 바람이 불고 물결이 일어 거센 풍랑이 몰아쳤

---

1 수구(水口)는 진(鎭) 이름으로 지금의 강서(江西) 무령(武寧) 동남쪽에 있다.
2 이 시는 어떤 판본[宋浙本]에는 "강가에 닻줄 매니 비 내려 도롱이 걸쳤는데, 온 시내의 안개비 간밤에 어떠하였는가? 아침 되어 봉창 걷어 올리고 바라보니, 다만 청산에 나무 푸르름 더해졌음 느낀다네(繫纜江邊雨一蓑, 滿川烟雨夜如何? 朝來捲起孤篷望, 但覺靑山綠樹多)"로 되어 있다.

는데 밤이라서 어느 정도인지 제대로 알지를 못하였다. 그래서 오늘 아침이 밝자마자 바깥이 어떻게 변하였는가, 궁금하여 외로운 배에 쳐놓은 발을 걷어 올려 바깥을 한번 내다보았다. 푸른 산은 조금도 변화가 없이 그대로인 것 같은데, 자세히 보니 빗기를 머금은 나무는 신록이 더욱 짙어졌다.

鬱鬱層巒夾岸靑	울창한 겹겹의 봉우리는 푸른 언덕 끼고 있고,
春山綠水去無聲	봄 산의 푸른 물은 소리도 없이 흘러가네.
煙波一棹知何許	안개 낀 물결 속을 노 저으니 어느 멘가?
鶗鴂兩山相對鳴³	소쩍새 양쪽 산에서 마주보고 운다네.

배 바깥으로 보이는 울창하게 겹쳐진 연봉들은 모두 푸른 나무들이 난 언

---

3 제결(鶗鴂): 굴원(屈原)의 『초사·슬픔을 만나다(離騷)』에 "두견새 먼저 옮이여, 온갖 초목 그 때문에 향기롭게 되지 않을까 두렵다네(恐鶗鴂之先鳴兮, 使夫百草爲之不芳)"라는 구절이 있다. 김민재(金敏材)의 『차의보(箚疑補)』에서는 "두견새는 모두 가을에 우는 새인데 이 시에는 '봄 산'이니 '푸른 물'이라는 말이 있으니 무슨 뜻인지 모르겠다(鶗鴂皆鳴秋之鳥, 而此詩有春山綠水之語, 未知何意)"라 하였다.

덕을 끼고 있다. 그리고 봄의 산에서 흘러내려오는 냇물은 맑고 깊어 푸르게 보인다. 다만 아무런 소리도 없이 쉬지 않고 흘러갈 따름이다. 언제부터인지 냇물에는 안개가 자욱하게 끼었다. 노를 저어가도 원근감이 없어 어디를 얼마쯤 왔는지 감을 잡을 수가 없다. 다만 냇가의 양쪽 언덕이 산이라는 것은 알겠다. 산은 보이지 않고 거기서 들려오는 소쩍새 소리만이 양쪽에서 서로 화답하듯 들려올 뿐이지만.